Markus Bernhardt

Das Spiel im Geschichtsunterricht

Herausgegeben von
Klaus Bergmann
Ulrich Mayer
Hans-Jürgen Pandel
und Gerhard Schneider

METHODEN HISTORISCHEN LERNENS

WOCHEN
SCHAU
GESCHICHTE

Bibliografische Information der Deutschen Bibliothek

Die Deutsche Bibliothek verzeichnet diese Publikation in der Deutschen Nationalbibliografie; detaillierte bibliografische Daten sind im Internet über http://dnb.ddb.de abrufbar.

www.wochenschau-verlag.de

Sie wollen mehr Informationen zu unseren Büchern? Zu jedem Titel finden Sie Autorenangaben, Inhaltsverzeichnisse, Übersichtstexte im Internet. Sie wollen sich zu einem bestimmten Sachgebiet informieren? Klicken Sie auf die Themenstichwörter: So erhalten Sie einen guten Überblick. Wollen Sie alle Veröffentlichungen eines bestimmten Autors finden? Gehen Sie in die Autorenauskunft. Wollen Sie sich über einen Arbeitsbereich informieren? Nutzen Sie unsere Spezialkataloge. Alle Titel können Sie einfach im Shop gegen Rechnung bestellen.

Die Reihe „Methoden Historischen Lernens"
wird herausgegeben von
Klaus Bergmann
Ulrich Mayer
Hans-Jürgen Pandel
Gerhard Schneider
ISSN 1610-9686

Umschlaggestaltung: Klaus Ohl, Wiesbaden
Druck: Fuldaer Verlagsagentur, Fulda
Gedruckt auf chlorfreiem Papier
Printed in Germany
ISBN 3-87920-753-4

Inhalt

Vorwort

Ein Buch über Spielen im Geschichtsunterricht zu schreiben, ist ein gewagtes Unternehmen, weil die Chance, sich in die Nesseln zu setzen, beträchtlich groß ist. Ich kenne Ausbilder an Seminaren, bei denen Referendare durch den bloßen Versuch, ein Spiel in einer Vorführstunde durchzuführen, einen Abbruch ihrer kurzen Karriere riskierten, weil das nun wirklich nichts mit Geschichte zu tun habe. Andererseits bin ich Kollegen begegnet, die schon das mehr oder weniger aus der Luft gegriffene Rollenspiel für einen geschichtsdidaktischen Erfolg hielten. Mich haben beide Positionen nie überzeugen können. Wer einmal erlebt hat, zu welchen Höchstleistungen Schüler etwa bei einer Revue zur Sozialgeschichte des Kaiserreichs in der Lage sind, wird die Spielmethode nicht gleich pauschal von der Hand weisen. Man benötigt allerdings durchaus eine gewisse Gelassenheit beim Umgang mit den Ergebnissen dieses Tuns.

Folgende Seiten stellen meinen Versuch dar, das an sich kreative und freie Spiel mit der Strenge geschichtsdidaktischer Überlegungen zu verbinden. Alle hier vorgestellten Spiele sind mehrfach erfolgreich durchgeführt und evaluiert worden. Dennoch ergibt sich aus der Natur des Unterrichts, dass damit keine Erfolgsgarantie gegeben werden kann. In der Technischen Universität Braunschweig und in der Universität Kassel hatte ich in Seminargruppen die Gelegenheit, Spiele mit meinen Studenten auszuprobieren und zu analysieren. Dafür und für den Spaß, den wir dabei hatten, danke ich den Teilnehmern herzlich. Besonders nenne ich Sascha Prause und Ulrich Jungbluth.

Das Buch widme ich von ganzem Herzen meiner Frau Sylke Haß, die trotz unserem Max immer genügend Muße fand, die Entstehung der Arbeit durch ihre hilfreichen Korrekturen und kompetenten Beiträge zu begleiten.

Braunschweig, im Januar 2003

1. Einleitung

Ein alter Witz über Psychologen, die sich angeregt über völlig belanglose Dinge unterhalten, schließt mit der Pointe: „Gut, dass wir darüber geredet haben." Die beiden Psychologen hatten offenbar Spaß an der Methode, ohne sich sonderlich mit dem Inhalt des Gesprächs zu befassen: L'art pour l'art. Nach der Durchsicht der recht umfangreichen Literatur kann man beim Thema Spielen, zumal über jenes im Geschichtsunterricht, zu einer ähnlichen Einschätzung gelangen. Spielen macht den Beteiligten Spaß. Das ist offensichtlich und grundlegend. Ohne Spaß gibt es kein Spiel. In dieser Beziehung herrscht große Einigkeit unter den Autoren, die sich zu Spiel und Spielen in der Schule geäußert haben. Schwierigkeiten treten hingegen bei der Frage nach dem Inhalt oder dem Sinn dieses Treibens auf. Hier kann man bis jetzt kein allgemein akzeptiertes Urteil finden. Einerseits hängt die inhaltliche Beurteilung des Spiels von der wissenschaftlichen Blickrichtung ab. Ein Pädagoge setzt andere Bewertungsmaßstäbe als ein Geschichtsdidaktiker. Andererseits gibt es besonders für den Geschichtsunterricht bislang keine empirischen Untersuchungen[1] des Phänomens auf breiter Basis. Das ist im Bereich der Geschichtsdidaktik ein großer Mangel, weil dadurch viele Einschätzungen über den Wert von Spielen sehr auf die Person des Autors zugeschnitten sind. Jedenfalls steht die gesättigte didaktische Reflexion zumeist nicht im Vordergrund der vorhandenen Spielbücher und -artikel.[2]

Fragt man Geschichtslehrer nach ihrer Einstellung zum Spiel im Unterricht, trifft man auf drei unterschiedliche Gruppen. Die einen lehnen „Spielerei" aus grundsätzlichen Erwägungen ab. „Spiel, das von Spontaneität lebt, und Geschichte, die gewesene und damit unabänderliche Wirklichkeit betrifft, scheinen nicht zusammenzupassen. Man kann und darf Geschichte nicht nachträglich im Spiel umdenken und umgestalten."[3] Die zweite Gruppe steht den Möglichkeiten des Spiels positiv gegenüber, führt aber das enge Zeitkorsett der Richtlinien gegen das Spiel ins Feld.[4] Eine dritte Gruppe, wohl die kleinste, bilden die begeisterten Spieler, die alles Mögliche für spielbar halten, doch freilich damit bisweilen über das Ziel hinausschießen.[5] Allgemein gilt: Spielerische Elemente gehören in Schulen, zumal in Gymnasien, nicht zum alltäglichen pädagogischen Standard.

Demgegenüber steht jedoch die reformpädagogische Erkenntnis, dass Spielen die Lernform schlechthin sei. Im Bereich der Geschichte ist dieser Widerspruch recht einfach aufzulösen: Die pädagogisch intendierten Lernziele stimmen wenig mit den geschichtsdidaktisch bedeutsamen überein. Die pädagogische Absicht zielt zumeist auf die Person des Spielers und stellt Verhaltensziele und motivationale oder soziale Aspekte in den Vordergrund der Spielaktivität.[6] Historisches Lernen ist jedoch bis heute eine kognitive Angelegenheit[7] geblieben. Auch die Kategorie „Geschichtsbewusstsein" mit ihren Operationen Sachanalyse, Sachurteil und Wertung (Jeismann) bleibt im Kern auf „bewusstseinsstrukturierende Denk- und Einstellungsprozesse" (Rüsen) beschränkt. Freilich spielen affektive und psychomotorische Lernziele im Geschichtsunterricht eine Rolle. Gleichwohl gehören sie nicht zum Kern der Sache, sondern in den Bereich der allgemeinen pädagogischen Peripherie, die alle Schulfächer berücksichtigen müssen, oder können allenfalls unter dem Stichwort der Handlungsorientierung[8] subsumiert werden.

Wenn also die Bemühungen des Geschichtslehrers auf „Historisches Lernen" im dargestellten Sinn gerichtet sind, stellt sich die Frage, welche Voraussetzung ein Spiel erfüllen sollte, um solches Lernen zu gewährleisten. Diese Frage ist nicht leicht zu beantworten, weil pädagogische und didaktische Interessen des Lehrers einerseits und eben „spielerische" Interessen des Schülers andererseits aufeinander treffen. Bei der Beschreibung und Auswahl der hier dargestellten Spiele steht gleichwohl die geschichtsdidaktische Relevanz im Vordergrund.

2. Das Wesen des Spiels – Spieltheorie

Die tiefe Verwurzelung des Spiels im menschlichen Leben bringt es mit sich, dass jeder von uns ein Spieler ist. Die Aufforderung „Lasst uns doch mal etwas spielen!" setzt aus diesem Grund bei uns allen, selbst wenn man das Ansinnen ablehnt, Vorstellungen in Gang, die kaum thematisiert werden müssen, da sie aus vielfachen Situationen seit der Kindheit bekannt sind. „Spaß" soll ein Spiel machen, man muss „Lust" dazu haben, es soll „spannend" sein. Man stellt sich darauf ein, dass irgendjemand Regeln erklärt und dass man als Spieler gewissermaßen seine alltägliche Rolle abstreifen darf. Kurzum, jeder weiß, was Spielen ist. Kommt man aber in die Verlegenheit, erklären zu müssen, was ein Spiel ist, geraten die meisten von uns in Erklärungsnot, denn so eindeutig, wie es scheint, ist das Phänomen nicht zu bestimmen. Man könnte es bei diesem Zustand belassen, wenn nicht eine nähere Analyse Wesensmomente des Spiels hervorbringen würde, deren Kenntnis für die Umsetzung von Spielen im Geschichtsunterricht ungemein wichtig ist.

Nach der Lektüre der Ausführungen in dem oberen Abschnitt dürfte man bereits zum Eindruck gelangt sein, dass die Sache, die mit dem Begriff „Spiel“ bezeichnet wird, viele unterschiedliche Erscheinungsformen umfasst. Es ist deshalb zu fragen, worin der gemeinsame Kern, das „Wesen“ des Spiels besteht. Worin besteht die Verbindung zwischen einem Tennismatch, einer Computersimulation, einem Geschichtsratespiel und einem Theaterstück? Mit dieser Frage befasst sich die Spieltheorie. Je nach fachlichem Blickwinkel fallen die Antworten auf diese Frage unterschiedlich aus.

Die Reformpädagogik etwa bestreitet, dass Tierspiele, Liebhabereien wie Briefmarkensammeln, sportlich-gesellschaftliche Veranstaltungen und bestimmte Erscheinungen des Festlichen überhaupt etwas mit Spielen zu tun haben. Einige Spieltheoretiker bezeichnen wiederum Lernspiele als „unreine“ Spiele.[9] Ferner gibt es Stimmen, die die Brauchbarkeit des Begriffs an sich anzweifeln. Zum einen sei der Begriff aus der Alltagssprache mit vorwissenschaftlichen Inhalten befrachtet, zum anderen seien selbst die Phänomene, die wissenschaftlich mit dem Begriff bezeichnet würden, vielfältig.[10] Die Anzahl der wissenschaftlichen Publikationen zum Spiel betrug 1991 über 4000, es sind 25 differenzierte Theorien über das Spiel gezählt worden.[11] Wie dem auch sei, es ist bis jetzt weder gelungen, eine umfassende Spieltheorie zu entwickeln, noch eine befriedigende Definition des Begriffs aufzustellen, die *alle* mit dem Problem befassten Wissenschaftler zufrieden stellen würde.

Deshalb scheint es wichtig, sich vor Augen zu führen, welche einzelnen wissenschaftlichen Disziplinen sich mit dem Spiel unter welchen Gesichtspunkten befassen und welche Bedeutung sie dem Spiel beimessen. Wolfgang Hering hat die wichtigsten spieltheoretischen Ansätze zusammengefasst. Er unterscheidet sieben Gruppen, die dem Spiel unterschiedliche Funktionen beimessen: Psychoanalyse, Piagets Entwicklungspsychologie, Verhaltensforschung, Motivationspsychologie, Sozialisationstheorie, Rollentheorie und Phänomenologie.

Abb. 1: Tabelle 4: Schematische Zusammenfassung der wichtigsten spieltheoretischen Ansätze (Hering, Wolfgang, Spieltheorie und pädagogische Praxis, Düsseldorf 1989, S. 73)

Psychoanalyse	Piaget	Verhaltensforschung	Motivationspsychologie
Spiel ist als Alternativbefriedigung Umgestaltung der Realität in lustbringender Form, dient der Angstabwehr und der Verarbeitung von Erlebnissen mit unlustbesetzten Inhalten, zum Beispiel durch Veränderung des Handlungsausgangs; es kann dem Kind auch im Sinne der Regression die Flucht vor der Wirklichkeit eröffnen.	Spiel ist Assimilation, d.h. keine Problemlösung mit informativem Wert und nützlichem Ziel, sondern deren spielerische, phantasievolle Fortsetzung; es ist Anwendung, Übertragung, Variation bekannter Handlungsschemata, Gegenteil von Nachahmung (Akkomodation). Die Entwicklung des Spielverhaltens verläuft parallel zur kognitiven Entwicklung.	Spiel als Appetenzverhalten setzt die Befriedigung elementarer Bedürfnisse voraus im Rahmen einer gesicherten Pflegebeziehung und ist als Verhaltensbereitschaft in den Komplex „Erkunden, Nachahmen, Wißbegier" einzuordnen.	Spiel als Form explorativen Verhaltens, und zwar diversiv, ungerichtet, offen, unspezifisch; setzt Nicht-Vorhandensein körperlicher Mangelzustände voraus; wird stimuliert durch sogenannte kollative Variablen: Überraschung, Neuigkeit, Veränderung, Inkongruenz, Komplexität; pendelt zwischen Spannungssuche und Streben nach Entspannung auf einem mittleren Spannungsniveau (= Aktivierungszirkel)
Sozialisationstheorie	Rollentheorie	Phänomenologie	
Spielfähigkeit des Kindes ist determiniert durch die Sozialisationsbedingungen, Sozialisationsdefizite führen notwendig zu Spielschwierigkeiten, Spielmängeln, Spieldeprivation. Kompensatorische Spiel-Programme erweitern und verbessern die Spielfähigkeiten des Kindes und nehmen komplementäre Sozialisationsfunktionen wahr.	Spiel als: • antizipierende Sozialisation = Rollenlernen, Einüben sozialer Rollen • Aneignung sozialer Kompetenz = Rollendistanz, Empathie, Ambiguitätstoleranz, Identitätsdarstellung = flexibles Rollenhandeln, allgemein kommunikative Fähigkeiten • Sprachförderung • Psychische Stabilisierung • Prämissen: kindlicher Sozialstatus und Egozentrismus	Betont die Eigenständigkeit des Spiels als eines Urphänomens, einer primären Lebenskategorie; sieht die Kultur sub specie ludi, Spiel weist sich durch folgende Merkmale aus: • Freies Handeln, Zweckfreiheit (Selbständigkeit) • Begrenztheit, Spielraum • Nicht-Identität mit dem gewöhnlichen Leben • eigene Ordnung • Spannung • Wiederholbarkeit	

Bei der Durchsicht der verschiedenen Auffassungen wird deutlich, dass es sinnvoll ist, sich klar zu machen, vor welchem theoretischen Hintergrund man eine Bewertung von Spielen abgibt. Gerade in der geschichtsdidaktischen Literatur geschieht dies in der Regel zu wenig.[12] Dieser Umstand trägt viel dazu bei, dass kritische oder befürwortende Stimmen in der didaktischen Diskussion eine gewisse Beliebigkeit[13] bekommen. Grundsätzlich wäre es daher besser, bei Spielvorschlägen die spieltheoretischen Ansätze in der didaktischen Reflexion zu berücksichtigen. In diesem Fall würde schnell deutlich werden, dass Spiele im Geschichtsunterricht durchaus unterschiedlichen theoretischen Modellen zuzuordnen sind. Abhängig davon sind wiederum die Qualifikationen oder Lernziele, die man mit dem Einsatz eines Spiels erreichen möchte. Dazu jedoch später (s. Kap. 4.3).

Gleichwohl bleibt die Frage, ob es nicht doch Elemente gibt, die ein Spiel „wesenhaft" bestimmen können, die auf mehr oder weniger alle Spiele zutreffen. Folgt man dem beschreibend-strukturierenden Ansatz der Phänomenologie, kommt man auf sechs Wesensmomente[14] des Spiels, freilich unter der Einschränkung, dass wichtige Aspekte des Problems bereits durch die Fragestellung der Untersuchung ausgeschlossen werden: „Die Frage nach dem Wesen des Spiels und den Antworten, die die Spieltheorien darauf geben, muß zunächst ohne jeden Seitenblick auf etwa mögliche praktische Konsequenzen um des reinen theoretischen Verständnisses willen nachgegangen werden."[15] Mit anderen Worten: Bei dem Versuch, das „Wesen" des Spiels zu beschreiben, wird nicht danach gefragt, warum und wozu man spielt, sondern vielmehr, was ein Spiel ausmacht und wie man spielt. Auf diese Weise gewinnt man die folgenden Wesensmomente.

(1) *Das Moment der Freiheit*: Das Spiel verfolgt keinen außerhalb seiner selbst liegenden Zweck. Vor allem ist es frei von Arbeit, Kampf ums Dasein, Not und Sorge. Man spielt um des Spieles willen.

(2) *Das Moment der inneren Unendlichkeit*: Das Spiel dient keinem Zweck, demnach drängt auch nichts auf ein Ende des Spiels, es „will sich tendenziell unbegrenzt fortsetzen."[16]

(3) *Das Moment der Scheinhaftigkeit*: Im Spiel ist man an allen Belangen der Wirklichkeit uninteressiert. Das Spiel ist vom „gewöhnlichen Leben" abgetrennt und bewegt sich in einer Scheinwelt.

(4) *Das Moment der Ambivalenz*: Spiel ist nicht Ernst, aber Spielen ist Ernst. Das Spiel verlangt ein mittleres Spannungsniveau, das zwischen Notwendigkeit und Beliebigkeit hin- und herpendelt. „Spannungslosigkeit wäre der Tod für das Spiel, andererseits würde eine zu hohe Spannung sogleich einen auf Beendigung der Span-

nung gerichteten Befriedigungswunsch hervorrufen, der die Ambivalenz überwältigen müsste."[17]

(5) *Das Moment der Geschlossenheit*: Jedes Spiel ist eine Art Kreisprozess, der in sich selbst zurückläuft und für sich selbst existiert. Das Spiel hat eine zeitweilige Sphäre mit eigener Tendenz.

(6) *Das Moment der Gegenwärtigkeit*: Das Spiel ist augenblicksgebunden, gegenwärtig. Es gibt weder Zukunft noch Vergangenheit.

Diese Momente oder Wesensmerkmale des Spiels lassen sich am besten an Beispielen erklären, die gleichzeitig die Grenzen des phänomenologischen Ansatzes verdeutlichen. Wenn zwei Personen Tennis spielen, tun sie dies, weil sie sich „freiwillig" (1) dazu verabreden. Auch wenn die beiden ein Match austragen und das Spiel nach zwei Gewinnsätzen beendet ist, muss man dies nicht als spielimmanente Bedingung, sondern als eine von außen herangetragene Beschränkung betrachten. Aus dem Spiel selbst heraus erzwingt nichts diese Notwendigkeit (2), man kann immer wieder ein neues Match ansetzen. Man denke dabei zur Verdeutlichung an eine Kindergruppe, die Verstecken spielt und erst durch das Hereinbrechen der Dunkelheit, also durch einen außerhalb des Spiels liegenden Grund, zum Abbruch des Spiels gezwungen wird.

Das Tennisspiel wird in einer eigenen Sphäre ausgetragen. Im Moment des Spiels ist man Spieler und bewegt sich in der Spielwelt mit eigenen Gesetzen (3), in der aber beispielsweise die sozialen Unterschiede der gewöhnlichen Welt bedeutungslos sind. Sichtbar wird diese Scheinwelt zum Beispiel durch die besondere „Ver"-Kleidung der Tennisspieler, die sich nur zum Teil funktional erklären lässt. Sie trägt auch zum „Anderssein" während des Spiels bei.

Ambivalent ist beim Tennisspiel vor allem der Wettkampfcharakter. Natürlich kämpft man nur im Spiel gegeneinander. Aber tut man das wirklich? Das Spannungsniveau einer Auseinandersetzung kann so hoch sein, dass vielleicht der Streit um einen Ball, den nur ein Spieler im Aus gesehen hat, zu Handgreiflichkeiten auf dem Spielfeld führt. Das Spiel rückt so in das „gewöhnliche Leben" und ist damit sofort beendet. Aber es lebt geradezu von der Möglichkeit der Weiterführung des Konflikts ins „gewöhnliche Leben", von der Ambivalenz (4).

Die eigene Sphäre eines Spiels wird gut durch feste Spielfelder (5), sei es bei Ball- oder Brettspielen, sichtbar. Auch Spielregeln erfüllen diesen Zweck. Durch die Verpflichtung der Spieler auf Regeln werden die Grenzen des Spielraums gewissermaßen virtuell abgesteckt. Dass sich Spiele im Hier und Jetzt erfüllen (6), bedarf keiner tiefer gehenden Erklärung.

Die Grenzen des geschilderten Theorieansatzes liegen zum Beispiel in der Vernachlässigung der sozialen und ökonomischen Verhältnisse.

Längst haben Profis das Tennisspiel zur Grundlage ihrer wirtschaftlichen Existenz gemacht. Spiele übernehmen häufig kompensatorische Funktionen, um das „gewöhnliche Leben" besser erträglich scheinen zu lassen. Nicht zuletzt ist eine expandierende Spielindustrie entstanden, die den Besitz von bestimmten Spielgeräten und -accessoires besonders für Kinder zum unwiderstehlichen Zwang machen möchte. Auch gewisse Formen der Spielsucht sind ohne den sozioökonomischen Hintergrund des Betroffenen nicht vollständig zu erklären. Von der klar zu Tage tretenden Funktion des Kinderspiels gar nicht zu reden. Das zeigt, die Phänomenologie liefert keine umfassende Spieltheorie. Dennoch können wir für den Geschichtsunterricht wertvolle Punkte herausarbeiten.

Man sollte sich zunächst klar machen, dass Spielen im Geschichtsunterricht nicht Spielen im phänomenologischen Sinn ist. Denn das wichtigste Moment, die schon mehrfach angesprochene Zweckfreiheit oder auch Offenheit des Spiels, widerstrebt einer Funktionalisierung durch Lernziele. Trotzdem ist es notwendig, so viele Spielmomente wie möglich zu berücksichtigen. Denn diese rechtfertigen im Grunde den Einsatz der Methode: Spielen macht Spaß. Daraus ergeben sich zwei Konsequenzen. Der Erfolg eines Spiels im Unterricht hängt gewissermaßen davon ab, dass man eine Gratwanderung beherrscht. Nimmt nämlich das Spielerische überhand, gibt es keinen Lernerfolg. Dominiert hingegen die Zielorientierung des Lehrers, „spielen" die Schüler nicht mit. Dem Lehrer muss bei der Planung eines Spiels dieser Spagat immer bewusst sein.

Man sollte sich also hüten, allzu streng an die Sache heranzugehen, und einkalkulieren, dass jedes Spiel, zumal ein komplexeres, auch ganz oder teilweise entgleiten kann. Besonders wenn es darum geht, sich in eine historische Situation „hineinzuversetzen", ist größte Vorsicht geboten, da hier dem Anachronismus Tür und Tor geöffnet sind. Schüler werden immer alles, worüber sie keine oder nur unvollständige Informationen besitzen, mit kreativer Imagination ausfüllen. Zum Beispiel werden sie sich wenig dabei denken, auf einem „mittelalterlichen" Markt Kartoffeln zu verkaufen oder im Dezimalsystem zu rechnen. Solche Dinge sind vor allem in Imitations- und historischen „Rollen"-Spielen zu beobachten, die aus diesem Grund besonders gründlich vorbereitet werden müssen. Die historische Erkenntnis strebt gegen Null, wenn man „mal eben" einen mittelalterlichen Markttag spielen lässt.

Das Moment der Ambivalenz kann vor allem bei Spielen mit Wettkampfcharakter, beispielsweise Quiz- und Ratespielen, zu unangenehmen Folgen führen. Wenig sinnvoll ist es etwa Mädchen gegen Jungen spielen zu lassen oder den Schülern zu erlauben, ihre Spielgruppen selbst zu bilden. Eventuelle Gruppenkonflikte innerhalb der Klasse würden dadurch nur unnötig verstärkt werden. Darüber hinaus sollte man bei der Konzeption solcher Spiele die Möglichkeit einbauen, durch Glück oder Zufall ebenfalls zum Ziel zu kommen. Bei Quiz- und Brettspielen kann man Jokerfelder vorsehen und bei Ratespielen unter Umständen Buchstaben vorgeben. Wenn man um Punkte spielt, sollte man als Spielleiter immer sehr großzügig verfahren und eventuell Punkte auf Gruppen verteilen, wenn sich mehrere davon an der richtigen Antwort beteiligt haben. Man kann für besonders gelungene Antworten auch Sonderpunkte vergeben. Andererseits ist es kontraproduktiv, Belohnungen mit dem nicht versiegenden Füllhorn zu verteilen, da damit das Spannungsniveau unterschritten und das Spiel langweilig werden würde. Es besteht daher auch die Ansicht, dass Wettkampfspiele im Unterricht nichts zu suchen haben. Wenn man jedoch als Spielleiter den Mittelweg einhalten lässt, gibt es gegen Quizspiele nicht nur nichts einzuwenden, sondern man kann damit unter Umständen Motivationsschübe bei den Schülern auslösen, die sich bis in den „normalen" Unterricht hinein positiv auswirken.

Im Moment der Scheinhaftigkeit verbergen sich ebenfalls wichtige Hinweise für Spielsituationen. Die besondere Atmosphäre eines Spiels sollte durch so viele Ausschmückungen wie möglich hervorgehoben werden. Im Spiel „macht man es anders." Deshalb sind Kulisse und Requisiten, seien sie auch noch so improvisiert, besonders wichtig. Jedes Spiel muss gewissermaßen inszeniert werden. Für eine „Podiumsdiskussion" oder „Talkshow" sollte man nicht nur Tische und Stühle angemessen aufstellen, sondern auch für bestimmte Details sorgen, die sich mit wenig Mühe herstellen lassen: Namensschilder, kleine Fähnchen oder ein „Studiohintergrund" mit Stelltafeln schaffen sofort eine Atmosphäre, die die Schüler um so eifriger bei der Sache sein lässt. Grundsätzlich gilt: Je mehr Requisiten zur Verfügung stehen, desto besser das Ergebnis des Spiels. Das gilt auch, wenn man die Schüler kleine „historische" Videosequenzen anfertigen oder ein Hörspiel aufnehmen lässt.

3. Menschen, Kinder, Schüler – Spiel in der anthropologischen, pädagogischen und didaktischen Reflexion

3.1 Mensch: kulturhistorische und biologische Aspekte des Spiels

Ein bekanntes Lied des Entertainers Hape Kerkeling hat den Refrain „Das ganze Leben ist ein Quiz und wir sind nur die Kandidaten." Das mag eine Übertreibung sein. Doch auch bei ernsthaften Autoren findet man Hinweise auf die tiefe Verankerung des Phänomens „Spiel" im menschlichen Handeln, ja im Menschsein, im Leben an sich. „Alles Geschehen in unserer Welt gleicht einem großen Spiel, in dem von vornherein nichts als die Regeln festliegen. Ausschließlich diese sind objektiver Erkenntnis zugänglich. Das Spiel selber ist weder mit dem Satz seiner Regeln noch mit der Kette von Zufällen, die seinen Ablauf individuell gestalten, identisch."[18] Oder: „Bildung ist der Name eines sozialen Spiels, das durch erhöhte Erwartungen und Erwartungserwartungen in Bezug auf das kulturelle Wissen der Mitspieler gekennzeichnet ist; diese dürfen die Erwartungen und Erwartungserwartungen nicht thematisieren."[19]

Der niederländische Historiker und Kulturphilosoph Johan Huizinga hat 1938 in seinem Essay „Homo ludens" eine Theorie entwickelt, die das Spiel als Ursprung jeder kulturellen Leistung des Menschen sieht.[20] In einer Annäherung an eine Definition des Spiels zählt er mehrere Merkmale auf, die das schwer fassbare „Wesen" des Spiels ausmachen: Jedes Spiel sei zunächst „freies Handeln", das heißt, man könne es ebenso gut lassen. Es sei nicht das „gewöhnliche" oder „eigentliche" Leben, sondern es stehe als eine Art Intermezzo außerhalb der Befriedigung von Notwendigkeiten und Begierden.[21] Dass das Spiel selbst zur Begierde werden kann, die sich zur Spielsucht ausweitet, findet beim Autor keine Beachtung. Das Spiel laufe in sich selbst ab und werde wegen der Befriedigung verrichtet, die in der Verrichtung selbst liege. Dabei sei das Spiel abgeschlossen und begrenzt. Jedes Spiel bewege sich deshalb innerhalb eines „Spielraums", der unter eigener Ordnung und eigenen Regeln stehe. Die „gewöhnliche Welt" sei ausgeschlossen. Eine sehr wichtige Rolle spiele ferner die Spannung. „Mit einer gewissen Anspannung muß etwas ‚glücken'."[22] Hier liegt die Wurzel der großen Ernsthaftigkeit, die

Spiele annehmen können. Bei allem Spaß, der beim Spiel entsteht, hängt doch sein Gelingen von der gewissenhaften Einhaltung seiner Regeln ab. Gleichwohl haben die Gesetze und Gebräuche des „gewöhnlichen Lebens" innerhalb des Spielraums keine Bedeutung. „Wir ‚sind' und wir ‚machen' es ‚anders'."[23] Nach diesen Überlegungen gelangt Huizinga zu folgender Definition, die auch hier leitend sein soll: „Spiel ist eine freiwillige Handlung oder Beschäftigung, die innerhalb gewisser festgesetzter Grenzen von Zeit und Raum nach freiwillig angenommenen, aber unbedingt bindenden Regeln verrichtet wird, ihr Ziel in sich selber hat und begleitet wird von einem Gefühl der Spannung und Freude und einem Bewußtsein des ‚Andersseins' als das ‚gewöhnliche Leben'."[24]

Überprüft man diese Definition etwa an einem Fußballspiel, lassen sich leicht Übereinstimmungen feststellen. Zweifellos ist das Spiel mit dem Ball keine lebensnotwendige Handlung. Raum, Zeit und Regeln sind akribisch festgelegt. Vor allem das Spannungsniveau des Spiels ist so hoch, dass bisweilen gewalttätige Ausbrüche entstehen, wobei die Grenze zum „gewöhnlichen Leben" wieder überschritten wird.[25] Auch die Zuschauer sind durch gewisse Riten in das Geschehen eingebunden und somit Teil des „Andersseins" oder der „mystischen Aura", die durch das Spiel erzeugt wird. Von hier aus ist es nicht weit, kultische Handlungen und vieles mehr als Spiel zu verstehen.

Neben dieser strukturdynamischen Zugangsweise zum Spielphänomen existiert eine funktionsorientierte, die vor allem die Bedeutung des Spiels beim Reifungsprozess von Tieren und Menschen in den Vordergrund stellt. Das ist für unseren Zusammenhang insofern wichtig, als hier stärker die Lernfunktion des Spiels analysiert wird. Nach der Beschreibung Huizingas hätte man durchaus zu der Auffassung gelangen können, das Spiel diene ausschließlich dem Vergnügen oder bestenfalls einer sozialen Entspannung, einem Kontrapunkt, der den Mühen der alltäglichen wirtschaftlichen und sozialen Existenz des Individuums gegenüber gestellt sei. Jedoch wird jeder, der schon einmal spielende junge Tiere beobachtet hat, ihr Spiel als Probehandlungen verstehen, die der Vorbereitung auf das Erwachsenenleben dienen. Der Biologe Bernhard Hassenstein beschreibt das Spiel als ein „Aktionsprogramm zum Gewinnen von Erfahrung". Es sei „ein naturgegebenes Aktionsprogramm zum Kennenlernen der Umwelt, zum Entwickeln und Erhalten motorischer Geschicklichkeit und zum Aneignen von Fähigkeiten älterer Artgenossen."[26] Bei kleinen Kindern ist das nicht anders.

Neben diese biologische Entwicklung treten beim Kinderspiel soziale und kulturelle Funktionen. Das kindliche Rollenspiel dient der Entfaltung der sozialen Kompetenz. Jedoch ist man davon abgegangen, die ganz unterschiedlichen Funktionen, die das Spiel bei der Einübung von kognitiven, emotionalen und sozialen Fähigkeiten im Laufe der Reifung des Kindes ausübt, in einer allgemeinen Theorie zusammenzufassen.

Darüber hinaus haben neuere Forschungen zum Spiel die zu erfassenden Phänomene weit über die belebte Natur ausgeweitet, so dass man inzwischen der Ansicht ist, im Spiel ein „schöpferisches Organisationsprinzip der Natur“ zu sehen, das auch die anorganischen Elemente der Natur umfasst, sofern diese komplexe Organisationsmuster bilden.[27] Bei der Suche nach dem größtmöglichen gemeinsamen Nenner, unter dem alle Erscheinungsformen des Spiels zusammengefasst werden können, gerät man deshalb schnell an die Grenze des Erkenntnisgewinns. Wenn alles Spiel ist, käme der Definitionsversuch der Suche nach der Weltformel nahe. Andererseits wäre zu befürchten, dass die so gefundene Definition durch die Einbindung jedes zu berücksichtigenden Elements zu einem alles erklärendem Nichts anwachsen würde. Daher erscheint es wichtig, aus diesem Abschnitt jene Strukturmomente zu gewinnen, die sich als zentral für das Gelingen eines Spiels im Geschichtsunterricht erweisen können.

Ganz gleich, welcher analytischen Herangehensweise man sich bedient, die Qualität eines Spiels zeichnet sich aus durch den Spaß, der durch das Spannungsniveau der zu bewältigenden Spielaufgabe entsteht. Dies hängt häufig mit dem Grad der Imagination im Spiel zusammen. Zum Beispiel wird die Bewältigung eines Kreuzworträtsels mit Begriffen aus dem Kaiserreich bei Schülern weit weniger Begeisterung hervorrufen, als wenn man ihnen einen fiktiven historischen Reiseprospekt zum gleichen Thema vorlegt, in dem sie als „Experten“ mögliche Fehler suchen sollen. Schüler wissen natürlich, dass Unterrichtsspiele immer einem Lernzweck dienen. Sie lassen sich aber gern zu Spielen verführen, bei denen die Möglichkeit zu Kreativität und Imagination besonders groß ist. Spiele sind vor allem dann spannend, wenn das Moment des „Andersseins“ besonders ausgeprägt ist.[28]

3.2 Kind: Spiel als pädagogische Kategorie

Das wesentliche Anliegen der Pädagogik ist der Nachweis, dass Spielen mit Lernen gleichzusetzen ist. Dass dieser Nachweis nicht in jedem Fall überzeugend zu führen ist, liegt an dem Facettenreichtum des Phänomens „Spiel“. Bis heute existiert, wie oben beschrieben wurde, keine allgemein gültige Definition, ja es werden grundsätzliche Zweifel geäußert, ob der Begriff „Spiel“ überhaupt eine sinnvolle Kategorie darstelle. Es besteht die Ansicht, die Erscheinungsformen, die mit diesem Begriff bezeichnet werden, seien zu vielfältig, um sie in einer umfassenden Formel darzustellen, die noch erheblichen Erklärungswert besitzt.[29] Tatsächlich ist es außerordentlich problematisch, etwa das Übungsspiel des Kleinkindes mit einem Theaterschauspiel funktionstheoretisch zu vergleichen. Deshalb wird in diesem Zusammenhang von unterschiedlichen „Theorieansätzen" gesprochen, deren gemeinsamer Nenner bestenfalls in den beiden Begriffen „frei(-willig)" und „Selbstzweck" zu finden ist.[30]

Gleichwohl dient das Kinderspiel der Einübung von kognitiven, emotionalen und sozialen Funktionen[31]. Und dass man beim Spielen lernen kann, da kann es gar keinen Zweifel geben. Die Frage – zumal im geschichtsdidaktischen Zusammenhang – ist dabei eher, ob sich der gewünschte Lernerfolg in eine bestimmte Richtung lenken lässt.

Der Schweizer Psychologe Jean Piaget (1896-1980) entwickelte im Zusammenhang mit seiner Entwicklungspsychologie 1959 eine Spieltheorie, die kognitiven Entwicklungsstadien spezifische Spielformen zuordnet. Das Übungsspiel dient dabei dem Aufbau der sensumotorischen Intelligenz (etwa 0-2 Jahre). Das Symbolspiel führt zum Aufbau der Vorstellungswelt (etwa 2-11 Jahre), das Regelspiel begleitet die Ausbildung von Überlegungen (ab ca. 11 Jahre). Das Spiel steht also im Dienst der Entwicklung von kognitiven Fähigkeiten. Diese Konzentration auf das Moment des Kognitiven unter Vernachlässigung der kreativen Elemente des Spiels ist gleichwohl ein Hauptkritikpunkt an Piagets These. [32] Spiel ist bei Piaget *Assimilation*, d.h. die Angleichung von wahrgenommenen Gegebenheiten der Umwelt an gewohnte Denk- und Handlungsweisen. Über die Veränderung der alten Denk- und Handlungsweisen aufgrund neuer Umweltphänomene gelangt das Kind hingegen zu einem Verhalten, mit neuen Problemen zurecht zu kommen.[33] Das nennt Piaget *Akkomodation.* Es kann zum Beispiel vorkommen, dass es einem Kind gelungen ist, eine Schublade zu schließen. Öffnet man die Schublade, wird es sie immer wieder mit großer Freude schließen, es „spielt" also mit ihr. Öffnet man die Schublade irgendwann nicht mehr, tritt für das Kind das Problem auf, dass sie sich nur einmal schließen lässt. Durch Ausprobieren wird es sicher schnell darauf kommen, wie man die Schublade schließt und den gewonnenen Erfolg wiederum im „Spiel" solange ausprobieren, bis ein neues Problem auftritt oder die Sache uninteressant wird. Das Spiel sorgt also für den Spaß bei der Einübung von Fähigkeiten und Fertigkeiten, es ist „ein kindliches Medium zur Bewältigung des Vorgangs der Assimilation."[34]

Bereits vor den Erkenntnissen Piagets galt das Kinderspiel den meisten Pädagogen als „Königsweg" des Lernens. In seiner klassischen

Darstellung über das Spiel[35] hat Hans Scheuerl (1954) die Erträge der (Reform-)Pädagogik zusammengestellt, in denen auch Parallelen zu Piaget erkennbar sind. Insgesamt sind die Auffassungen jedoch um Begriffe wie Neugier, Motivation, Exploration und Experimentieren erweitert. Bei den Reformpädagogen stellt Spielen eine zentrale Position innerhalb ihrer Auffassung über Erziehung dar. In bewusster Abwendung vom „Lektionismus", in dem der Schüler lediglich die Rolle des – kognitiven – Rezipienten spielte, schien das Spiel der „Urschoß alles Gestaltens und Erlebens"[36] zu sein. In ihrer Konzentration auf eine „Pädagogik vom Kinde aus" (Ellen Key, 1849-1926) wiesen die Reformpädagogen dem Spiel alle möglichen Nutzeffekte zu, die sich allerdings kaum in einer umfassenden Definition beschreiben lassen. Die Spannbreite der Auffassungen vom Spiel reicht von seiner eher therapeutischen Funktion im „Sich-Ausleben" (Erlebnispädagogik) bis zu einer eher utilitaristischen Einbindung als „streng an bestimmte Aufgaben gebundenes Experimentier- und Trainingsmaterial"[37] (Maria Montessori, 1870-1952). Nach Scheuerl lassen sich sieben verschiedene Grundformen erkennen, die gewissermaßen das Substrat der pädagogischen Erkenntnis bilden, wovon vier Formen für unseren Zusammenhang relevant sind:

- (durch Regeln) gebundenes Spielen,
- Experimentieren,
- Lernspiel,
- spielerische Einkleidung.[38]

Dem *gebundenen Spiel* entsprechen im Geschichtsunterricht etwa Quiz-, Rate- und Brettspiele mit Wettkampfcharakter. Das *Experimentieren*, von Scheuerl als absichtloses Fragen, das eine planvolle Handlung hervorruft, dargestellt, hat hier einen eher naturwissenschaftlichen Hintergrund. Gleichwohl findet es in den Kategorien der Hypothesenbildung,[39] der Schülerfrage[40] oder des entdeckenden Lernens[41] eine geschichtsdidaktische Entsprechung. *Lernspiele* stellen eine spezielle Form des gebundenen Experiments dar und werden im Geschichtsunterricht zum Beispiel durch Zuordnungs-, Identifizierungs- und Assoziationsspiele[42] vertreten. Rollen- und Planspiel, die erst in den sechziger Jahren stärker Einzug in die pädagogische Praxis hielten (s.u.), werden bei Scheuerl nicht berücksichtigt. Schwierig ist die Abgrenzung zwischen *Lernspiel* und *spielerischer Einkleidung*. Kopiervorlagen, die als Lernspiel konzipiert sind, empfinden viele Schüler bereits als „normale" Arbeitsblätter, hervorgerufen durch den bisweilen inflationären Gebrauch solcher „Lernspiele" und ihre oft all zu durchsichtige Funktionalisierung für den fachlichen Lernprozess. Schüler haben meist ein sehr feines

Gespür für eine versteckte Zweckbindung, so dass das „Spiel" sehr schnell seinen Charakter verliert.

An diesem Punkt setzt die wichtigste Kritik des Lernspiels an. Es ist nämlich zu fragen, ob die Funktionalisierung eines Spiels zu fachlichen Lernzwecken demselben nicht den Todesstoß versetzt. „Bei näherem Eingehen auf die Eigenheiten des Lehrspiels wird auffallen, daß es in den seltensten Fällen ein Spiel im eigentlichen Sinne des Wortes ist. Entlehnt ist allein die Form."[43] In der Tat entzieht sich das Spiel wohl nicht dem Lernen an sich, aber einer Funktionalisierung für bestimmte Zwecke. Seine Zweckfreiheit ist geradezu konstitutiv. Für die pädagogische Diskussion ergibt sich daraus das Problem, das Spiel gegen Vorwürfe des „Unsinns" und des „nutzlosen Tuns" in Schutz zu nehmen. Man bemühte sich im Gegenteil, gerade den Lerncharakter des Spiels hervorzuheben. Überzeugend konnte dies jedoch nicht gelingen, da es den Kritikern aufgrund der eigentümlichen Beschaffenheit von Spielen nicht schwer fiel, hier und da „Unsinn" oder „Nutzlosigkeit" nachzuweisen, sofern damit die Zweckfreiheit des Spiels gemeint war. Ein häufiges Argument ist in diesem Zusammenhang die Betonung des Unterschieds zwischen dem „ernsthaften" Charakter einer Lernsituation und dem „Spaßhaften" eines an sich „unernsten" Spiels.

Der zweckrationale Aspekt spielerischer Tätigkeit des Kindes trat durch Untersuchungen zur Sozialisations- und zur Rollentheorie vor allem seit Ende der sechziger Jahre in den Blickpunkt der Pädagogik. Die israelische Verhaltensforscherin Sara Smilansky (1973) hat in einer Untersuchung die erzieherische und kompensatorische Funktion von Rollenspielen nachgewiesen. Ein Ergebnis ihrer Studie war der Nachweis, dass das „soziale Rollenspiel" Defizite von sozial benachteiligten Einwandererkindern am besten ausgleichen könne. Hiermit schien sich die pädagogische Nutzbarmachung dieses Effekts für die Schule geradezu aufzudrängen. Gleichwohl machte Smilansky deutlich, dass nicht die Inhalte des Rollenspiels die kompensatorische Funktion ausmachten, sondern vielmehr die Herstellung der Spielfähigkeit im sozialen Rollenspiel die Grundlage bildete, kompensatorische Leistungen zu erzielen.[44] Das heißt, das Lernen des Spielverhaltens an sich gewährleistete etwa die spätere Erweiterung des Wortschatzes und nicht die Tatsache, dass der Inhalt des Spiels etwas mit dem Wortschatz zu tun gehabt hätte.

Der gezielte Einsatz des Rollenspiels zur Einübung von Sozialisationsprozessen wurde durch die Erkenntnisse der soziologischen Rollentheorie gefördert. Allgemein hängt demnach das Verhalten des Menschen im sozialen Kontext von den soziostrukturellen Bedingungen ab, in denen er sich bewegt. Man kann dieses Verhalten auch als „Rollenspiel" bezeichnen, insofern Erwachsene sich als *homines sociologici* in dem sozialen System der Gesellschaft mehr oder weniger geschickt in unterschiedlichen Rollen bewegen. Eine Rolle umfasst einerseits die Summe der Erwartungen an ein soziales Verhalten eines Menschen, der eine bestimmte soziale Position innehat. Andererseits beschreibt sie ein gesellschaftlich bereitgestelltes Verhaltensmuster, das erlernt und von einer Person in einer bestimmten Situation gewählt werden kann.[45]

Daran anknüpfend haben verschiedene Autoren dem kindlichen Rollenspiel eine vorbereitende Funktion für das Erwachsenenleben zugewiesen, die „antizipatorische Sozialisation". Das Kind übt demnach spielend Rollen, die es als Erwachsener einmal einnehmen wird. Als pädagogische Konsequenz entwickelte sich daraus das „gelenkte Rollenspiel", in dem diese Sozialisationsprozesse geübt und gegebenenfalls sogar korrigiert werden sollten. Im gelenkten Rollenspiel sind fünf „Grundqualifikationen des Rollenhandelns" zu lernen:[46]

- *Vorhandensein*: Wissen, dass die Empfindungen des „Du" nicht unbedingt mit denen des „Ich" übereinstimmen.
- *Nützlichkeit*: Erkennen, dass eine Analyse der Perspektive anderer ein nützliches Mittel zur Erreichung eigener Ziele sein kann.
- *Vorhersage*: Fähigkeit, die relevanten Rollenmerkmale des anderen genau unterscheiden zu können.
- *Bereithalten*: Wissen, wie man die Ergebnisse der Analyse im Gedächtnis behalten kann, um sie bei der Anwendung von den eigenen Wahrnehmungen trennen zu können.
- *Anwendung*: Wissen, wie man die Rollenmerkmale des Zuhörers für die Formulierung einer effektiven sprachlichen Mitteilung nutzen kann.

Aus den sozialisations- und rollentheoretischen Überlegungen haben sich drei unterschiedliche Modelle zur Durchführung eines Rollenspiels entwickelt:

- *Modell I*: Die Verfasser des Rollenspiels haben ein Wertesystem im Hintergrund, aufgrund dessen sie offensichtliches soziales Fehlverhalten von Spielern korrigieren wollen.
- *Modell II*: Die soziale Wirklichkeit wird im Rollenspiel szenisch rekonstruiert. Strukturelle Bedingungen werden in typischen Rollen sichtbar, die von den Trägern bestimmte interessenbedingte Sichtweisen verlangen. Es wird bewusst vereinfacht, um funktionale Zusammenhänge zu verdeutlichen.
- *Modell III*: Anknüpfungspunkt ist das spontan gewählte Rollenspiel des Kindes. Die Spielgruppe wird veranlasst, sich im Spiel

mit den eigenen Interaktionen und den in der Gruppe vorhandenen und gewünschten sozialen Rollen auseinander zu setzen.

Es dürfte deutlich sein, dass sich geschichtsdidaktische Relevanz lediglich aus dem zweiten Modell gewinnen lässt, indem man versucht, vergangene soziale Wirklichkeit zu rekonstruieren. Doch es ist zweifelhaft, ob dies überhaupt zu verwirklichen ist (mehr dazu s. Kap. 5.3). Insbesondere sollte man zwei Ebenen des Spiels nicht verwechseln: Spiele, die von mehreren Personen durchgeführt werden, haben immer eine *Sachebene* und eine *Beziehungsebene*, was von Befürworten und Kritikern oft nicht ausreichend beachtet wird. Wenn zum Beispiel Schülergruppen in einem Rollenspiel eine kontroverse Diskussion zur Indianerfrage austragen, die am spanischen Königshof im 16. Jahrhundert stattgefunden haben könnte, werden dabei selbstverständlich die aktuellen Beziehungsstrukturen und -konflikte der Schulklasse sichtbar. Eine vollständige Identifikation mit der historischen Person ist selbst bei großer Informationsfülle gar nicht möglich.[47] Andererseits bietet sich beim Spielen einer historischen Rolle die Möglichkeit, Durchsetzungschancen von Gruppeninteressen aufgrund von politischen Machtressourcen *erfahrbar* zu machen,[48] was durch das herkömmliche Quellenbearbeitungsverfahren kaum erreicht werden kann. Viele Schüler erkennen überhaupt erst in einem solchen Spiel die Macht oder Ohnmacht einer Person oder Personengruppe im sozialen, wirtschaftlichen oder politischen Kontext.

Aus alldem dürfte deutlich werden, dass in pädagogischen Studien zum Spiel – abgesehen vom Lernspiel – nicht so sehr die sachlichen Strukturen eines zu lernenden Gegenstands, sondern die Beziehungs- und die Verhaltensebene der Spielteilnehmer im Vordergrund des Interesses stehen.[49] Die Forderung Spielen zu einem Bestandteil des Curriculums wenigstens der Sekundarstufe I zu machen, wird demnach damit begründet, dass die Schule so den „sozialisatorischen Aufgaben, die ihr zuwachsen, besser gerecht werden“ könne. Als Ziele werden „soziale Sensibilität, Kommunikations- und Kooperationsfähigkeit“[50] genannt. Spiele bieten Kindern „Erfahrungsräume“, die es ermöglichen, eigene Stimmungen, Gefühle, Wünsche und Interessen in die Spielsituation einzubringen, um in eine „handelnde Auseinandersetzung mit der Umwelt“ zu treten.[51] Kein Lehrer, ob für Geschichte, Deutsch oder Sport, wird gegen diese Ziele etwas einwenden. Das Problem liegt eher darin, dass die genannten Ziele allein nicht als fachdidaktische Begründung ausreichen, warum gerade im Geschichtsunterricht gespielt werden soll (vgl. dazu Kap. 4.1).

Dass man sich beim Spielen die Neugier und Entdeckerfreude des Kindes zu Nutze machen kann, um fachliche Lernziele zu erreichen, wird durch die Kategorie des „explorativen Verhaltens"[52] theoretisch begründet. Der Begriff beinhaltet etwa Folgendes: Wenn Wahrnehmungen nicht mit Bekanntem übereinstimmen, entstehe eine Spannung, die die Motivation zum Spiel hervorbringe. Das Spiel sei daher in den Informationsaustauschprozessen zwischen Organismus und Umwelt eingebunden.[53] Einige Computerspiele sind nach diesem Prinzip konstruiert.[54] Der Held trifft im Laufe einer Geschichte auf verschiedene Schwierigkeiten, die erst nach einem Abgehen von gängigen Denk- und Handlungsgewohnheiten überwunden werden können. Zum Beispiel muss man mit einer Hühnerfeder einen schlafenden Piraten an den Füßen kitzeln, damit dieser einen Krug mit Grog fallen lässt, den man zur Bewältigung einer anderen Schwierigkeit braucht. Dass dieses System auch für den Geschichtsunterricht zu nutzen ist, dürfte einleuchten. Beispielsweise könnte man „beschädigte" Quellentexte wieder in ihren vermuteten Urzustand bringen lassen oder die Schüler vervollständigen „zerstörte" griechische Vasenbilder. Insgesamt sind hier die Möglichkeiten jedoch beschränkt, da die Anfertigung solcher Materialien zum Teil einen erheblichen Aufwand erfordert.[55]

All diese Dinge haben für den Geschichtsunterricht wichtige Konsequenzen. Zum einen sollte man sich hüten, bei Lernspielen von „Schülerprofis" zu großen Enthusiasmus zu erwarten. Wenn einmal das System eines Spiels durchschaut ist, tritt sehr schnell Langeweile auf. Man sollte sich vorher genau überlegen, ob nicht das notwendige Spannungsniveau bereits nach einigen Minute verflogen ist. Zahlreiche Kreuzwort-, Lücken- und Silbenrätsel oder Brett- und Würfelspiele werden schnell langweilig, weil sie monoton, zu einfach oder auch zu schwer sind.

Zum anderen birgt jedes Spiel, in dem die Schüler in Rollen schlüpfen, das Risiko, dass der spezifische Spielcharakter zu sehr in den Vordergrund rückt und die Lernabsicht zunichte macht. Dieser Fall kann beispielsweise eintreten, wenn Schülergruppen in einer Simulation Staatsregierungen „spielen", die um eine Lösung der Julikrise von 1914 ringen. Dieses Spiel, in dem die „Regierungen" durch diplomatische Noten kommunizieren, kommt häufig an einen Punkt, an dem es „witziger" oder „spannender" ist, die historischen Vorgaben zu verlassen und „kreative" Vorschläge zur Lösung der Krise zu machen. Es kann dann vorkommen, dass etwa österreichische Prinzessinnen zur Heirat angeboten werden, um die Krise zu beenden. Für den Geschichtsunterricht ist dieses Phänomen natürlich unbefriedigend. Allerdings scheint ein solches Verhalten zur Aufrechterhaltung des Spannungsniveaus eines Spiels geradezu konstitutiv zu sein.[56]

3.3 Schüler: Spielen als Unterrichtsmethode

3.3.1 Schulische Rahmenbedingungen

In unserem durch Behörden institutionalisierten, verrechtlichten und verregelten Staatswesen hat sich eine Form von Schule entwickelt, die für die vorherrschenden bürokratischen Denkweisen am besten zu handhaben ist. Die rationale Bürokratie strebt Rahmenbedingungen an, die jedem Schüler an jedem Ort unseres Landes die gleiche, rechtlich einklagbare Schulbildung zukommen lassen möchte. Vieles über den Zustand des modernen Schulwesens lässt sich damit erklären, dass diese Art „Bildung" für Behörden nur quantitativ beschreibbar ist. Quantitative Aussagen sind etwa darüber zu machen, wie viele *Stunden* Unterricht in diesem oder jenem *Fach* innerhalb eines *Schuljahres* einem Schüler *erteilt* werden, aber nicht darüber, welche pädagogische oder didaktische Güte der Unterricht hat. Schulen sind deshalb heute in der Regel organisierte Großbetriebe, in denen es auf den verwaltungstechnisch reibungslosen Ablauf der Ausbildung[57] ankommt. Darin liegt ein wichtiger Grund, warum sich verschiedene Prinzipien wie Jahrgangsklassen, Fachlehrerunterricht, Zensuren, 45-Minuten-Takt und Frontalunterricht, deren pädagogischer Nutzen bekanntlich umstritten ist,[58] aber deren organisatorischer Effekt sich in langjähriger Praxis bewährt hat, als nahezu zwingend scheinende Bestandteile des modernen Schullebens durchgesetzt haben. Mancher engagierte und kreative Lehrer wird in einem solchen Umfeld bisweilen sogar als eine Art Guerillero betrachtet, da nicht jeder Schulleiter das Format besitzt, pädagogische Schutzzonen gegen die Ansprüche der mächtig scheinenden Bürokratie durchzusetzen.

Man kann diesen Zustand beklagen, vermutlich muss man dies sogar, jedoch wird sich daran vermutlich so bald nichts ändern. Durch diese Ausgangslage sind aber bereits wichtige Determinanten für das Spiel als Unterrichtsmethode geschaffen worden: „Spielen kostet Zeit; Spielstunden erfordern viel Vorbereitung; sie sind kaum zu zensieren. Ein spezifischer Grund tritt aber noch hinzu: Spielen erfordert den Einsatz des *ganzen* Menschen; die Gefühle und der Körper spielen mit. – Eben dies scheint sich mit der verkopften, zweckrationalen Organisation des Schulbetriebs zu reiben."[59]

Es ist vor diesem Hintergrund leicht nachzuvollziehen, dass Spiele gerade im Geschichtsunterricht einen schweren Stand haben, da dort die sachlich-kognitive Struktur sowohl bei den Themen als auch in der methodischen Herangehensweise deutlich überwiegt. „Sine ira et studio", also unter Ausschluss der Emotionen, habe, wie man seit Tacitus zu wissen meint, die Befassung mit Geschichte zu sein. Natürlich hat der Geschichtsunterricht, zumal auf dem Gymnasium, eine wissenschaftspropädeutische Funktion, aber man sollte nicht vergessen, dass wir den Großteil unserer Schüler nicht für den wissenschaftlichen Diskurs ausbilden, sondern als kritische Teilhaber an unserer öffentlichen Geschichtskultur.

Spielerische Lernformen ermöglichen Handlungsorientierung,[60] weil sie sich durch zwei Merkmale gegenüber anderen Methoden auszeichnen: die Symbolfähigkeit und die Offenheit des Spiels.[61] Spiele sind Symbole, weil sie in der Lage sind, die Welt modellhaft abzubilden und diese dem Unterrichtsprozess damit zugänglich zu machen. Offenheit meint, dass Spiele individuell mitbestimmtes Lernen ermöglichen. Im Geschichtsunterricht können Spiele zum Beispiel wichtige Hilfsmittel sein, Formen der Multiperspektivität sichtbar zu machen. So lassen sich etwa bei einem fiktiven Gerichtsverfahren zum Thema „Rechtmäßigkeit der römischen Herrschaft" anhand von Quellentexten verschiedene Positionen durch „Zeugen" oder „Sachverständige" darstellen, die sich einer eindeutigen Bewertung entziehen. Schüler können hier lernen, Quellen ideologiekritisch zu betrachten.

Das Gerichtsverfahren und viele andere Details des Spiels sind aufgrund der *Offenheit* des Verfahrens natürlich völlig unhistorisch. Deshalb kann das *Unterrichtsziel* nicht heißen: Wir lernen spielend, wie es bei den Römern vor Gericht zuging. Vielmehr besteht das Ziel der Rollenübernahme darin, den Schülern mithilfe des multiperspektivischen *Modells* zu vermitteln, welche Voraussetzungen etwa in Ciceros Position zur *pax Romana* enthalten sind, die im Text gar nicht ausdrücklich genannt werden. Schüler, die dies einmal *erkannt* haben, werden es bei ähnlich gelagerten Quellenproblemen auch im „normalen" Unterricht anwenden können.

An diesem Beispiel wird deutlich, dass es sich bei einem Spiel keineswegs um einen chaotischen Zeitvertreib handelt, sondern um eine Unterrichtsmethode, die wie alle anderen einer sorgfältigen Planung bedarf.

3.3.2 Planung von Spielstunden

1. **Beschreibung der Lerngruppe** (z.B. Probleme bei der Kleingruppenfindung)
2. **Didaktische Analyse** (fachliche Lernziele des Spiels, Berücksichtigung von affektiven, gruppendynamischen, psychomotorischen Aspekten)
3. **Festlegung der Spielregeln** (z.B. Erstellung eines Aufgabenblattes zu Gruppenregeln, Aufgabenstellung, Präsentationsform, Zeitlimit)
4. **Klärung der Medien- und Materialfrage** (z.B. Benötigung von Computer- oder Videoräumen; Bastelmaterial, Bühnenattrappen, Werkzeugen, Namensschildern, Erkennungssymbolen wie Schwertern, Kronen, Mitren u.ä.)
5. **Überlegung zum Phasenablauf des Spiels** (Zeit für Vorbereitung, Durchführung und Reflexion)
6. **Gedanken zu Alternativen** (z.B. Flexibilität des Spielleiters, Alternativen)
7. **Auswertung und Reflexion des Spiels** (Selbstauswertung durch Schüler mithilfe eines Fragebogens, Evaluation des Verlaufs und der Ziele)

Bei der Vorbereitung sind also mehrere Punkte zu beachten:

- Am Anfang der Überlegung zu einem Spieleinsatz steht die Frage nach dem Ziel: Was will ich mit diesem Spiel erreichen? „Richtig ausgewählt haben Sie ein Spiel dann, wenn es Ihre pädagogische Absicht verwirklicht, wenn es zu der spezifisch zusammengesetzten Klasse paßt und wenn es schließlich auch noch der Schulsituation entspricht.“[62] Das klingt simpel, umfasst aber nicht weniger als die Bedingungsanalyse im Prozess der normalen Unterrichtsvorbereitung.[63] Das heißt, es gilt zu bedenken, welche methodischen Fertigkeiten und sozialen Fähigkeiten die Schüler mitbringen, welche schulischen Rahmenbedingungen herrschen und unter welchen fachlichen Vorgaben man handelt. Unter den oben genannten Bedingungen bietet es sich beispielsweise an, den Schwerpunkt auf weniger umfangreiche Spielformen zu legen, die in einer Stunde oder in einer Doppelstunde durchlaufen werden können. Wählt man längere Spiele, sollten diese so angelegt sein, dass man zu Beginn der Stunde gleich anfangen kann und nicht jedes Mal viel Zeit etwa mit dem Aufbau von Kulissen verliert.

- Spiele müssen erklärt und geleitet werden.[64] Man sollte auf Spiele verzichten, die vielleicht reizvoll sind, aber die Kenntnis sehr komplizierter Regeln erfordern. Gleichwohl müssen auch einfache Spiele gut und übersichtlich erklärt werden. Sinnvoll ist es dabei häufig, die Schüler zunächst in einen Sitzkreis zu bitten, da in der folgenden Unterrichtszeit etwas ganz anderes als gewohnt geschehen soll. Dadurch verschafft man sich die nötige Aufmerksamkeit. Ganz wichtig bei der Erklärung ist die eigene Einstellung zu der Sache. Man sollte den Schülern den Bezug zum Unterricht erklären und mit großer Ernsthaftigkeit darauf hinweisen, dass man mit diesem Spiel einmal auf einem anderen Weg dieses oder jenes zeigen möchte. Gleichwohl ist hier eine sauertöpfische Miene („Und treibt es nicht zu weit ...") völlig fehl am Platz. Man sollte sich und den Schülern die Freude am Spiel gönnen. Wenn man selbst mit einer experimentellen Haltung an die Sache herangeht, wird ein eventuelles Scheitern nicht die Methode an sich diskreditieren, sondern einen auf Dauer zum Spielprofi machen. Andere Spiele erklären sich durch Arbeitsblätter. Man sollte diese Materialien in Gruppen- oder Partnerarbeit behandeln lassen. So wird den Schülern Gelegenheit gegeben sich kommunikativ mit den Regeln auseinander zu setzen.
- Bei der Durchführung des Spiels ist darauf zu achten, ob es sich um eine spielerfahrene Klasse handelt oder nicht. Besonders Rollen- oder Imitationsspiele erfordern von einigen Schülern eine große Überwindung. Hier liegt es nahe, zuvor auf kleinere szenische Lockerungsübungen zurückzugreifen. Zu empfehlen sind pantomimische Einstimmungen, das Spielen von Typen oder Scharadenspiele.[65] Wertvolle Hinweise für diese Dinge findet man auch in Arbeiten über Schülertheater.[66] Unter Umständen mag man sich mit dem aus dem therapeutischen Bereich stammenden „Eindoppeln" anfreunden. Mit dieser Gesprächsmethode verhilft der Lehrer den Schülern zu einer behutsamen Rollenidentifikation.[67] Ein schwieriges Problem für den Lehrer ist, ob und wie er in das Spiel eingreift. Hier kann keine allgemein gültige Antwort gegeben werden, sondern es hängt viel vom eigenen Gespür für das Geschehen ab. Keineswegs darf der Eindruck entstehen, die Schüler müssten sich an ein vom Lehrer verfasstes, imaginäres Drehbuch halten. Sehr schnell würde sich in diesem Fall Lustlosigkeit breit machen, da solches Verhalten nicht mit dem Wesen eines Spiels (s. Kap. 2) in Einklang zu bringen ist. Andererseits sollte man ein Spiel schnell beenden, wenn sich unerwartet herausstellt, dass einzelne Schüler diskriminiert oder in ihrer Würde verletzt werden.

- Das führt uns zum letzten Punkt, der Reflexion. Im Gegensatz zum „normalen“ Unterricht besteht nach einem Spiel viel eher die Möglichkeit, die Schüler an der Auswertung zu beteiligen. Man kann mit einem vorgefertigten Arbeitsbogen die Schüler ihr Spiel selbst auswerten lassen oder im Sitzkreis über den Erfolg des Spiels diskutieren. Bei Rollen- oder Simulationsspielen ist die Reflexion sehr wichtig. Dabei kann man die Fehler der Inszenierung korrigieren. In der Regel lässt sich der gespielte mit dem historisch belegten Verlauf vergleichen. Die Evaluation des Lehrers besteht in einer Verlaufsanalyse des gesamten Spiels und in einer Diagnose des Verhaltens einzelner Spielteilnehmer. Sofern ein abweichendes Verhalten von Schülern vorliegt, sollte dies je nach Ursache im Gruppen- oder Einzelgespräch analysiert werden.

4. Spielen im Geschichtsunterricht

4.1 Das Spiel in der Geschichtsdidaktik

Die geschichtsdidaktischen Positionen zum Spiel als Unterrichtsmethode sind eng mit der Entwicklung des Faches verknüpft. Bis in die fünfziger Jahre des 20. Jahrhunderts bestimmte die Geschichtsdidaktik eine klare Spaltung zwischen gymnasialen und volksschulischen Vorstellungen. Während sich der Geschichtsunterricht auf dem Gymnasium ausschließlich einer „Wissenschaftlichkeit“ verpflichtet sah, betrachtete man in der Volksschule die Fachhistorie nur als Lieferantin des Sachwissens und ordnete die inhaltliche Ausrichtung des Faches unterrichtspraktischen Erwägungen unter.[68] Nachwirkungen dieser Trennung sind bis heute zu spüren. Die Ursachen dafür liegen sicher nicht zuletzt in der auch heute noch geringen fachdidaktischen Ausbildung und dem traditionell der Fachwissenschaft verpflichteten Selbstverständnis der Gymnasiallehrer.

Es ist daher kaum verwunderlich, dass die ersten reflektierten Anstöße, Spiele als Methode des Geschichtsunterrichts zu verwenden, aus dem Bereich der Schulpraxis und der Pädagogischen Hochschulen kamen. Zu nennen ist hier der Name Hans Ebelings.[69] In den sechziger Jahren sah Ebeling in szenischen Darstellungen eine „Wiedervergegenwärtigung“, eine „erlebnismäßige Verlebendigung konkreter historischer

Situationen und ihre geistige und wertende Durchdringung."[70] Er wertete unter der Überschrift „Dramatische Gestaltungen" die Spielszenen der Schüler als eine Art historiographisches Produkt, das durch einen „schöpferischen Akt der Umgestaltung von historischem Wissen in Form szenischer Darstellung"[71] entstanden sei. Diese Form der Konkretisierung war für Ebeling ein Ausdruck jener „Kindgemäßheit", die er in erster Linie unter pädagogischen Gesichtspunkten definierte.[72] Das Spiel ist bei Ebeling pragmatisch betrachtet und den Vorstellungen des kindlichen Nachahmungs- und Rollenspiels entlehnt. Er unterscheidet kleine und große szenische Darstellungen, Dispute und Debatten, Pantomimen und Lesespiele, die jedoch nicht unbedingt auf Quellenbasis stattfinden. Man kann nicht von einem geschichtsdidaktisch reflektierten Umgang mit dieser Methode sprechen, da die Inszenierungen im Grunde pädagogische und illustrative Zwecke verfolgten.

In den siebziger Jahren des 20. Jahrhunderts geriet das Spiel durch den Paradigmenwechsel in der Geschichtsdidaktik stärker in den Blickpunkt des Geschichtsunterrichts. Dieser, nun als Teil des „historisch-sozialwissenschaftlichen Curriculums"[73], erweiterte seinen Horizont auf soziologisch oder politisch geprägte Inhalte, Fragestellungen und Methoden. Man erhoffte sich von einem solchen Zugriff eine theoretisch begründbare Konzeption des Geschichtsbewusstseins, dessen Analyse und Formung zunehmend an die Stelle eines als überholt geltenden historischen Bildungsideals traten. Der Geschichtsunterricht, der seine Aufgabe darin sah, ein chronologisches, an der politischen Geschichte orientiertes und durch die nationale, zumeist auch personale Perspektive geprägtes und kaum inhaltlich reflektiertes Geschichtsbild zu vermitteln, geriet zunehmend in die Krise, weil es seinen Vertretern nicht gelang zu begründen, warum gerade ein solches Vorgehen zur „Bildung" eines künftigen Staatsbürgers beitragen sollte. Demgegenüber versprach die Verwendung des Geschichtsbewusstseins als Kategorie – bei allen Schwierigkeiten im Detail – zielgenauer Auskunft darüber geben zu können, warum dieser oder jener Inhalt „bildend" für einen Teilnehmer am demokratischen Gemeinwesen sein soll.

Geschichtsbewusstsein fußt auf dem Zusammenhang von Vergangenheitsdeutung, Gegenwartsverständnis und Zukunftsperspektive. In einem Geschichtsunterricht, der darauf abzielt, „Schülerinnen und Schüler durch Kommunikation über Geschichte zu befähigen, historische Erfahrungen zu bedenken, den eigenen Standort in der Gegenwart zu bestimmen und ihr Handeln sinnhaft auf die eigene Zukunft hin zu orientieren"[74], sollten auch Spiele ihren Platz finden, sofern sie diese Kommunikation fördern.

Wichtige Anregungen, Spielen als Methode des Geschichtsunterrichts zu etablieren, entstanden im Zusammenhang mit der Rezeption der Ergebnisse der Sozialwissenschaften[75] und in der curricularen Diskussion[76] in den siebziger Jahren. Wolfgang Hug entwickelte für den Geschichtsunterricht eine immer noch vielfach anzutreffende Kategorisierung der Spielformen.[77] Für den Geschichtsunterricht nutzbar seien drei Arten von Spielen:

- Memorierspiele,
- Imitationsspiele und
- Simulationsspiele.

Dabei weist er den Spielen unterschiedliche didaktische Ziele zu:

- dem Memorierspiel das Wissen,
- dem Imitationsspiel die Nachahmung, die Identifikation und
- dem Simulationsspiel die handelnde Auseinandersetzung.

Unklar bleibt bei Hug die Zuordnung des Rollenspiels.

Wichtige Anstöße zum Rollenspiel kamen aus dem angloamerikanischen Bereich,[78] wo Rollen- und Planspiele seit den sechziger Jahren eine wichtige Position innerhalb der Erziehungskonzeption einnahmen. Nach den soziologischen Erkenntnissen von Talcott Parsons (1902-1979) und George Herbert Mead (1863-1931) zur Rollentheorie definierte man Rollenspiele als gegenwartsbezogene Aktionsformen, die Rollenerwartungen und Rollenverhalten des Individuums im sozialen Kontext aufhellen und gegebenenfalls korrigieren sollten. Die erzieherische Funktion des Rollenspiels liegt auf der Hand.

Vor diesem Hintergrund lag es nahe, Vergangenheit als vergangene Gegenwart zu begreifen und historische Konflikte im Spiel als Rollenkonflikte nachzuerleben. Verschiedene Autoren[79] widmeten sich diesem Zusammenhang und Peter Schulz-Hageleit veröffentlichte 1982 eine Monographie,[80] die das Spielen zu einer Kernmethode des historischen *Erfahrungsunterrichts* erhob. Sowohl im theoretischen wie im praktischen Teil beschränkt sich der Autor auf das Rollenspiel, dessen Anwendung er in erster Linie für den Unterricht der Grundschule oder der Unterstufe und bisweilen nicht einmal speziell für das Fach Geschichte ausführlich begründet (ausführlicher vgl. Kapitel 5.3). Die Qualität der vorgestellten Spiele ist höchst unterschiedlich. Schüler einer sechsten Klasse in dem Spiel *Auf dem Sklavenmarkt* [81] die „Demütigung und Entwürdigung des Menschen" ansatzweise zu verdeutlichen, ist mit der Rollenmethode wohl möglich. Geschichtsdidaktisch gesehen glatter Unsinn ist jedoch zum Beispiel das Spiel *Ich bin der Doktor Eisenbart*,[82] in dem Schüler anhand eines Liedtextes von 1800 die Praktiken von Scharlatanen des 17. Jahrhunderts nachspielen sollen. Im Ganzen verliert das Buch viel an Überzeugungskraft durch allerlei undifferenzierte und nicht belegte Behauptungen, die vor allem aus dem oftmals nicht reflektierten Gegenwartsbezug herrühren. Geradezu haarsträubend ist die Gleichsetzung von Hitlerjugend und Punkern als „Verirrung“ ein und desselben „kapitalistischen Grundübels“.[83]

Martha Bauer-Gantner publizierte 1984 eine als „Unterrichtshilfe“ konzipierte Arbeit,[84] die dem *Simulationsspiel* den Vorzug in der didaktischen Aktivität des Geschichtsunterrichts gibt. Sie verweist in diesem Zusammenhang auf zahlreiche US-amerikanische Studien und deren Rezeption,[85] in denen die Brauchbarkeit von Simulationen erwiesen worden sei. Gleichwohl hält sich die Autorin an das von Hug entworfene Modell der drei Spielformen. Auch das Rollenspiel ordnet sie in dieses Modell ein. Ihr Vorgehen ist dabei jedoch wenig überzeugend, da sie das Rollenspiel, um dessen ganze Variationsbreite zu erfassen,[86] sowohl unter das Imitations- als auch unter das Simulationsspiel subsumiert. Insgesamt ist die theoretische Reflexion der Autorin auf das „Lernspiel“ verengt. Phänomenologische und pädagogische Erkenntnisse werden nur am Rande einbezogen. Die Rechtfertigung der Spielmethode und die starke Betonung der Simulationen, die auch den größten Teil der angegeben Beispiele ausmachen, wird mit Argumenten aus der emanzipatorischen Didaktik betrieben.[87] Die Beispiele sind leider nur knapp beschrieben, methodisch unzulänglich[88] und laden kaum zum Nachspielen ein.

Eine etwas umfassendere Einordnung der Spielmethode in einen theoretischen Rahmen unternahmen 1983 Peter Knoch und Frieder Stöckle.[89] Ausgehend von den phänomenologischen Erkenntnissen Huizingas zum Spiel, über kurze Beschreibungen anderer „Spieltheorien“ (Herbert Spencer, Karl Groos, Jean Piaget), entwickeln die beiden Autoren einen Katalog von didaktischen Konsequenzen für die Schule, die sich aber in ihren Begründungen aus allen beschriebenen „Spieltheorien“ bedienen. Dieses Vorgehen wirkt eher eklektisch, zumal die didaktische Diskussion nur summarisch in den Anmerkungen berücksichtigt wird. Gleichwohl liefern die Autoren überzeugende Beispiele für Spiele im Geschichtsunterricht.

Im Abschnitt „Theorie und Praxis des Lehrens und Lernens von Geschichte, Methoden und Arbeitsformen“ befasst sich Joachim Rohlfes 1986 in seiner Geschichtsdidaktik[90] mit dem „Darstellenden Spiel“, worunter er Imitationen und Simulationen subsumiert. Andere Spielformen außer szenischen Darstellungen werden in diesem Kapitel nicht erwähnt. Der Autor steht der Spielmethode eher kritisch gegenüber und verweist in diesem Zusammenhang auf den seiner Ansicht nach unverhältnismäßig großen Zeitaufwand bei unter Umständen geringem Lernertrag. Im Zentrum von Rohlfes Überlegungen steht immer die „historische Authentizität und Korrektheit",[91] gegenüber der die vorgestellten Spielformen aufgrund der ihnen innewohnenden „Spontaneität und Phantasie" einen schweren Stand haben.

Die geschichtsdidaktische Diskussion der achtziger Jahre hat in unterschiedliche Richtungen geführt. Die einzelnen Zweige dieser Diskussion haben aber keinen Bezug aufeinander genommen. Dadurch entstand eine unübersichtliche, wenn nicht gar verwirrende Situation, deren Ursache in den unterschiedlichen theoretischen Bezugspunkten der Diskussionsbeiträge liegt. Es wurde zumeist nicht explizit herausgestellt, welches theoretische Modell die jeweiligen Autoren als Grundlage zum Spiel wählten, was den Diskurs sehr erschwerte. Einigen weiteren Arbeiten muss man darüber hinaus theoretische Unreife bescheinigen, wobei sie selbst vielleicht nur als „Berichte aus der Praxis für die Praxis" verstanden werden wollten.[92] Rückblickend kann man in der veröffentlichten Literatur vier Schwerpunkte erkennen:

- Rollenspiel und Erfahrungslernen (z.B. Schulz-Hageleit),
- Lernspiele und explorative Spiele (z.B. Knoch),
- Simulationsspiel und Modell-Lernen (z.B. Bauer-Gantner) und
- Spielen aus motivationalen Aspekten (z.B. Jahn).

Als fünfte – eher unterrichtspraktische – Richtung hinzuzufügen ist eine verstärkt seit etwa 1990 entstandene breite Palette von Quiz-, Zuordnungs-, Brett-, Würfel-, Karten- und Ratespielen, die zumeist lediglich mit dem didaktischen Hinweis bedacht werden, dass zu erwerbendes Faktenwissen die Grundlage der höherwertigen Ziele des Geschichtsunterrichts bilde[93] und deshalb kaum diskutiert werden müsse. Man kann den Erfolg dieser in der Regel als Kopiervorlagen konzipierten Sammelmappen oder Hefte auch mit dem gestiegenen Bedürfnis der Unterrichtenden nach Entlastung erklären. Eine mit einer spielerischen Kopie verbrachte Stunde muss nicht oder kaum vorbereitet werden und trägt durchaus zur Festigung historischen Wissens bei.

Dem Bedürfnis nach einem gewissen Überblick trug Anfang der neunziger Jahre Elisabeth Hank Rechnung. Sie veröffentlichte nach einer grundsätzlichen Erörterung zur Spielmethode,[94] die aus dem Umfeld des problemorientierten Geschichtsunterrichts stammt, eine Überblicksskizze zum Thema, die auch Aufnahme in den GWU-Sammelband „Geschichtsunterricht heute" gefunden hat.[95] Die Autorin weitet den Spielbegriff aus, indem sie ihrer Gliederung der Spielformen außer dem *Lernspiel* und den *szenischen Darstellungen* noch eine dritte Kategorie, die *projektorientierten Aktivitäten* hinzufügt. Darunter fasst sie alle „erlebnisintensiven Formen der Auseinandersetzung mit historischen Unterrichtsgegenständen", wie zum Beispiel die Erstellung von Steinzeitwerkzeugen, römisches Kochen oder die Rekonstruktion römischer Gesellschaftsspiele.

Unter den Lernspielen finden sich bei Hank die bekannten Rätsel-, Puzzle-, Quartett- und Brettspiele. Innerhalb dieser Gruppe sei aber nochmals zu differenzieren zwischen *reinen* Memorierspielen, die einen historischen Gegenstand etwa durch Regeln „erfahrbar" machen, und *explorativen Spielen*, die einen vorher unbekannten Sachverhalt verdeutlichen und in diesem Zusammenhang Neugier und „Lernoffenheit" provozieren. Die szenischen Darstellungen bilden den Oberbegriff für einfache Dramatisierungen im szenischen Spiel und für Rollen-, Plan- und Simulationsspiele.

Die Autorin äußert sich kritisch zu Chancen und Risiken der jeweiligen Spielformen und liefert geschichtsdidaktische Argumente, die für oder gegen die Durchführung von Spielen im Geschichtsunterricht sprechen. Eher kritisch betrachtet sie Rollen-, Plan- und Simulationsspiele, da historische Entscheidungen feststehen und sich der in den Spielen verwendete soziologische oder psychologische Begriff des sozialen Lernens kaum mit dem des historischen Lernens verträgt. Günstiger seien szenische Darstellungen oder überhaupt projektorientierte Aktivitäten zu beurteilen, da sich in kleinen von Schülern verfassten Szenen „Analyseergebnisse zu einer narrativen Einheit ... synthetisieren" können. Die Projektaktivitäten orientieren sich am ganzheitlichen Lernen, da dort „Erlebnisse und Erfahrung in der Selbstorganisation des spielerischen Handlungsraumes"[96] im Vordergrund stehen.

Ob die pauschale Disqualifizierung von Rollen-, Plan- und Simulationsspielen gerechtfertigt ist, mag man diskutieren. Kritischer zu betrachten ist, dass der Spielbegriff mit der Hinzunahme von Projekten eine theoretisch kaum vertretbare Ausweitung erfährt. Wenn jede Art von Selbstorganisation des Lernprozesses Spiel ist, fällt es schwer, noch definitorische Grenzen zu ziehen. Wäre zum Beispiel ein Gruppenprojekt auf Quellengrundlage, in der die Schüler ihre Ergebnisse in einer Collage präsentieren müssen, ein Spiel? Warum wäre dann die Präsentation durch Vortrag und Folie kein Spiel? Weil diese Form nicht soviel Spaß macht? Welche Kriterien müsste man heranziehen, um solche Unterschiede beurteilen zu können? Auf jeden Fall müssten außer der Komponente „Spaß" weitere Merkmale hinzutreten. Mindestens das Moment der Scheinhaftigkeit (Quasi-Realität, „So-tun-als-ob") scheint eine weitere zwingende Voraussetzung zu sein.[97] Gleichwohl ist nicht von der Hand zu weisen, dass die Sphäre des Spielerischen bei Projekten berührt werden kann.

Um einen stärkeren geschichtsdidaktischen Bezug zu wahren, schlage ich vor, den Projektbegriff enger zu fassen und solche Unterrichtsaktivitäten „Historiografische Rezeption mit Spielelementen" (Kap. 5.5) zu nennen. Rolf Schörken schreibt unter der Überschrift *Imagination als Moment der historischen Rezeption*: „Im Rezeptionsakt verwandeln wir eine Fülle von optischen (oder akustischen) Signalen in lebendige Gestalten, Ereignisse und Handlungen – eine Wirklichkeit, in die wir eintreten und aus der wir austreten, in der wir in unserer Vorstellung mithandeln und mitleiden, ‚*als ob*' es unsere Wirklichkeit wäre."[98] Das Spiel kann in diesem Zusammenhang die kindgemäße Form der Rezeption darstellen, etwa wenn man die Schüler auffordert, die Ergebnisse ihrer Quellenarbeit in einer Filmszene zu präsentieren. Im Rezeptionsdokument bekunden die Schüler den Stand ihres Verstehens. Dass dieser häufig nicht den Vorstellungen des Lehrers entspricht, braucht nicht eigens betont werden.

4.2 Spielformen – Gliederungsmöglichkeiten

So zahlreich wie die Spieldefinitionen sind die Versuche, verschiedene Spielformen zu kategorisieren.[99] Die Unterschiede bei diesen Versuchen beruhen auf den theoretischen Erwägungen, von denen aus die Gliederung gedacht ist. Ich gehe hier nur auf die Einteilungen ein, die in der Geschichtsdidaktik[100] gemacht worden sind.

Wolfgang Hug (1977) unterscheidet *nach kognitiven Stufen* in

1. Memorierspiele (Kenntnisse),
2. Imitationsspiele (Anwendung),
3. Simulationsspiele (Beurteilung).

Peter Schulz-Hageleit (1991) gliedert *nach methodischen Gesichtspunkten* in

1. Tisch- und Brettspiele,
2. Kartenspiele und Collagen,
3. Quiz- und Ratespiele,
4. Stadtspiele und Erkundungen,
5. Simulationen sowie
6. Dramatisierungen in Wort, Geste und Haltung.

Der engere Spielbegriff wird hier bereits durchbrochen, indem auch Aktivitäten mit spielerischem Charakter aufgenommen werden.

Friedrich Jahn (1992) orientiert sich an der Einteilung Hugs, sieht die Simulationen aber eher auf einer affektiven Lernebene und fügt als vierten Unterpunkt die kognitiv dominierten Plan- und Strategiespiele hinzu.

Elisabeth Hank (1993) sieht drei Hauptformen, die sie in Unterpunkte aufgliedert:

1. Lernspiele,
   a) Memorierspiele,
   b) explorative Spiele,
   c) Ratespiele;
2. Szenische Darstellungen,
   a) Szenisches Spiel, Imitationsspiel,
   b) Rollenspiele, Plan- oder Simulationsspiele;
3. Projektorientierte Aktivitäten.

In diesem Konzept, das stark an Peter Knoch angelehnt ist,[101] gibt es zahlreiche Überschneidungen und der verwendete „erweiterte" Spielbegriff umfasst letztlich alles, was in irgendeiner Weise handlungs- oder produktionsorientiert ist. Wenn zum Beispiel „Römisches Kochen" bereits ein Spiel ist, könnten auch das Lesen eines Faksimiles des Grundgesetzes oder das Entziffern eines Kaufvertrags in der Kanzleischrift des 18. Jahrhunderts Spiele sein.

Ulrich Mayer (1997) schlägt schließlich vor, Spielformen *bestimmten Operationen des historischen Unterrichts* zuzuordnen.

1. Historische Frage – Stegreifspiel, Pantomime, Lückentexte, Bilder zuordnen u.ä.
2. Heuristik – Brainstorming, Ideen sortieren, Metaplan usw.
3. Rekonstruktion und Darstellung – Erkunden, besichtigen, begehen, Spuren suchen etc.
4. Narrative Erklärung – Bildfolgen sprachlich kommentieren, Collagen erstellen, Quizspiele u.a.

Hier ließen sich ähnliche Einwände äußern wie bei Hank, wobei jedoch der Versuch unternommen wurde, ein neues methodisches Raster für Spielformen zu entwickeln. Es bleibt zu sagen, dass keine der genannten Gliederungen alle Spielphänomene in einer theoretisch befriedigenden Matrix zu erfassen vermag. Das ist angesichts der komplexen Problematik auch nicht anders zu erwarten. Am überzeugendsten erscheint mir noch die Aufschlüsselung von Hug/Jahn nach kognitiven und affektiven Lernoperationen, da sie unter Berücksichtigung des zugrundeliegenden Spielbegriffs am besten Auskunft über Chancen und Risiken des Spiels im Geschichtsunterricht geben kann.

Folgende, um den neuen Diskussionsstand erweiterte Tabelle (s. S. 36), in der Spielformen und ihre didaktischen, für die Planung relevanten Aspekte aufgelistet sind, gliedert Spiele im Geschichtsunterricht in sechs Formen, deren Abgrenzung sich über den zu Grunde liegenden Spielbegriff und die jeweilige Lernmöglichkeit ergibt. Die

Abb. 2: Spielformen und ihre didaktischen Aspekte

Spielform	Spieltheorie, Spielbegriff	Lernziel-dimension (Lernbegriff)	Historische Operationen	Möglicher Einsatz	Mögliche Risiken
Lernspiel	Lernspiel, Wettkampf, Kompetitiv-spiel, exploratives Verhalten	kognitiv (Gedächtnis-lernen)	Faktenlernen, Gedächtnis-training, Zusammen-fassen, Üben	Am Ende einer Unterrichtsein-heit als Zusam-menfassung, Vertretungs-stunde, Motiva-tionsschub	Steigerung der Konkurrenz, Eintönigkeit, verengter Ge-schichtsbegriff
Imitations-spiel	Nachahmung, Fiktionsspiel, Appetenzver-halten	überwiegend affektiv (Imitations-lernen)	Kennenlernen, Verlebendigen, Vergegenwär-tigen, Nach-empfinden, Einfühlen	Stegreifspiel, Hörspiel, Standbild, Theaterauf-führung zur Illustration von Prozessen	Anachronis-men, hoher Zeitaufwand bei geringem Ertrag
Rollenspiel	Rollentheorie	affektiv/ kognitiv (soziales Ler-nen, Aneig-nung sozialer Kompetenz, Einüben sozi-aler Rollen)	„Hineinverset-zen" in histori-sche Perso-nen, Identifi-kation mit historischen Rollen	Typische indi-viduelle Kon-fliktsituationen, z.B. Eltern-Kind-Gespräch in einer Arbeiter-familie des 19. Jh. über Kinderarbeit	Extreme Ana-chronismen, Verfestigung von Falschem, Verstärkung von Vorurtei-len
Simula-tionsspiel	Quasi-Realität, „So-tun-als-ob"-Spiel, Modellhandeln	eher affektiv (Einsichtsler-nen, Modell-lernen)	Strukturerfah-rung v. Sach-zwängen, Abhängigkeit, Macht, Ohn-macht, Unter-drückung	Möglichst rea-le Abbildung von sozialen oder politischen Konstellationen der Vergangen-heit	Anachronis-men, ethische Probleme, gruppendyna-mische Probleme
Planspiel	Regelspiel	eher kognitiv (Modelllernen, Erfahrungs-lernen)	Erfahrung von Durchsetzungs-möglichkeiten sozialer oder politischer Gruppen, Ein-blick in politi-sche Prozesse	Entscheidungs-training in Konflikten mit mehreren klar definierten Gruppen	Anachronis-men, extrem hoher Zeit-aufwand
Historio-grafische Dokumente mit Spiel-elementen	Stegreifspiel, Elemente der Rollentheorie, Nachahmung	kognitiv/ affektiv (produktions-orientiertes Lernen)	Analysieren, erzählen, präsentieren	Alternative Quellenarbeit, Darstellung v. Multiperspek-tivität in krisenhaften Situationen	Anachronis-men, Verfes-tigung von Falschem

Einträge zu Spielbegriff und -theorie sowie zu Lernzieldimension und Lernbegriff beschreiben die Spielform allerdings nicht umfassend, sondern stellen nur primäre Komponenten heraus, soweit sie für die Beurteilung der Lernchancen im Geschichtsunterricht wichtig sind. Motivationale, soziale und kommunikative Aspekte bestimmen natürlich alle Spielformen in gewisser Weise. Deshalb sind sie hier nicht eigens aufgeführt.

4.3 Was Spiele leisten sollen

Aus der geschichtsdidaktischen Diskussion ist zunächst zu schließen, dass die Verwendung von Spielen im Geschichtsunterricht keine vorbereitungsfreie Unterrichtsform ist, sondern wie jede andere Methode der Planung im Rahmen des gewählten Unterrichtsmodells bedarf. Erst vor dem Hintergrund einer Sach- oder Bedingungsanalyse erhält die Entscheidung für eine bestimmte Spielform ihren didaktischen Nutzen. Dabei müssen pädagogische, methodische und sachliche Aspekte bedacht werden. Insofern stoßen bereits ausgearbeitete Spielvorschläge an ihre Grenzen, da sie vor einer Verwendung in der Regel den spezifischen Erfordernissen dieser oder jener Lerngruppe angepasst werden müssen.

Sinnvoll ist es in jedem Fall, sich mit dem zugrunde liegenden Spielbegriff oder der spieltheoretischen Basis zu befassen. Rollenspiele etwa beruhen auf einem soziologischen Rollenbegriff, der zur Selbstreflexion oder -erkenntnis dienen soll. Naturgemäß stehen daher eigene Erfahrungen des Schülers und die Beziehungsstruktur der Lerngruppe im Vordergrund der Aktivitäten. Es ist hier besonders gründlich zu prüfen, ob geschichtsdidaktische Aspekte überhaupt noch eine erkennbare Relevanz haben. Das wird in diesem Fall am besten gelingen, wenn die Schüler über ausreichend Informationsmaterial zu der zu spielenden Rolle verfügen.

Vor dem Hintergrund der Ergebnisse der Phänomenologie sollte ein Spiel immer ein gewisses Spannungsniveau besitzen. Diese Forderung wird unterstützt durch Untersuchungen der Motivationspsychologie.[102] Spiele werden schnell langweilig, wenn das System durchschaut ist oder nichts „Aufregendes“ mehr passiert. Als Gegenmittel eignet sich eine Wettkampfatmosphäre etwa bei Quizspielen. Gleichwohl besteht dabei die Gefahr, dass die Spannung übersteigert wird, das Spiel in „Ernst“ umschlägt und abgebrochen werden muss. Überhaupt ist ein reiner

Wettkampf möglichst dadurch zu vermeiden, dass gewisse Glücksfälle in jedes wettbewerbsbetonte Spiel eingebaut werden.

Spiele im Geschichtsunterricht sollen vor allem drei Dinge leisten: Spaß (und damit Motivation), methodische Abwechslung und historisches Lernen. Die bisherigen Ausführungen haben bereits gezeigt, dass diese drei Forderungen nicht immer leicht in Einklang zu bringen sind, ja sich sogar zum Teil widersprechen. Im Zweifelsfall sollte jedoch die Möglichkeit des historischen Lernens im Vordergrund der Beurteilung eines Spiels stehen. Das heißt nicht, das Spiel ganz den zweckrationalen Überlegungen eines Lernzielkataloges zu unterwerfen, weil augenscheinliche Lernintentionen ein Spiel eher verhindern als befördern. Daher ist der Lerneffekt zumeist nur ein Nebenprodukt des Spiels.[103] Diese Gratwanderung zu bestehen, darin liegt das eigentliche Problem der Auswahl oder Konzeption von Spielen.

Betrachtet man die verschiedenen Spielformen unter diesem Gesichtspunkt, fällt auf, dass es keine pauschale Antwort auf die Frage nach der Eignung oder Leistungsfähigkeit von Spielen im Geschichtsunterricht gibt. Vielmehr muss man diese Frage wenn nicht gar an einzelne Spiele, so doch wenigstens an die unterschiedlichen Spielformen richten, da diese durchaus verschiedene Ziele verfolgen (vgl. dazu die Ausführungen zu den jeweiligen Spielformen in Kap. 5). Im Ganzen kann man jedoch sagen, dass historisches Lernen häufig bereits im Vorfeld des eigentlichen Spiels stattfindet und das Spiel selbst eine Übungs- und Anwendungsphase des erworbenen Wissens darstellt. Bezogen auf das *Lernspiel* werden folgende Lernintentionen genannt, die auch geschichtsdidaktisch bedeutsam sein können:[104]

- Differenzierte Wahrnehmung,
- Schulung der Aufmerksamkeit,
- Gedächtnisleistungen,
- Zuordnen und Kategorisieren,
- Problem-Lösungs-Verhalten,
- Wissenserwerb,
- Überwindung egozentrischer Verhaltensweisen und
- Erkennen von Symbolen und Gesten.

Gleichwohl bieten Spiele vielfache Möglichkeiten, gerade geschichtsspezifische Arbeitsmethoden gewissermaßen „spielerisch“ einzuüben. Man kann davon ausgehen, dass sich auch kognitive Lernprozesse in Interaktionssituationen vollziehen.[105] Spiele stellen solche Situationen dar. Zum Beispiel fördern Bilderrätsel, Original-und-Fälschung-Darstellungen, Memory- oder Kim-Spiele die Wahrnehmungs- und Beobachtungsfähigkeit. Wer schon die häufig anzutreffende Plan- und Sprachlosigkeit von Schulklassen bei Bildbeschreibungen beobachtet hat, wird bestätigen können, dass die genaue Beobachtung und Beschreibung von Bildern eingeübt werden muss. Die genannten Spiele stellen dabei ein ausgezeichnetes Übungsmaterial dar.

Strategien zur Lösung von Problemen werden durch kognitive Prozesse gewonnen, die in der Einsicht bestehen, dass ruhiges Verhalten eher zum Erfolg führt als eine impulsive Bedürfnisbefriedigung. Die Suche nach Lösungswegen erfordert sowohl die Flexibilität des Denkens als auch die Fähigkeit, gewohnte Denkweisen umzustellen.[106] *Simulations- und Planspiele* können zur Entwicklung von solcher Strategiefähigkeit beitragen. Planerisches Denken kann man beispielsweise üben, wenn Schülergruppen die Rolle von politischen und gesellschaftlichen Gruppierungen übernehmen, die im lokalen Rahmen nach dem staatlichen Zusammenbruch von 1945 Einfluss auf die Entwicklung der Stadt zu nehmen suchten. Neben dem allgemeinen Lernprozess können die Schüler dabei auch ein Gespür für das politisches Taktieren der damaligen Interessengruppen, also für historische Strategien bekommen. Sicher wird diejenige Gruppe im Vorteil sein, die sich das Gehör der Besatzungsmacht verschaffen kann. Die Gruppen, die SPD und KPD „spielen", werden aufgrund der Verfolgung durch die Nationalsozialisten ebenfalls gewisse Argumentationsvorteile besitzen. Solche Erfahrungs- und Erkenntnisziele sind mit anderen Methoden nur schwer zu erreichen.

Komplexe Denkvorgänge gehen in alle Spiele ein, in denen etwas gestaltet werden soll.[107] Wenn historisches Lernen vor allem „narrative Sinnbildung von Zeiterfahrung"[108] sein soll, kommt der sprachlichen Gestaltung im Spiel eine große Bedeutung zu. Schüler können etwa eine Radio-Nachrichtensendung verfassen, die sich anhand von römischen Quellentexten mit dem Vorgehen Caesars in Gallien befasst. Die Nachrichtensendung ist gewissermaßen als historiographisches Dokument zu betrachten. Wenn auch dessen Form nicht wissenschaftlicher Akribie entspricht, so müssen die Schüler doch wesentliche Bedingungen des historischen Erzählens,[109] wie etwa Plausibilität, Chronologie und Überprüfbarkeit der Darstellung berücksichtigen. So werden sie in Lage versetzt, sinnbildend über Geschichte zu sprechen.

Insgesamt sollte man also die Lernmöglichkeiten von Spielen realistisch prüfen und sie keineswegs zu ultimativen Problemlösern des Unterrichtens erheben. Das gilt auch für Simulations-, Plan- und Imitationsspiele. Nüchtern betrachtet findet hier historisches Lernen eher auf Umwegen statt, die zu betreten sich jedoch gleichwohl lohnt. Wer sich aber von solchen Spielen naiv historisches Lernen über den Nachvollzug von bereits stattgefundenen Prozessen erhofft, ist auf dem

Holzweg. Historisches „Verstehen", das wir letztlich auch von unseren Schülern erwarten, ist im Grundsatz nicht mit „Sicheinfühlen" gleichzuset-zen und hat mit „Psychologie" nichts zu tun.[110] Das Problem liegt eher darin, dass dieses Verstehen auf eigener Lebenserfahrung gründet, die Schülern naturgemäß in begrenzterem Umfang als Erwachsenen zur Verfügung steht.

Wenn es aber gelingt, mithilfe eines Spiels eine solche – zunächst einmal gänzlich gegenwärtige – Erfahrung herbeizuführen, ist der Boden bereitet, Schüler zum „Verstehen" von historischen Zusammenhängen zu befähigen. Darin liegt die eigentliche Bedeutung dieser Methode für den Geschichtsunterricht.

5. Spielformen und Beispiele

5.1 Lernspiele

5.1.1 Die didaktische Funktion von Lernspielen

Lernspiele umfassen Aktivitäten, die inhaltlich didaktisch konzipiert sind und die Regeln von Gesellschaftsspielen kopieren. Mit ihrer Hilfe soll das Lernen von Zeichen, Begriffen, Fakten, sowie von deren regelhaften Ordnungsbeziehungen initiiert werden.[111] Lernspiele können als „lernbetonte Spielmittel" bezeichnet werden, die „außer Spielaktivitäten sekundär die Verfolgung überprüfbarer Lernziele vorsehen." Diese Feststellung scheint wichtig zu sein, da das Lernspiel innerhalb der reformpädagogischen Bewegung als eine Form der „Arbeitsmittel" aufgefasst wurde, was zu einer Vernachlässigung des Spielmoments geführt hat. Das Spielerische als solches muss aber im Vordergrund der Aktivität stehen, da man andernfalls gar nicht mehr von einem Spiel sprechen kann.[112] Der Spielansatz hebt diese Methode vom üblichen Unterricht ab. Hier sollen also Methodenwechsel und kindgemäßer Methodenansatz an sich Motivation und Lernerfolg beim Schüler bewirken.

Unter dem Begriff Lernspiel werden in der Geschichtsdidaktik zwei Spielformen subsumiert: Memorierspiele und explorative Spiele. Memorierspiele dienen dem Gedächtnistraining, dem Einprägen, Üben und Reproduzieren von Ereignissen, Personennamen, Jahreszahlen und historischen Begriffen (Fakten). Explorative Spiele sollen demgegenüber neues Wissen erschließen helfen.[113] Darunter fallen Puzzle, Original-und-Fälschung-Bilder,[114] historische Stadtspiele[115] und Museumsspiele wie etwa die Museumsrallye. Da die Ziele bei diesen Aktivitäten ebenfalls im Bereich der Kenntnisse liegen, sollte man das Trennende nicht zu sehr betonen, zumal die genannten Formen ebenso als Memorierspiele eingesetzt werden können.[116] In der Regel geht es bei Lernspielen demnach nicht um kreatives Gestalten, sondern zum einen um eine Art experimentelle Tätigkeit (z.B. Rätsel) und zum anderen um die spielerische Festigung und Anwendung des Gelernten. Deshalb sind immer Überlegungen zur Zeitökonomie vonnöten. Es gibt Spiele, deren Aufwand in keinem Verhältnis zum Ertrag steht.[117]

Damit Lernspiele erfolgreich verlaufen, müssen drei Mindeststandards erfüllt sein:[118]

- Das Spiel sollte *Aufforderungscharakter* haben. Das heißt, alle Anforderungen (Ziele, Mittel usw.) des Spiels sollten aus ihm selbst hervorgehen, und es sollte einen Übungsimpuls besitzen. Es dient so als *Selbstbildungsmittel* ohne größeres Zutun des Lehrers. Der Lehrer ist Spielleiter in dem vom Spiel vorgegebenen Rahmen.
- Das erfordert die Möglichkeit zur *Selbstkontrolle*. Lernspiele dürfen keine langatmigen Überprüfungsphasen unter Anleitung des Lehrers nach sich ziehen.
- Der wichtigste Grundsatz ist die *Verhältnismäßigkeit des Anspruchs*. Ist das Anspruchsniveau zu gering, fehlt dem Spiel der Anreiz, ist es zu hoch, hat das Spiel keinen Sinn.

Klaus Kube unterscheidet drei Formaltypen des Lernspiels:[119]

- Über die Einhaltung der Spielregeln werden „regelhafte Ordnungskriterien" geübt oder gelernt. In den Spielregeln wird beispielweise – idealtypisch – abgebildet, wie eine Börse funktioniert. Die Schüler lernen im Spiel durch die Einhaltung der Spielregeln die Funktionsweise einer Börse.
- Aus dem intensiven Umgang mit den Spielmaterialien erwerben die Schüler Kenntnisse von Begriffen, Zeichen und Fakten. In einem Memory-Spiel prägt man sich Begriffe und Bilder ein, die zum Beispiel zur mittelalterlichen Geschichte gehören.
- Inhalte und Ordnungskriterien werden gleichzeitig erlernt, indem Daten, Fakten und Zeichen regelhaft in Beziehung zueinander gesetzt werden. Das ist eine Kombination aus den beiden zuvor genannten Formen des Lernspiels. Vorstellbar ist etwa ein Spiel zum Merkantilismus, in dem man neben seiner Funktionsweise (Spielregeln) gleichzeitig die dazugehörigen Begriffe (Spielmaterial) lernt.

Im Geschichtsunterricht wird die dargestellte formale Trennung so nicht leicht möglich sein, da „regelhafte Ordnungskriterien" den Verlauf von Geschichte gerade *nicht* bestimmen. Die Faktorenkombination aus einer unfähigen Regierung, einem desaströsen Staatshaushalt und einer wirtschaftlich ausgebeuteten und politisch weitgehend rechtlosen Bevölkerung führt schließlich nicht „regelhaft" in eine Revolution, sondern kann verschiedene Folgen auslösen: Reformen, Krieg, Bürgerkrieg, Putsch oder auch keine Reaktion. Das heißt, obwohl die historischen Entscheidungen gefallen sind und sich daraus auch kausale Beziehungen ableiten lassen, ist eine Übertragung des Musters nur ganz eingeschränkt möglich.

Ob Lernspiele kategoriales Wissen evozieren können, ist demnach stark zu bezweifeln. Regelhaft organisierte Lernspiele würden entweder, wenn sie streng an einer historischen Situation orientiert sind, gegen die „Offenheit" des Spiels verstoßen oder, wenn sie weitgehend offen konstruiert sind, simplifizierende oder verfälschende Erkenntnisse hervorrufen. Deshalb schmelzen die Möglichkeiten des Lernspiels im Geschichtsunterricht auf das Üben und Wiederholen und in begrenztem Maß auf das Kennenlernen von Fakten zusammen.

Um Lernspiele im Geschichtsunterricht sinnvoll einsetzen zu können, ist darauf zu achten, dass die Begriffe, Zeichen und Fakten, die in einem Lernspiel eingeübt werden sollen, in einem inneren Zusammenhang stehen und nicht beliebig kombiniert werden. So unterstützt man die Vernetzung des Gedächtnisses und vermeidet unergiebige gedankliche Sprünge. Methodisches Lernen, Faktenlernen und sinnstiftendes Lernen sollten im Spiel soweit wie möglich unter didaktischen Gesichtspunkten miteinander verknüpft werden.

Ein umfangreiches Faktenwissen ist gewiss kein Wert an sich, aber in Verbindung mit der Interpretations- und Deutungsarbeit eine grundlegende Voraussetzung für die in den Rahmenrichtlinien geforderte und vom Lehrer angestrebte Argumentations- und Kritikfähigkeit der Schüler. Historisches Wissen entsteht aus historischem Denken. Das hat wichtige Konsequenzen für Lernspiele. Man sollte sich davor hüten, den Schülern mithilfe solcher Spiele einen Faktenkatalog einzutrichtern, der nicht durch die Thematik der vorangegangenen Unterrichtseinheit ausgewiesen ist. Andernfalls würde dies zu einer didaktisch nicht vertretbaren und sinnentleerten Faktenhuberei führen, solange deren Rechtfertigung nur darin besteht, dass dieses Wissen „wichtig" sei oder zum „Pensum" gehöre.

Es lässt sich allerdings darüber streiten, ob nicht die Kenntnis eines gewissen Kernbestands an Daten, Namen und Begriffen allein durch die Tradition des Fachs oder auch durch die öffentliche Geschichtskultur legitimiert ist.[120] Bei einem solchen Kernbestand würde gleichwohl die nationalstaatliche oder die europäische Perspektive das wichtigste Auswahlkriterium sein, was den inneren Zusammenhang eines Gesamtcurriculums heutzutage keineswegs rechtfertigen, ja ihm geradezu widersprechen würde.[121] Hier ist nicht der Ort, diesen Streit zu entscheiden, sondern festzustellen, dass die Festlegung von zu lernenden Fakten einer wohl begründeten Entscheidung durch den Lehrer bedarf. Insgesamt bietet es sich wohl an, in diesem Zusammenhang eher pragmatisch als dogmatisch vorzugehen, ganz besonders weil einige Rahmenrichtlinien bestimmte Dinge zwingend vorschreiben.

Jedenfalls ist zu beobachten, dass die Wiederholung und Festigung von Wissen kein Hauptverfahren des Geschichtsunterrichts, wie etwa das Unterrichtsgespräch, ist. Bisweilen findet die Wiederholung zum Stundenbeginn einen didaktischen Ort.[122] Spiele können hier eine Alternative bieten und darüber hinaus dazu beitragen, überhaupt Interesse an den Inhalten des Unterrichts zu wecken. Auf der Suche nach solchen spielerischen Möglichkeiten sollte man sich nicht scheuen, bei den beliebten Quiz-Spielen in Funk und Fernsehen Anleihen zu nehmen. „Der Große Preis“, „Jeopardy“, „Millionenquiz“, „Wer wird Millionär?“ und wie die Sendungen alle heißen. Diese sind den Schülern meist bekannt und bei ihnen beliebt.

Die Beliebtheit dieser Quiz-Spiele beweist nicht die Notwendigkeit eines umfassenden Faktenwissens. Jeder kennt Beispiele von Leuten, die alle möglichen Details aus der Vergangenheit herbeten können, aber von einem Geschichtsbewusstsein weit entfernt sind. Gleichwohl ist nicht von der Hand zu weisen, dass das Lernen von Daten, Ereignissen, Namen und Begriffen zu den elementaren Vorgängen des Unterrichts gehört, solange solche Kenntnisse aus dem Unterrichtsprozess hervorgehen und nicht im Bedürfnis des Lehrers gründen, historisches Lernen durch einen doktrinären oder nicht reflektierten Faktenkatalog zu ersetzen.[123] Bei der erkenntnisfördernden Vermittlung von Strukturen, Zusammenhängen, gar den „großen Linien“ der Weltgeschichte[124] darf man jedenfalls nicht übersehen, dass Einsichten und Erkenntnisse auch auf dem schlichten Wissen beruhen, dass etwa der Westfälische Frieden 1648 geschlossen wurde und nicht irgendwann. „Für ein sicheres Beherrschen, Benennen und Zuordnen von Begriffen, Zeichen und Fakten scheint dabei zumindest in Teilbereichen ein (zunächst) isoliertes Erlernen, wie auch ein bewußtes Einprägen durch wiederholtes, sinnvolles Üben erforderlich zu sein.“ Trotz dieser – inzwischen recht alten[125] – Feststellung wird der Bereich der elementaren Wissensvermittlung, der im Schulunterricht im Übrigen einen breiten Raum einnimmt, in der didaktischen Theorie seit langem nur stiefmütterlich[126] behandelt. Vielmehr wird dem zweiten Schritt (Reflexion) in Verkennung des Raumes, der diesem in der Schulpraxis zur Verfügung steht, eine überragende Dimension zugewiesen.

Zur Festigung von Kenntnissen kann man zum Beispiel das Frage-Antwort-Schema der oben genannten Fernsehquizsendungen auf unterrichtsrelevante Themen übertragen, wodurch man ohne sonderlich großen Aufwand eine motivierende Variante für Übungs- und Wiederholungsstunden erhält. Dass man auch eine Vertretungsstunde mit einem solchen Quiz sinnvoll füllen kann, dürfte sich aus dem Gesagten von selbst ergeben. Während der Lehrer für den letztgenannten Fall, der ihn unerwartet mit einer ihm unbekannten Klasse konfrontieren kann, eine Variante zum Allgemeinwissen beziehungsweise Grundwissen des von ihm vertretenen Fachs parat haben sollte, kann er im eigenen Fachunterricht mit dem Spiel zielgerichtet das von ihm vermittelte Wissen abfragen und kontrollieren. Zudem erleichtert das wiederholte Auftauchen von Schlüsselbegriffen, bedeutenden Ereignissen, Personen, Grundproblemen und Konflikten, Wichtiges von Unwichtigem zu unterscheiden.

Neben den Quizformen bieten sich zahlreiche andere Spielvarianten an, die Schülern häufig aus dem Bereich der Gesellschaftsspiele bekannt sind (z.B. Tabu, Stadt-Land-Fluss, Kreuzworträtsel). Diese müssen lediglich in die für den Geschichtsunterricht taugliche Form gegossen werden.

5.1.2 Beispiele

Das Große Wissensquiz [127]

Die Schüler bilden zu diesem Quizspiel mehrere Gruppen. Jede Gruppe sollte aus maximal vier Schülern bestehen. Um nicht den Leistungsaspekt in den Vordergrund zu stellen, sollte man die Gruppen entweder selbst relativ homogen zusammensetzen oder den Zufall entscheiden lassen. So vermeidet man, dass die leistungsstärksten Schüler dominieren.

Zur Vorbereitung des Spiels wird die Tafel oder eine Folie in sieben Wissens-Spalten geteilt, die sieben Themenfeldern entsprechen, die aus dem behandelten Lehrgang beliebig wählbar sind. Jede Spalte besteht wiederum aus sieben Punktefeldern, die durch im Zwanzigerrhythmus aufsteigende Zahlenreihen gekennzeichnet werden, von 20 bis 140 (s. Tab. S. 45 oben). Hinter jedem Punktefeld verbirgt sich eine Frage zum jeweiligen Themenfeld, die zuvor auf einer Kopie der Tabelle

Daten	Sagen	Personen	Griechen	Römer	Quellen	A-Z
20	20	20	20	20	20	20
40	40	40	40	40	40	40
60	60	60	60	60	60	60
80	80	80	80	80	80	80
100	100	100	100	100	100	100
120	120	120	120	120	120	120
140	140	140	140	140	140	140

notiert werden muss (s.u.). Die Antworten hat man im Kopf oder schreibt sie auf die Rückseite (s. S. 46). In unserem Beispiel wurde das Thema Griechen und Römer gewählt. Der Schwierigkeitsgrad der Fragen sollte mit steigender Punktzahl ebenfalls größer werden, das gelingt jedoch nicht immer. Die zu erwartenden Antworten müssen natürlich vom Leistungsstand der Lerngruppe abhängig gemacht werden. Prinzipiell ist aber der Komplexität der Lösungen keine Grenze, bestenfalls eine zeitliche, gesetzt.

Fragen:

Daten	Sagen	Personen	Griechen	Römer	Quellen	A-Z
In welchem Jh. wurde Rom gegründet?	Wie hießen die sagenhaften Gründer Roms?	Wie hieß der erste römische Kaiser?	Wer hat als erster Grieche die Geschichte d. Trojanischen Krieges aufgeschrieben?	Was ist ein Plebejer?	Gab es in Rom schon Zeitungen?	Wo liegt Karthago?
Wann ungefähr wurde Rom Republik?	DOPPEL-JOKER	Unter welchem Politiker wurde die Demokratie in Athen vollendet?	Welche Regierungsform haben die Griechen erfunden?	DOPPEL-JOKER	Welche Wissenschaft sagt durch Ausgrabungen etwas über Vergangenheit aus?	Wodurch ist die Stadt Pompeji bekannt geworden?
Wann wurde Cäsar ermordet?	Welchem Gott waren die olympischen Spiele geweiht?	Welcher Makedonenkönig eroberte Gebiete bis Indien?	Wie hieß der Gegner Athens im Peloponnesischen Krieg?	Welche drei Staatsformen durchlief der Staat der Römer?	Was ist eine Urkunde?	Wie hieß der wichtigste Platz in Rom?
Wann eroberten die Osmanen das oströmische Reich?	Was war die Ursache des Trojanischen Krieges?	Wie heißt der Fischverkäufer bei Asterix?	Warum konnten die Griechen die Perser in einer Seeschlacht besiegen?	Welche Stände gab es in der römischen Republik?	JOKER	Nenne drei deutsche Städte, die von Römern gegründet wurden
JOKER	Wie wurde der Trojanische Krieg beendet?	Über welchen Krieg hat Julius Cäsar ein Buch geschrieben?	Warum gründeten die Griechen Kolonien?	Wer stand an der Spitze der römischen Republik?	Warum können Bauwerke Geschichtsquellen sein?	Wie hieß der Anführer des Sklavenaufstandes im Jahre 73 v.Chr.?

In welchen beiden Jhn. fanden die Punischen Kriege statt?	Wie hieß der „römische Odysseus“?	An welcher Stelle taucht Kaiser Augustus in der Bibel auf?	JOKER	Warum war der römische Diktator kein König?	Nenne 5 verschiedene Schriftstücke, aus denen wir etwas über d. Vergangenheit erfahren	JOKER
In welchem Jahr begann die römische Kaiserzeit?	Auf welche Weise ist Minotaurus ums Leben gekommen?	JOKER	Warum lebten die Griechen nicht in einem Flächenstaat zusammen?	Warum wurden aus römischen Bauern Proletarier?	Was muss man berücksichtigen, wenn man ein Tagebuch als Quelle benutzt?	Warum heißen die Minister in Hamburg und Bremen Senatoren?

Antworten:

Daten	Sagen	Personen	Griechen	Römer	Quellen	A-Z
Im 8. Jh. v. Chr.	Romulus und Remus	Augustus	Homer	Ein römischer Bauer/ Nichtadliger	Ja, die *acta diurna*	In Nordafrika
Um 500 v. Chr.	DOPPEL-JOKER	Perikles	Demokratie	DOPPEL-JOKER	Archäologie	Durch d. Ausbruch d. Vesuvs 79 n. Chr.
44 v. Chr.	Zeus	Alexander der Große	Sparta	Königtum, Republik, Prinzipat / Kaisertum	Ein amtliches Dokument mit Siegel	Forum Romanum
1453	Der Raub der Helena durch Paris	Verleihnix	Die Griechen besaßen wendigere und schnellere Boote	Bauern – Ritter – Patrizier	JOKER	Köln, Mainz, Regensburg
JOKER	Durch die List mit dem hölzernen Pferd	Über den gallischen Krieg (Über den Bürgerkrieg)	Erst entstanden Handelsniederlassungen, in die später Bauern aus überbevölkerten Regionen auswanderten	Zwei Konsuln	Man kann etwas über die technischen Fähigkeiten, das Alltagsleben, die Religion usw. erfahren	Spartacus
Im 3. und 2. Jh. v.Chr.	Äneas	In der Weihnachtsgeschichte d. Lukasevangeliums	JOKER	Er wurde für ein halbes Jahr gewählt	Inschriften, Urkunden, Tagebücher, Zeitungen, Memoiren	JOKER
31 v. Chr.	Theseus hat ihn mit einem Zauberschwert umgebracht	JOKER	Die griechische Landschaft ist durch hohe Gebirge, die Inseln sind durch das Meer in viele kleinere Gebiete aufgeteilt	Aufgrund der Heerespflicht konnten viele Bauern ihre Felder nicht mehr bestellen	In Tagebüchern findet man die persönliche Ansicht des Verf. zu bestimmten Ereignissen	Hamburg und Bremen sind Stadtstaaten – wie Rom

Ganz wesentlich ist es, den spezifischen Spielcharakter zu wahren. Dazu sollte man die einzelnen Spalten mit Jokern, Doppeljokern oder Risiko-Fragen versehen. Die Gruppe, die auf ein Joker-Feld stößt, erhält die Punkte ohne Antwort. Bei Doppeljokern erhält sie die doppelte Punktzahl des Feldes. Risiko-Felder gestatten der Gruppe, eine bestimmte Punktzahl aus ihrem Konto zu setzen und diese entweder – bei richtiger Antwort – zu verdoppeln oder – bei falscher Antwort – zu verlieren. Erfahrungsgemäß sind Risiko-Felder jedoch nicht unbedingt nötig, da so das Wettkampf-Moment zu stark betont wird. Sieger des Spiels ist die Gruppe, die nach der Beantwortung von allen Fragefeldern die meisten Punkte gesammelt hat.

Mangels technischer Ausstattung muss man die TV-Version des Spiels dahingehend vereinfachen, dass die Gruppen der Reihe nach aufgerufen werden. Jede Gruppe hat dann die Möglichkeit, ein Feld zu wählen und die entsprechende Frage nach kurzer gemeinsamer Bedenkzeit zu beantworten. Bei richtiger Antwort erhält die Gruppe die Punkte, bei falscher Antwort kann die Frage an die anderen Gruppen „weitergegeben" werden. Man kann dann Schüler aufrufen, die sich melden. Dabei sollte aber darauf geachtet werden, dass nicht immer dieselben Schüler die Antworten geben. Die gewählten Felder streicht man anschließend durch. Das Vorsagen durch Mitglieder anderer Gruppen vermeidet man, indem die Gruppe, die gerade das Antwortrecht hat, auch bei Vorsagen die entsprechenden Punkte bekommt.

Insgesamt bietet es sich an, das Spiel dadurch aufzulockern, indem man für besonders gelungene oder umfassende Antworten Zusatzpunkte vergibt oder die Punktzahl unter zwei Gruppen aufteilt, wenn sich beide an der Antwort beteiligt haben. Außerdem beseitigen eine gewisse Großzügigkeit in der Punkteverteilung und eher spaßhafte Fragen allzu große Wettkampfgelüste.

Wer wird Millionär?

Seit einigen Jahren erfreut sich dieses aus den USA stammende Quizspiel großer Beliebtheit bei den Fernsehzuschauern. Die Regeln sind relativ einfach. Einer von zehn Kandidaten hat die Möglichkeit, mit der richtigen Beantwortung von 15 Quizfragen eine Million Euro zu gewinnen. Die Fernsehversion funktioniert folgendermaßen: Das Spiel beginnt mit der Auswahlrunde: Im Studio sitzen zehn Kandidaten. Jeder Kandidat hat einen Bildschirm und eine Tastatur (mit vier verschiedenen Knöpfen: A, B, C, D) zur Beantwortung der Frage vor sich (s. S. 48). Diese zehn Spieler werden von dem Moderator aufgefordert, vier Dinge oder Personen in eine bestimmte Reihenfolge zu bringen:

Abb. 3: Bildschirm für das Spiel „Wer wird Millionär?" (http://www.blume-programm.de/ab/boerse/b_458.htm#HEADING458-0)

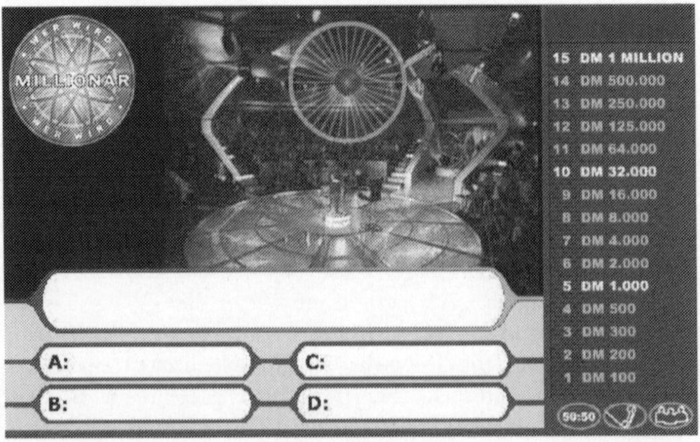

Beispiel: Ordnen Sie diese Sportarten nach der Größe der benutzten Bälle, beginnend mit dem kleinsten Ball:

A: Basketball
B: Golf
C: Fußball
D: Tennis
Antwort: **BDCA**

Der Kandidat, der als schnellster die Aufgabe richtig gelöst hat, erhält die Möglichkeit, um eine Million Euro zu spielen. Jetzt werden ihm bis zu 15 Fragen gestellt. Beantwortet der Kandidat alle Fragen richtig, gewinnt er die Million. Die Fragen werden nacheinander gestellt und zwar so lange, wie der Kandidat richtig antwortet oder bis er sich entschließt aufzuhören. Er kann jederzeit entscheiden, das Spiel zu beenden und den bis dahin gewonnen Geldbetrag mit nach Hause nehmen.

Der Kandidat sieht die Frage und vier mögliche Antworten auf seinem Bildschirm. Für die Antworten gibt es kein Zeitlimit. Im Spielverlauf hat der Kandidat die Möglichkeit, drei Joker einzusetzen. Jede dieser Hilfen darf nur einmal benutzt werden. Alle drei Joker können auch bei ein und derselben Frage benutzt werden.

Joker 1: 50:50 Chance. Zwei falsche Antworten werden gelöscht.

Joker 2: Der Kandidat darf jemanden telefonisch um Rat bitten.

Joker 3: Das Studiopublikum beantwortet die Frage per Abstimmung. Daraus entsteht eine prozentuale Übersicht, an der sich der Kandidat orientieren kann.

Das Spiel ist beendet, wenn der Kandidat dies wünscht, wenn er eine Frage falsch beantwortet oder wenn er eine Million Euro gewonnen hat.

Die erste Frage ist 50 Euro wert, die zweite 100, die dritte 200 Euro. Bei Frage fünf geht es um 500 Euro, und Frage zehn ist schon 16.000 Euro wert. Außerdem haben Frage fünf und zehn noch eine ganz besondere Bedeutung: Überschreitet der Spieler diesen Punkt, sind ihm die 500 bzw. 16.000 Euro auf jeden Fall sicher.

Der Erfolg der Show beruht zum einen darauf, dass mehr oder weniger spritzige Kandidaten während eines neben den Quizfragen laufenden Gesprächs mit dem Moderator zu „Kurz-Stars" gemacht werden. Zum anderen haben die Fernsehzuschauer die Gelegenheit, ihre eigenen Kenntnisse mit denen des Kandidaten zu vergleichen. Da vier Antwortmöglichkeiten zur Verfügung stehen, kann manche Frage nicht nur durch absolutes Wissen, sondern auch durch sachlogische Kombination beantwortet werden.

Das Format sperrt sich gegen die unterrichtliche Verwendung, weil einige Bedingungen der Fernsehshow in der Schule nicht umgesetzt werden können oder auch nicht sollen. Besonders ungünstig ist die Tatsache, dass nur einer Kandidat sein kann. Wenn noch dazu kommt, dass die Herstellung der 15 Fragen mit je vier halbwegs plausiblen Antworten, die zudem noch einen ansteigenden Schwierigkeitsgrad aufweisen müssen, recht zeitaufwändig ist, wird man besser Varianten der Originalversion wählen.

Verzichten sollte man zunächst auf die Auswahlrunde, da man alle Schüler an dem Spiel teilnehmen lassen sollte. Dazu bieten sich zwei Wege. Zum einen kann man das Spiel, das man aus dem Internet herunterladen kann,[128] im Computerraum der Schule durchführen, wenn es zuvor auf allen PCs installiert ist. Die Herausgeber bieten neben dem eigentlichen Programm zahlreiche Fragefolgen an, die sich auf das Fach Geschichte beziehen. Um eigene Fragenkataloge zu produzieren, muss man indessen über gewisse Programmierkenntnisse verfügen. Man kann dabei die vorhandenen Kataloge, die als TXT-Dateien aufgebaut sind, seinen eigenen Zwecken entsprechend variieren.

Die zweite Möglichkeit besteht darin, mithilfe derselben Internetadresse (s. Anm. 128) nur den Screenshot (s. Abb. S. 48) herunterzuladen, diesen auf eine Folie zu kopieren und damit das Spiel „von Hand" durchzuführen. Man kann dazu einen Schüler als Kandidaten auslosen, aber möglich ist es auch, Gruppen zu bilden, damit alle Schüler am Spiel – in diesem Fall ohne Joker – teilnehmen können. Die entsprechenden Fragen mit den vier dazu gehörigen Antworten hat man zuvor auf einen

Zettel notiert. Das Spiel beginnt damit, dass die erste Frage und die vier Antwortmöglichkeiten mit einem wasserlöslichen Stift auf der Folie notiert werden. Der Schüler bleibt solange im Rennen, bis er eine Frage nicht richtig beantworten kann oder aussteigt. Als Preise kommen Gummibärchen oder ähnliches in Betracht.

Ereignis-Toto[129]

Dieses Spiel ist an das Fußball-Toto angelehnt. Die Schüler, die zu zweit zusammenarbeiten, müssen zu den beiden Ereignissen, die hier aus dem Bereich der Frühen Neuzeit gewählt wurden, einen „Toto-Tipp" abgeben: Wenn sie der Meinung sind, das Ereignis a) sei früher gewesen, eine 1, bei b) eine 2. Meinen sie, die Ereignisse seien im gleichen Jahr gewesen, müssen sie eine 0 tippen. Der didaktische Hintergrund besteht darin, dass die Schüler über die Chronologie kommunizieren und unter Heranziehung weiterer Fakten ihre Tipps begründen müssen. Gewonnen hat das Team, das die meisten richtigen Tipps abgegeben hat.

Abb. 4: Ereignis-Toto

Ereignis-Toto (Tippzettel)

Gib jeweils einen Tipp ab: 1 = Ereignis a) war früher, 2 = Ereignis b) war früher, 0 = beide Ereignisse waren im gleichen Jahr.

a) Vasco da Gama erreicht Indien auf dem Seeweg b) Christoph Columbus „entdeckt" Amerika	Tipp:
a) Vertrag von Tordesillas zwischen Spanien und Portugal b) Eroberung Konstantinopels durch die Osmanen	Tipp:
a) Eroberung des Inka-Reiches durch Pizarro b) Untergang der spanischen Armada	Tipp:
a) Luthers Thesenveröffentlichung in Wittenberg b) Tod Karls V.	Tipp:
a) Bauernkrieg b) Augsburger Religionsfrieden	Tipp:
a) Prager Fenstersturz b) Westfälischer Friede	Tipp:
a) Tod Ludwigs XIV. b) Preußen wird Königreich	Tipp:
a) Regierungsantritt Friedrichs II. von Preußen b) Regierungsantritt Maria Theresias von Österreich	Tipp:

Ergebnisse: 2, 2, 1, 1, 1, 1, 2, 0

Man kann dieses Spiel auch zum Methodentraining einsetzen, etwa beim Umgang mit dem dtv-Atlas zur Weltgeschichte. Jedes Schülerpaar erhält dann *vor* der unterrichtlichen Behandlung der Einheit eine Ausgabe des Atlas. Mithilfe des Registers machen sich die Schüler auf die Suche nach den Daten und geben den entsprechenden Tipp ab. Den Spielcharakter wahrt man etwa durch die Vorgabe eines Zeitlimits. Bei der Wahl der Ereignisse sollte der Lehrer darauf achten, dass diese einerseits im Register vorhanden sind und andererseits im folgenden Unterricht mit Inhalt gefüllt werden. Am Ende der Unterrichtseinheit kann das Spiel unter Umständen ohne Atlas wiederholt werden.

Lügentexte [130]

„Beim Blick in die Tageszeitung fällt auf, dass sich Busreisen in ‚historische' Gegenden steigender Beliebtheit erfreuen. Das neugegründete Reiseunternehmen ‚Histourist' hat sich auf diese Sparte der Branche spezialisiert. Das Spitzenangebot des Veranstalters ist eine siebentätige ‚Reise in die deutsche Vergangenheit'. ‚Histourist' hat es allerdings versäumt, einen versierten Historiker mit der Ausarbeitung des Reiseprospekts zu beauftragen, so dass die jetzt vorliegende Ausgabe zahlreiche Fehler enthält."

Eine ähnliche Geschichte wie oben kann man den Schülern erzählen. Dass es nun deren Aufgabe ist, die Fehler herauszufinden, braucht vermutlich keine Erwähnung mehr. Es sollte jedoch, bevor die Arbeitsblätter ausgeteilt werden, dafür gesorgt werden, dass sich wenn möglich Gruppen von drei bis vier Schülern zur Fehlersuche zusammenfinden. Die Arbeit in Gruppen ist hier in vielerlei Hinsicht die brauchbarste Unterrichtsform, da das Arbeitsblatt so aufgebaut ist, dass ganz unterschiedliche Interessen und Voraussetzungen der Schüler berücksichtigt sind. Darüber hinaus wäre es für einzelne Schüler frustrierend, wenn sie nur wenige Dinge herausfinden würden. Diese Erfahrung machen Schüler ja bereits sonst schon oft genug. Das Spiel eignet sich auch gut für eine Vertretungsstunde.

Wenn diese Dinge geregelt sind, werden die Arbeitsblätter ausgeteilt. Man sollte für die Bearbeitung ein Zeitlimit geben, damit anschließend für die Besprechung noch Zeit bleibt. Unter Umständen können auch historische Lexika oder Handbücher an die Schüler gruppenweise verteilt werden, um damit die Erfolgsaussichten bei der Fehlersuche zu vergrößern. Die Fehler der Reisewerbung sind mit laufender Nummerierung nach dem Text angegeben. Das hier gewählte folgende Beispiel eignet sich für Schüler ab der 9. Klasse.

HISTOURIST-REISEN präsentiert:
Die REISE in die DEUTSCHE VERGANGENHEIT
Lassen Sie sich zu einer erlebnisreichen Reise in die deutsche Geschichte entführen, die Sie an viele historisch-bedeutsame Stätten führen wird. Wir werden in einem vollklimatisierten Großraumbus durch namhafte Orte reisen, die in der einen oder anderen Weise fest in der deutschen und europäischen Geschichte verankert sind. Lassen Sie dabei, unter unserer fachkundigen Führung, berühmte Persönlichkeiten und Ereignisse vor Ihrem geistigen Auge wiedererstehen, die die deutsche Geschichte mitgestaltet haben – mal negativ mal positiv. Lernen Sie nun unsere attraktive Reiseroute kennen.

1. Tag: Wir starten unsere Fahrt in Hamburg, dem größten Hafen der Welt, wo das imponierende Denkmal des ehemaligen Reichspräsidenten Otto von Bismarck zu bewundern ist. Noch am gleichen Tag wenden wir uns nach Süden. Auf dem Weg nach Braunschweig begeben wir uns gewissermaßen zurück ins Mittelalter. Auf der Bundesstraße 4 kommen wir durch die für die Hanse bedeutsame Salzstadt Lüneburg. Dort wurde das Salz gewonnen, mit dem die im Atlantik gefangenen Heringe konserviert wurden. Wir folgen dem Weg eines solchen Heringstransports und gelangen gegen Abend nach Braunschweig, das durch zahlreiche, obgleich im Krieg stark zerstörte Sehenswürdigkeiten noch heute den Hauch der größten deutschen mittelalterlichen Stadt zu vermitteln vermag.

2. Tag: Braunschweig hatte bereits im 16. Jahrhundert – wie die meisten Städte Norddeutschlands – seine vormalige Bedeutung eingebüßt. Der eigentliche nördliche Aufsteiger ist – seit der Mitte des 18. Jahrhunderts – Berlin, die deutsche Hauptstadt. Berlin war schon als preußische Metropole im 19. Jahrhundert der Mittelpunkt des wirtschaftlichen, politischen und kulturellen Lebens. 1810 wurde hier die damals modernste Hochschule der Welt errichtet, die heutige Humboldt-Universität. Berlin ist jedoch weniger wegen der wissenschaftlichen Leistungen seiner Forscher als vielmehr dadurch bekannt, dass sich hier auch Tiefpunkte der deutschen Geschichte kristallisieren. In der Revolution von 1843 wurden hier Revolutionäre von preußischen Soldaten niedergeschossen. Von hier regierte Fürst Bismarck anstelle des deutschen Kaisers Friedrich I. mit eiserner Faust. Von hier aus wurde der Pazifismus über das ganze Reich verbreitet und mit dem Sozialistengesetz von 1878 hoffnungsvolle Ansätze zur Demokratie zunichte gemacht. Im Deutschen Reichstag, der neben dem Hamburger Tor steht, tagte das relativ

machtlose Parlament des Kaiserreiches, das 1914 unterging. 1919 zog hier die Nationalversammlung der Republik von Weimar ein und später die gewählten Weimarer Parlamente. Wie Sie wissen, fand die erste Demokratie auf deutschen Boden ein bitteres Ende. Nahezu symbolisch brannte 1934 der Reichstag und es erstickte jede Hoffnung auf individuelle Freiheit für zwölf Jahre.

3. Tag: Nicht weit von Berlin werden wir der mecklenburgischen Landeshauptstadt Potsdam einen Besuch abstatten, was seit dem Fall der Mauer im Jahr 1990 wieder problemlos möglich ist. Sie können dort die berühmten Schlösser Sanssouci, Cecilienhof und Bellevue betrachten. Sanssouci ist eine bedeutende Anlage der deutschen Spätgotik und wurde im 18. Jahrhundert auf Betreiben des preußischen Königs Friedrich II. erbaut. Im Cecilienhof können wir gewissermaßen „Geschichte live" schnuppern. Dort berieten 1945 die Siegermächte des Zweiten Weltkriegs USA, UdSSR, und Frankreich über Deutschlands Schicksal und besiegelten die deutsche Teilung, die erst vor wenigen Jahren endete.

4. Tag: Von Potsdam aus werden wir nach Süden weiterreisen und die Dichterstadt Weimar aufsuchen, in der der große deutsche Dichter Heinrich Heine viele Jahre wirkte. Leider gehören zu unserem historischen Erbe nicht nur kulturelle Schöpfungen, sondern auch unmenschliche Barbarei. Wie dicht diese Dinge bisweilen zusammenliegen, können Sie bei der Besichtigung des ehemaligen Konzentrationslagers Buchenwald erfahren, das vor den Toren Weimars liegt.

5. Tag: Das Auf und Ab der deutschen Geschichte wird uns auch weiter begleiten, wenn wir uns nunmehr nach Westen wenden. Auf der Fahrt werden Sie die malerischen Landschaften Thüringens und Hessens genießen, bis wir in die alte und neue Messestadt Frankfurt gelangen. Frankfurt spielte nicht nur im Mittelalter, sondern auch im 19. Jahrhundert eine wichtige Rolle im politischen Leben der Deutschen. 1356 wurde Frankfurt in der Goldenen Bulle zum Wahlort der deutschen Könige bestimmt mit der Absicht, dass dort nach dem Ableben des alten Königs zehn Kurfürsten einen neuen wählten. Die Goldene Bulle hatte Gültigkeit bis 1806, als das Alte Reich unterging. Bereits 1848/49 rückte Frankfurt wieder ins Licht der deutschen Geschichte, als es in seiner Johanniskirche die Nationalversammlung beherbergte.

6. Tag: Von Frankfurt aus werden wir eine längere Strecke nach Westen zurücklegen und uns gewissermaßen nach dem „Schlieffen-

plan" über Holland der französischen Hauptstadt Paris nähern, jedoch nicht ohne im für die deutsche und französische Geschichte so traurigen Ort Verdun zu verbleiben. In einer der blutigsten Schlachten des Zweiten Weltkriegs fanden hier 500 000 Soldaten einen sinnlosen Tod. Noch heute spürt man hier den tödlichen Hauch der größten Materialschlacht der Geschichte.

7. Tag: In Paris, dem letzten Halt auf unserer Reise, werden wir uns vor allem im Schloss des Sonnenkönigs Ludwig XV. aufhalten, das auch für uns Deutsche eine wichtige Bedeutung hatte. Hier riefen 1873 die deutschen Fürsten nach dem deutsch-französischem Krieg das Deutsche Kaiserreich aus, eine militaristische Monarchie, die erst 1945 wiederum in einem Krieg unterging. Hier wurde 1919 der so genannte Versailler Vertrag unterzeichnet, nach dem Deutschland in vier Besatzungszonen aufgeteilt werden sollte.

Bei dem abschließenden Aufenthalt in Paris wird es Ihnen möglich sein, die Schönheit der Stadt zu genießen. Neben zahlreichen kulinarischen Vergnügungen können Sie sich, falls noch ein Bedürfnis danach besteht, wiederum in die Kultur stürzen. Besonders empfehlenswert sind Besuche der Kirche Notres-Dames und der Kunstausstellung im Louvre mit der berühmten von Michelangelo gemalten Mona Lisa. Für Sportliche bietet sich eine Besteigung des Eiffelturms an, der seinerzeit anlässlich einer Weltausstellung in Paris errichtet worden ist.

Für die Reise wünscht Ihnen „HISTOURIST" viel Vergnügen!

Fehler:

1. Tag: (1) Hamburg ist nicht der größte Hafen der Welt. (2) Bismarck war Reichskanzler und nicht -präsident. (3) Die Heringe wurden in der Ostsee gefangen und nicht im Atlantik. (4) Braunschweig war nicht die größte mittelalterliche deutsche Stadt.

2. Tag: (5) Die Revolution war nicht 1843, sondern 1848. (6) Der deutsche Kaiser hieß Wilhelm I. und nicht Friedrich I. (7) Nicht Pazifismus, sondern Militarismus wurde verbreitet. (8) Der Reichstag steht neben dem Brandenburger Tor. (9) Das Kaiserreich ging 1918 und nicht 1914 unter. (10) Die Nationalversammlung tagte wegen der unsicheren Lage statt im Berliner Reichstag in Weimar. (11) Der Reichstag brannte 1933.

3. Tag: (12) Potsdam ist die Landeshauptstadt von Brandenburg. (13) Die Mauer fiel 1989 und nicht 1990. (14) Das Schloss Bellevue steht in Berlin und nicht in Potsdam. (15) Sanssouci wurde nicht im

spätgotischen, sondern im barocken Stil gebaut. (16) Großbritannien nahm an der Potsdamer Konferenz teil, Frankreich nicht.

4. Tag: (17) Heinrich Heine wirkte nicht in Weimar.

5. Tag: (18) Der deutsche König wurde von sieben und nicht von zehn Kurfürsten gewählt. (19) Die Nationalversammlung tagte in der Frankfurter Paulskirche.

6. Tag: (20) Der Schlieffenplan sah die Verletzung der Neutralität Belgiens vor. (21) Die Schlacht bei Verdun fand im Ersten Weltkrieg statt.

7. Tag: (22) Der Sonnenkönig war Ludwig XIV. (23) Das Kaiserreich wurde 1871 und nicht 1873 ausgerufen. (24) Das Kaiserreich ging nicht 1945, sondern 1918 unter. (25) Deutschland wurde nach dem Ersten Weltkrieg nicht in vier Besatzungszonen aufgeteilt. (26) Die Mona Lisa ist nicht von Michelangelo, sondern von Leonardo da Vinci gemalt.

Kreuzwort-, Silben-, Buchstabenrätsel und Lückentexte

Nahezu unerschöpflich ist der Bestand an Kreuzworträtseln. Man findet sie in fast allen Arbeitsheften zu Schulbüchern,[131] in Spielesammlungen,[132] auf CDs[133] und auch im Internet.[134] Häufig haben sie sogar schon Eingang in Schulbücher gefunden.[135] Kreuzworträtsel eignen sich dazu, am Ende einer Unterrichtseinheit wichtige Begriffe zusammenzufassen. Ähnliches gilt für Silben- und Buchstabenrätsel. Mithilfe eines Lückentextes (s.u.) kann man die Begriffe auch in einen narrativen Zusammenhang bringen. Bei solchen Texten ist es jedoch entscheidend, den Schwierigkeitsgrad der jeweiligen Klasse anzupassen. Langweilig und sinnlos sind Lückentexte, die sich auch ohne Bezug zum vorangegangenen Unterricht lösen lassen. In dieser Variante des Lückentextes werden mehrere Füllmöglichkeiten, von denen auch mehrere richtig sein können, vorgegeben:

Ein Bericht aus dem alten Griechenland (Lückentextvariante)

Die alten Griechen, die vor über **viertausend/zweitausend/tausend** Jahren lebten, haben unserer Gegenwart einige wichtige Dinge hinterlassen, von denen manche Leute gar nicht wissen, dass sie von den Griechen erfunden oder entdeckt wurden: die Schrift, das Alphabet, die Olympischen Spiele und die **Republik/Demokratie**. Ach ja, auch die Baukunst und das Theater stammen von ihnen. Dabei waren die Bedingungen, unter denen die alten Griechen siedelten, alles andere als leicht. Sie lebten auf der Balkanhalbinsel in Städten (Poleis). Jeweils **mehrere Städte/zwei Städte/eine Stadt** befand(en) sich in einem fruchtbaren Tal. In der Mitte der Stadt lag die Burg (Akropolis), auf der zum Beispiel **Wagenrennen/politische Versammlungen/Wochenmärkte/Gottesdienste** stattfanden. Weil in den Ebenen oft zu wenig Getreide angebaut werden konnte, wanderten nach **750/350** v. Chr. viele Griechen aus ihren Städten aus und gründeten rund um das **Mittelmeer/Rote Meer/Schwarze Meer** Kolonien. Oft hing die Auswanderung auch damit zusammen, dass in den Städten ein Tyrann herrschte, unter dem einige Griechen nicht leben wollten. Viele berühmte griechische Kolonien gab es zum Beispiel auf Sizilien. Diese blieben meist in engem Kontakt zu ihren Mutterstädten.

Allen Griechen gemeinsam war der Glaube an **Apollo/Zeus/Poseidon**, den obersten Gott. In Delphi lag das Heiligtum von Apollo. Immer wenn die Griechen etwas unternehmen wollten, fragten sie das Orakel von Delphi um Rat. Der Clou dabei war, dass die Ratsuchenden eine zweideutige Antwort bekamen. Zu Ehren des Gottes Zeus fanden in Olympia alle **vier/zwei/fünf** Jahre Wettkämpfe statt, die in der ganzen alten Welt berühmt waren. Viele Wettkämpfe von damals gibt es auch noch heute bei den modernen Olympischen Spielen: **Schwimmen/Diskuswerfen/Laufen/Wagenrennen/Ringkampf/Marathonlauf**. Im Gegensatz zu heute waren die alten Spiele jedoch in erster Linie Gottesdienst. Während der Olympischen Spiele ruhten alle Waffen.

Die berühmtesten Stadtstaaten der Griechen waren Athen und Sparta. Die Polis Sparta lag **in der Nähe des Meeres/im Landesinneren** und beherbergte etwa 10 000 Spartaner. Ihr Staat war militärisch organisiert. Die wenigen Spartaner beherrschten etwa 150 000 bis 200 000 **Metöken/Heloten**, die als Sklaven für sie arbeiten mussten. Die Spartaner befanden sich in ständiger Kriegsbereitschaft, weil sie immer **Angriffe vom Meer/Aufstände im Inneren** befürchteten. Kulturelle Leistungen brachten die Spartaner nicht hervor.

Ganz anders die Athener. In Athen herrschte zwar auch zunächst ein König, dieser wurde aber bald von einer Gruppe von Adligen vertrieben, die dann die Herrschaft ausübten. Diese Staatsform nennt man **Monarchie/Aristokratie/Demokratie**. Die Adligen verachteten die einfachen Bauern, die nur wenig Land besaßen. Aufgrund von Kriegen und Dürrezeiten litten die Bauernfamilien oft Hunger.

Kaufleute und Handwerker lebten von der Herstellung und dem Tausch von Gütern. Weil sie Geld besaßen, verlangten die Adligen von ihnen, als Reiter und Fußsoldaten Athen zu verteidigen. Ihre Ausrüstung **wollten aber die Adligen/mussten sie selbst** bezahlen. Die Kaufleute und Handwerker wollten als Gegenleistung jedoch politische Mitsprache.

Weil die Verteidigungsbereitschaft Athens zu zerbrechen drohte, wurde der Athener Solon als Schiedsrichter bestellt (594 v. Chr.), um einen Ausgleich zwischen den Gruppen zu finden. Solon führte eine neue Staatsordnung ein. Er ordnete die Bürger nach sieben Vermögensklassen, schaffte die Schuldknechtschaft ab. Später, 508 v. Chr. wurde die **Republik/Demokratie** in Athen eingeführt. Alle etwa 40 000 Athener Bürger waren gleichberechtigt. Die meisten Ämter wurden ausgelost, nur die Richter wurden gewählt. Man muss allerdings dazu sagen, dass die meisten Bewohner Athens von der Demokratie ausgeschlossen waren: Metöken, Frauen, Kinder und Sklaven.

Die größte Bewährungsprobe für die Athener Demokratie war der Krieg gegen die **Parther/Perser/Phönizier**. Gemeinsam mit anderen Städten besiegten die Athener diesen mächtigen Feind. 477 v. Chr. gründete Athen den Attischen Seebund. Der Stratege Perikles, immer wieder gewählt, gab jedoch das ganze Geld des Bundes ausschließlich für die Verschönerung **von Athen/seines Hauses/der Kriegsschiffe** aus. Wer sich dagegen wehren wollte, wurde von den Athenern bestraft.

Das öffentliche Leben in Athen war ganz auf die Männer abgestellt. Frauen durften nicht wählen und Mädchen gingen nicht in die Schule, sondern warteten darauf, geheiratet zu werden.

Nach dem Peloponnesischen Krieg, einer **kurzen/langen** Auseinandersetzung zwischen Athen und Sparta, verloren die beiden griechischen Städte ihre Vormachtstellung an die Könige von Makedonien. Der bekannteste war Alexander der Große. Aber das ist eine andere Geschichte ...

Die richtigen Begriffe lauten: zweitausend, Demokratie, eine Stadt, politische Versammlungen und Gottesdienste, 750, Mittelmeer und Schwarzes Meer, Zeus, vier, Diskuswerfen, Laufen und Ringkampf, im Landesinneren, Heloten, Aufstände im Inneren, Aristokratie, mussten sie selbst, Demokratie, Perser, von Athen, langen

Als problematisch erweist sich oft die nur bedingte Eignung bereits vorhandener Rätsel für den eigenen Unterricht. Manche sind zu leicht,

Abb. 5: Römer-Rätsel (© Sascha Prause)

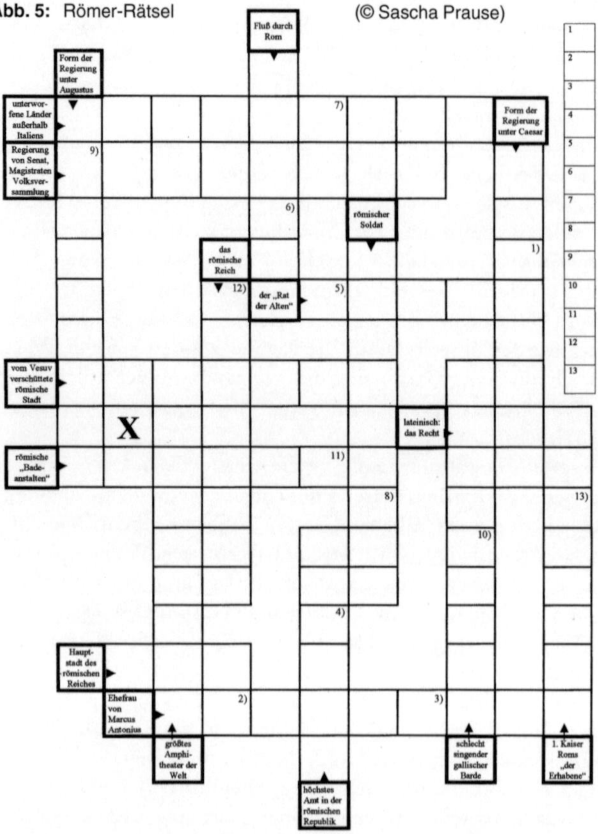

Abb. 6 (S. 59): Kreuzworträtsel „Ludwig XIV.“ (© Tanja Schädel/A. Bergkemper)

Waagerecht

1 Weshalb verschuldete sich der Staat?
4 Adelige genossen diesen Vorteil am Hof.
7 Wem waren die Beamten unterstellt?
8 Ein Kurfürst in Bayern, der absolutistisch regierte, hieß Max ___________ II.
9 Baustil des Absolutismus.
12 Wirtschaftsform des Staates.
14 Das Schloss des Königs diente nur der Präsentation seiner ____________.
15 Nenne einen Musiker des Zeitalters des Barock.
16 Finanzminister Ludwig des XIV.
18 Für diese Waren bestand ein Ausfuhrverbot.
19 Waren, für die eine Einfuhrverbot bestand.

Senkrecht

2 Ludwig der XIV. herrschte absolut, d.h. ___________.
3 Wie heißt das Schloss Ludwig des XIV.?
5 Was versteht man unter einem „stehenden Heer“?
6 Wo wurden die Waren im Land hergestellt?
9 Durch sie erfolgte die Verwaltung.
10 Ein berühmter Ausspruch des Sonnenkönigs: „Der ___________, das bin ich!“
11 Sie wurden zu Höflingen des Königs.
13 Symbol König Ludwig des XIV.
17 Dies wurde aus Frankreich übernommen.

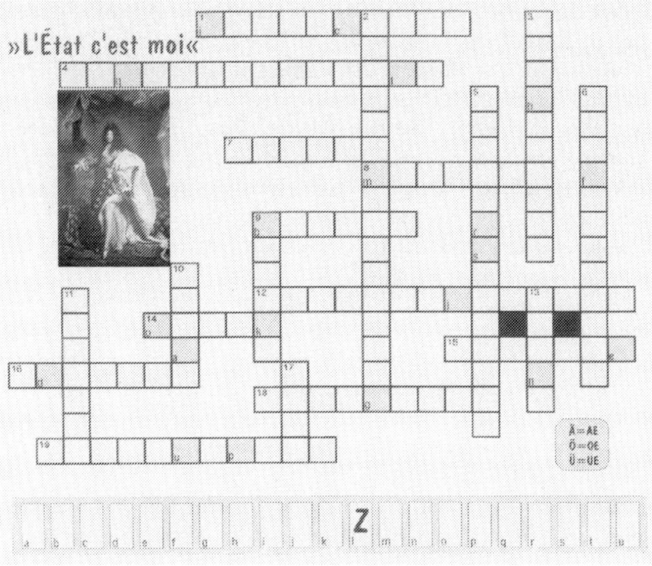
»L'État c'est moi«
Ä = AE
Ö = OE
Ü = UE
Z

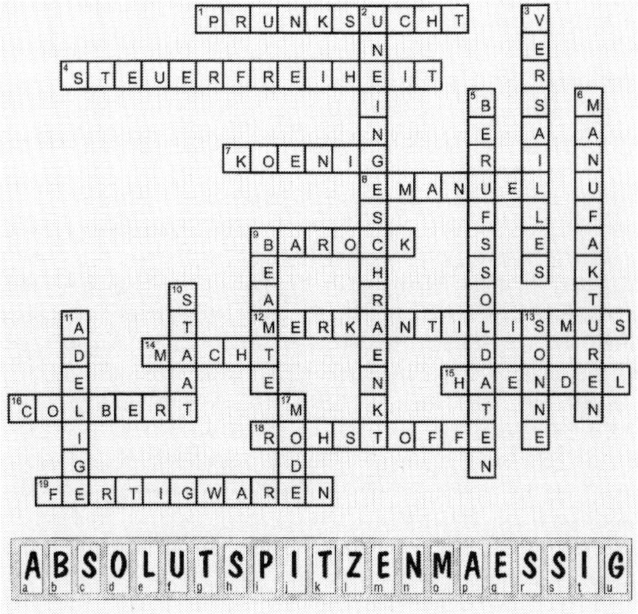
PRUNKSUCHT
UNEINIGESCHRAENKT
VERSAILLES
STEUERFREIHEIT
BERUFSSOLDATEN
MANUFAKTUREN
KOENIG
EMANUEL
BAROCK
BEATE
STAAT
ADELIG
MERKANTILISMUS
SONNE
MACHTE
HAENDEL
COLBERT
MOD
ROHSTOFFE
FERTIGWAREN
ABSOLUTSPITZENMAESSIG

andere treffen die Begrifflichkeit nicht richtig. Eine gute Möglichkeit, die genannten Begriffsrätsel selbst zu erstellen, bietet das Programm „HotPotatoes" der University of Victoria in Kalifornien. Dieses Programm kann aus dem Internet heruntergeladen werden,[137] ebenso ein deutsches Tutorial.[138] Die Hot Potatoes Programmgruppe umfasst Autoren-Module zur Erstellung interaktiver, web-basierter Übungen sechs verschiedener Typen. Das Modul Jcross unterstützt beispielsweise die Erstellung von Kreuzworträtseln. Wie das von Schülern selbst geleistet werden kann, zeigt für das Fach Englisch ein Beitrag des Internet-Portals „Lehrer-online".[139]

Stadt, Land, Fluss

Eine für den Geschichtsunterricht taugliche Variante des beliebten Spiels bietet Friedhelm Heitmann:[140] das „Herrscher-Völker-Freiheitskämpfer-Spiel". Die Schüler erhalten einen Spielplan, der in fünf Kategorien aufgeteilt ist (s. Abb. folgende Seite).

In jeder Spielrunde wird zunächst der Anfangsbuchstabe der einzutragenden Begriffe ermittelt. Ein Schüler beginnt das Alphabet mit einem lauten „A" und sagt es im Kopf weiter auf. Ein zweiter Schüler unterbricht ihn zu irgendeinem Zeitpunkt mit „Stop!". Der erste Schüler verkündet laut, bei welchem Buchstaben er angelangt ist. Bei „N" beispielsweise müssen alle Begriffe der fünf Kategorien mit diesem Buchstaben beginnen: Nero, Numider, Novalis, Newton, Notstandsverordnung. Der erste Schüler, der alle Felder ausgefüllt hat, ruft laut „Stopp!". Daraufhin müssen alle anderen aufhören zu schreiben, auch wenn ihre Spielpläne noch Lücken aufweisen. Dann beginnt die Auswertung: Sollte ein Schüler als Einziger in einem Feld eine richtige Lösung haben, erhält er 20 Punkte. Gibt es mehrere unterschiedliche Lösungen, beispielsweise Nero, Napoleon und Noske, dürfen sich die Schüler 10 Punkte dafür notieren. Taucht Nero zwei- oder mehrfach auf, gibt es 5 Punkte. Nachdem die Punkte zusammengerechnet und eventuell strittige Begriffe geklärt sind – der Lehrer muss hier als Jury auftreten –, beginnt eine neue Runde. Gewonnen hat derjenige, der nach der abgemachten Rundenzahl die meisten Punkte aufweist.

Dieses Spiel macht sehr viel Spaß, der didaktische Hintergrund ist jedoch eher dürftig. In unteren Klassen kann man es kaum verwenden, da es die Schüler überfordert. Es hilft hier auch wenig, bei der Aufgabenstellung zwei oder drei Buchstaben zusammenzufassen. Relativ brauchbar ist es in Oberstufenkursen, allerdings stellt sich auch hier die Frage, was durch dieses Spiel eigentlich geübt werden soll. Ein Bezug zu einer konkreten Unterrichtseinheit lässt sich jedenfalls nicht herstel-

Herrscher/ Politiker	Völker/ Stämme	Kritiker/ Reformer/ Revolutionäre	Forscher/ Erfinder	Historische/ politische Begriffe	Punkte

len. Trotz allem ist es durchaus als Motivationsschub für zwischendurch geeignet, etwa nach einer Klausur. Es kann vor allem unkompliziert eine Vertretungsstunde füllen.

Tabu

Ein weiteres Spiel mit Begriffen ist dem Gesellschaftsspiel „Tabu"[141] entlehnt. Das Spielmaterial besteht aus beliebig vielen Karten, die für die entsprechende Unterrichtseinheit angefertigt werden müssen, und einer (Sand-)Uhr. Eine Karte enthält oben immer einen zu umschreibenden Begriff oder eine Person. Darunter stehen fünf so genannte Tabuwörter, die bei der Umschreibung nicht benutzt werden dürfen.

Der Spielverlauf ist schnell erklärt. Es werden zwei Gruppen in der Klasse gebildet. Ein Gruppenmitglied muss einem Team einen Begriff bzw. eine Person umschreiben, die auf der Karte steht, die es gezogen

Abb. 7: Eine Tabu-Karte

Karl Marx

Sozialismus

Engels

Manifest

Kapital

Proletarier

hat. Während die (Sand-)Uhr drei Minuten läuft, muss eine Gruppe versuchen, möglichst viele Karten zu erraten. Das gegnerische Team achtet derweil auf die Einhaltung der Spielregeln.

Dieses Spiel ist sehr empfehlenswert, obwohl die Anfertigung der Karten einigen Aufwand erfordert. In jedem Fall übt das Spiel die narrative Kompetenz der Schüler, da nur wörtliche Erklärungen erlaubt sind. Die Benutzung von Armen und Händen ist verboten. Wenn man die zur Erklärung nahe liegenden Begriffe nicht benutzen darf, muss man einige Fantasie aufwenden, um zu nachvollziehbaren Umschreibungen zu gelangen. Gleichwohl sollte man sich in vielen Fällen auf schülersprachliches Niveau einstellen und nicht allzu streng mit den unbefriedigenden sprachlichen Äußerungen umgehen. Unter Umständen kann man die Spielregeln dahingehend erschweren, dass nur vollständige Sätze erlaubt sind. Erfahrungsgemäß ist das Spiel jedoch sehr kommunikativ und macht großen Spaß.

Möglich ist es auch, Schüler selbst Tabu-Karten anfertigen zu lassen. Denn bei dieser Varianten müssen sich die Schüler damit auseinander setzen, welche Merkmale überhaupt einem bestimmten Begriff zuzuweisen sind. Man kann zu diesem Zweck die Klasse in Arbeitsgruppen aufteilen, die je verschiedene Karten zum Thema herstellen.

Initialenrätsel[142]

Gesucht werden die Namen von acht Personen der Europäischen Geschichte zwischen 1871 und 1945. Vorname und Familienname sind aus den Initialen zu schließen. Die Lebensdaten geben eine Hilfe. Auf das adlige „von“ wurde verzichtet.

1. O. B. (1815-1898)	2. A. H. (1889-1945)
3. W. C. (1874-1965)	4. F. E. (1871-1925)
5. R. L (1870-1919)	6. R. P. (1860-1934)
7. P. H. (1847-1934)	8. J. (W.) S. (1879-1953)

1. Otto von Bismarck; 2. Adolf Hitler; 3. Winston Churchill; 4. Friedrich Ebert; 5. Rosa Luxemburg; 6. Raymond Poincaré; 7. Paul von Hindenburg; 8. Jossif (Wissarionowitsch) Stalin

Dieses Rätsel kann relativ einfach an den jeweiligen Unterrichtsstoff angepasst werden. Sein didaktischer Gehalt ist indessen nicht sonderlich groß, leistet er doch in gewisser Weise einer Personalisierung von Geschichte Vorschub. Gleichwohl müssen die Schüler die vergangene Einheit gedanklich rekapitulieren und die Kenntnis der Namen nachweisen. Bei der Auswertung ist es deshalb sinnvoll, die Schüler nach Ereignissen zu fragen, die sie mit dem jeweiligen Namen verknüpfen. So vermeidet man ein reines Personenraten anhand der Initialen.

Brettspiele

Brettspiele sind aufgrund der Beschränkung der Teilnehmerzahl für die Verwendung in großen Lerngruppen meistens nicht geeignet. Die Anfertigung von mehreren Kopien, die darüber hinaus zur Haltbarmachung auf dicke Pappe geklebt werden müssen, und die Versorgung der Gruppe mit ausreichend Würfeln und Spielfiguren lässt in der Regel von solchen Spielen Abstand nehmen. Brettspiele können sinnvoll im Rahmen eines Lernzirkels als Lernstation eingesetzt werden. Dabei entfällt das Problem, dass der Lehrer ein großes Materialreservoir anschaffen muss. Das Spiel wird an einem Gruppentisch oder als Wahlmöglichkeit angeboten.

Im Prinzip gibt es zwei Arten von Brettspielen: Wissensspiele und Simulationsspiele (s. Kap. 5.4). Die einfachste Variante ist das Wissensspiel. Es dient zur Wiederholung und Festigung von Faktenwissen. Zu diesem Zweck werden auf einem Spielbrett Figuren meistens mit Würfeln vorwärts bewegt. Durch die richtige Beantwortung von Fragen zur Geschichte kann der Spieler allerlei Vorteile erlangen, die seiner Spielfigur einen Vorsprung einbringen.

Außer dem Zufall des Würfelns kann mit Ereigniskarten ein weiteres Glücksmoment ins Spiel gebracht werden, so dass der Wettkampfaspekt nicht überhand nimmt. Darüber hinaus besteht mit Ereigniskarten die Möglichkeit, neue Informationen zur Epoche, auf die sich das Brettspiel bezieht, zu geben. Beispielsweise kann in einem Mittelalterspiel der Text einer Ereigniskarte lauten: „Zur Weiterreise musst du das Schiff verlassen und dich auf die Straße begeben. Das dauert viel länger und ist viel gefährlicher. Der nächste Wurf vermindert sich um die Hälfte.“ So wird nebenbei auf ein Problem mittelalterlichen Reisens aufmerksam gemacht. Sieger des Spiels ist der Spieler mit der Figur, die als erste ins Ziel gelangt.

Vorlagen für Brettspiele gibt es viele,[143] hier wurde ein Beispiel zur Geschichte Alexanders des Großen[144] gewählt (s. Abb. 9, S. 66/67). Die Figuren werden dabei nicht durch Würfeln, sondern durch den Einsatz von Spielgeld fortbewegt. Zwei bis sechs Schüler bilden eine Spielgruppe. Alle Teilnehmer müssen sich vor Beginn des Spiels je zehn 1-Cent-, 5-Cent-, 10-Cent- und 50-Cent-Stücke durch „Rubbeln“ herstellen, da die Spielzüge erkauft werden. Die Kosten je Feld sind auf dem Spielplan angegeben. Die Hälfte des gerubbelten Spielgelds geht in die Kasse, die der Spielleiter verwaltet. Die andere Hälfte wird für die Spielzüge genutzt. Auf den mit römischen Ziffern bezeichneten Ereignisfeldern kann durch die richtige Beantwortung der Frage das Spielkapital aufgebessert werden, das heißt, man kann weiter vorrücken. Sieger des Spiels ist, wer zuerst das Ziel erreicht.

Kartenspiele

Kartenspiele sind geradezu klassische Lernspiele, sie finden jedoch im Geschichtsunterricht eher selten Anwendung, weil sie didaktisch ineffizient sind. Bekannt ist zum Beispiel das Quartett. Ein Kartenspiel besteht aus mehreren Vierer-Kartengruppen, die durch ein gemeinsames Merkmal miteinander verbunden sind. Bei einem Quartett zur Industriellen Revolution sind Kartengruppen zu Kraftmaschinen (Wasserkraft, Windkraft, Dampfmaschine, Elektromotor), Transport (Pferdewagen, Segelschiff, Eisenbahn, Dampfschiff), Nachrichtenübermittlung (Bote, Postkutsche, Telegraf, Telefon) und ähnlichem denkbar. Quartett wird in Gruppen bis zu vier Schülern gespielt. Die Aufgabe der Spieler besteht darin, die vier zusammengehörigen Karten durch Fragen an die anderen Mitspieler zu sammeln und die vollständigen Gruppen vor sich aufzudecken. Sieger des Spiels ist derjenige Schüler, der die meisten Quartette erwerben konnte.

Das Problem besteht darin, dass man solche Spiele selbst anfertigen muss. Ob Verlage Quartettspiele anbieten, konnte nicht ermittelt werden.[145] Der Aufwand für die eigene Herstellung ist jedenfalls beträchtlich. Um einen didaktischen Nutzen aus dem Spiel zu ziehen, müssten die Karten über die Abbildung hinaus mit weiteren Informationen versehen werden. Angaben zur Leistungsfähigkeit von Transportmitteln geben beispielsweise darüber Auskunft, welch dramatischen Umschwung in Produktion und Versorgung die Industrielle Revolution mit sich brachte. Im Ganzen dürfte jedoch der Aufwand kaum im rechten Verhältnis zum Nutzen eines Quartetts stehen, selbst wenn man nur ein Spiel etwa für die Freiarbeit anfertigt.

Bekannt und relativ beliebt bei den Schülern sind die historischen Kartenspiele aus dem Aulis-Verlag, die thematisch eine größere Epoche, Geschichtsdaten oder „bedeutende" Personen umfassen.[146] Ein Spiel besteht aus 80 Frage- und Antwortkarten, die an die Schüler der Klasse ausgeteilt werden. Bei größeren Klassen erhält jeder drei bis vier Karten (Abb. 8, S. 65). Weil dies zu wenige sind, sollten immer mehrere Schüler zusammen spielen. Jede Karte ist nummeriert und hat eine Frage- und eine Antwortseite. Die Frage zu der Antwort ist jedoch nicht auf derselben, sondern auf irgendeiner anderen Karte. Für den Spielleiter gibt es eine Lösungskarte, auf der die passenden Pärchen notiert sind. Die Schüler legen ihre Karten mit der Antwortseite auf den Tisch und dann beginnt das Spiel.

Abb. 8: Frage- und Antwortkarten (© Aulis-Verlag)

Frage 1

Welche Parteien bilden die so genannte „Weimarer Koalition“?

Antwort 50

SPD, Zentrum, DDP

Geschichte 4

1 – 50	15 – 58	29 – 76
2 – 62	16 – 57	30 – 67
3 – 28	17 – 7	31 – 67
4 – 70	18 – 37	32 – 46
5 – 48	19 – 61	33 – 78
6 – 33	20 – 71	34 – 5
7 – 60	21 – 73	35 – 54
8 – 80	22 – 69	36 – 64
9 – 52	23 – 13	37 – 72
10 – 55	24 – 41	38 – 19
11 – 63	25 – 6	39 – 10
12 – 31	26 – 43	40 – 22
13 – 59	27 – 79	41 – 18
14 – 66	28 – 56	42 – 30

Die Frage der Karte mit der Nummer 1 (s.o.) wird verlesen. Daraufhin müssen die Schüler ihre Karten durchsehen, ob die richtige Antwort dabei ist. Die Antwort in unserem Beispiel befindet sich auf Karte 50. Sollte die richtige Nummer von einer Schülergruppe genannt werden, erhält diese einen Punkt. Eine falsche Antwort bringt einen Minuspunkt. Sollte niemand antworten, nennt der Spielleiter mithilfe der Lösungskarte die richtige Nummer. Die Gruppe, die im Besitz dieser Karte ist, erhält zwei Minuspunkte. Sieger ist die Gruppe, die am Ende die meisten Punkte hat. Die didaktische Bewertung dieser Spiele fällt nicht sehr positiv aus. Zum einen passen die Fragen häufig nicht zum eigenen Vorgehen im Unterricht, zum anderen sind die Epochen thematisch viel zu groß. Zum Beispiel umfasst das Spiel „Neuzeit II“ den Zeitraum von 1918 bis zur Gegenwart, so dass das Spiel bestenfalls am Ende der 9./10. Klasse einsetzbar ist. Darüber hinaus sind die Fragen zum Teil sehr schwierig und detailliert, was dazu führt, dass viel geraten wird. Problematisch ist auch der Inhalt der Fragen, der in der Regel an den Haupt- und Staatsaktionen orientiert ist.

Der Grund für die relative Beliebtheit dieses Spiels bei den Schülern liegt darin, dass es überhaupt ein Spiel ist und dass sich viele Antworten mit etwas Logik auch ohne die Kenntnis des sachlichen Zusammenhangs erschließen lassen. Beispielsweise lautet eine Frage: „Nenne die Bezeichnung der Grenz*linie*, die auf der Potsdamer Konferenz als vorläufige polnische Westgrenze festgelegt wurde?“ Eine gute Chance hat man, wenn man einfach die Karte vorliest, auf der der Begriff Linie vorkommt. Antwort: „Oder-Neiße-*Linie*“.

Abb. 9: Brettspiel „Alexanderzug“ (Aus: Wir machen Geschichte, Arbeitsheft 1. Frankfurt/M. 1996, S. 42/43)

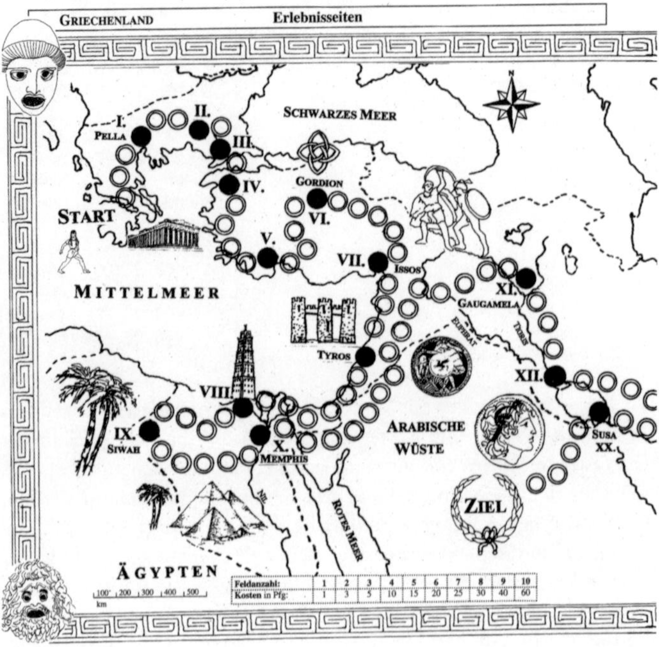

I. Wie alt war A., als er König wurde? a) 20 Jahre b) 24 Jahre **Ia.** Als er die Griechen besiegte? a) 15 Jahre b) 18 Jahre **Ib.** Aus welcher Zeit stammen die meisten Quellen über A.? a) ca. 100 v. Chr. b) ca. 100 n. Chr.	**II.** Von seinem Erzieher Aristoteles erhielt A. ein wertvolles Geschenk: a) die Sagen Homers b) das Pferd Bukephalos **IIa.** A.s Vater, König Philipp, wurde: a) ermordet b) in einer Schlacht getötet	**III.** Vor Beginn seines Feldzugs befragte A. das Orakel: a) in Olympia b) in Delphi **IIIa.** Korinth machte einen Aufstand gegen die Stadt a) A. begnadigte die Makedonen um die Griechen zu versöhnen b) Er ließ sie zerstören	**IV.** Wo setzte A. sein Heer nach Asien über? a) bei Byzantion am Bosporus b) am Hellespont in der Nähe von Ilion (Troja) **IVa.** Am Granikos siegte A. über: a) einen persischen Satrapen b) den Perserkönig Darios
V. Die meisten Städte an der Küste Kleinasiens sahen in A.: a) einen Befreier b) Eroberer **Va.** In Gordion löste A. den Gordischen Knoten: a) durch intensives Nachdenken b) mit dem Schwert	**VI.** 333 A.s Sieg bei Issos a) Kg. Darios wird gefangen b) Kg. Darios kann fliehen. **VIa.** Darios macht A. ein Angebot: a) A. soll seine Tochter heiraten und Kronprinz werden b) Teilung des Perserreiches	**VII.** Nach dem Sieg bei Issos macht A. reiche Beute: a) Frau u. Mutter des Darios b) der Staatsschatz der Perser **VIIa.** Tyros gilt als uneinnehmbar a) A. belagert sie 7 Monate b) A. zieht sofort weiter	**VIII.** An der Mündung des Nils gründet A. erste Alexanderstadt. Sie wird später weltberühmt: a) durch einen Leuchtturm b) durch ihre Bibliothek **VIIIa.** A. lässt sich zum Pharao krönen: a) ja b) nein
IX. In der Oase Siwah erklären die Priester A. zum Sohn: a) des Dionysos b) des Zeus **IXa.** A. betrachtet als Vorbild: a) Herakles b) Dionysos	**X.** A. fährt den Nil stromauf: a) um die Quellen des Nil zu erforschen b) das Tal der Könige zu sehen **Xa.** A. kehrt nach Syrien zurück a) im Jahr 330 b) im Jahr 331	**XI.** Bei Gaugamela wird Darios zum zweiten Mal geschlagen: a) er entkommt b) A. tötet ihn **XIa.** Nach Darios Tod wird A. Perserkönig: a) ja b) nein	**XII.** Babylon u. Susa werden: a) zerstört b) verschont **XIIa.** Der Palast in Persepolis wird verbrannt: a) Freudenfeuer b) Rache für Brand der Akropolis

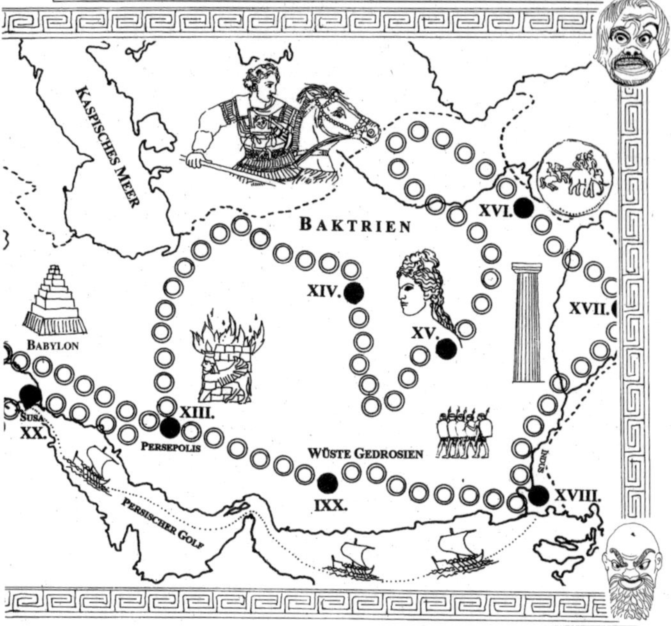

XIII. A. erfährt von Darios Ermordung: a) er belohnt die Mörder b) lässt sie hinrichten **XIIIa.** A. gibt den Auftrag seinen Feldherrn Parmenion umzubringen: a) ja b) nein	**XIV.** A. hielt sich selbst für: a) Sohn des Zeus b) Nachfahre des Sagenhelds Achilleus **XIVa.** Nach dem Tod seines Pferdes Bukephalos benennt A. eine Stadt danach: a) ja b) nein	**XV.** Nach der Einnahme von Persepolis durften Griechen zurückkehren: a) ja b) nein **XVa.** Alexander zog allein mit den Makedonen weiter: a) ja b) nein	**XVI.** Wie viele Städte soll A. insgesamt gegründet haben? a) über 30 b) über 70 **XVIa.** In Bakrien heiratet A.: a) Prinzessin Roxane b) die Tochter des Darios
XVII. Am Indus musste A. umkehren: a) weil sein Truppen meuterten b) er erkrankte **XVIIa.** A. ließ sein Heer darüber abstimmen, ob es weiter wollte: a) ja b) nein	**XVIII.** Von der Mündung des Indus an benutzte A. selbst: a) den Seeweg b) den Weg durch die Wüste Gedrosien **XVIIIa.** In der Wüste verdursteten 90 000 Soldaten. ja/nein	**IXX.** Die Verehrung A.s mit Kniefall: a) wurde von Makedonen und Persern abgelehnt b) nur von den Persern abgelehnt **IXXa.** Nach seiner Rückkehr entließ A. sein Heer: ja/nein	**XX.** Mit der Massenhochzeit von Susa wollte A.: a) die Einheit seines Reiches stärken b) ein Friedenszeichen geben **XXa.** A. heiratet: a) Tochter des Darios b) Tochter des Ochos
Formuliert selbst weitere Fragen!	**Ergänzungsfragen:** Welche weiteren Pläne hatte A.? a) Feldzug gegen Arabien b) Eroberung der ganzen westlichen Welt c) Umrundung von Afrika Wie nennt man die Nachfolger Alexanders?	*Ihr könnt Euch auch andere Spielregeln ausdenken. Oder auch ein Quiz daraus machen!* **Lösungen:** I/a; Ia/b; Ib/b; II/a; IIa/a; III/b; IIIa/b; IV/b; IVa/a;	V/a;Va/b; VI/b; VIa/b; VII/a; VIIa/a; VIII/a; VIIIa/b; IX/b; IXa/a; X/0; Xa/b; XI/a; XIa/a; XII/b; XIIa/b; XIII/b; XIIIa/b; XIV/b; XIVa/b; XV/a; XVa/b; XVI/a und b; XVIa/a; XVII/a; XVIIa/a; XVIII/b; XVIIIa/ja; IXX/0; IXXa/nein; XX/a; XXa/a

Memory

Memory lässt sich auch im Geschichtsunterricht in der klassischen Variante mit dem Aufdecken identischer Bilder spielen. Die Herstellung solcher Kärtchen ist allerdings recht aufwändig und bietet außer dem Wiedererkennungswert nicht viel. Es wäre deshalb sinnvoll, solch ein Memory *vor* der Behandlung des Themas zu spielen, um die Schüler mit optischen Eindrücken zum Inhalt der kommenden Einheit vertraut zu machen. Man wird jedoch mit einem einzigen Spiel bei einer großen Klasse nicht auskommen. Daher sollte man auf Varianten setzen. Zum Beispiel kann das Bilder-Memory eine Station eines Lernzirkels bilden. Eine andere Möglichkeit besteht darin, die Schüler in vier Gruppen aufzuteilen und die Gruppen jeweils ein Memory zur vergangenen Unterrichtseinheit herstellen zu lassen. Die Schüler haben dabei die Möglichkeit, selbst *Bedeutungen* innerhalb des Themas festzulegen. Daher sollten nicht nur – in der Regel kopierte – Bilder zugelassen werden, sondern auch Begriffe, Zitate oder Symbole, die die Schüler selbst gestalten können. Ebenfalls kann ein Kartenpaar aus einem Bild und der dazugehörigen Bezeichnung bestehen. Die fertigen Spiele können wechselseitig von den anderen Gruppen durchgespielt werden. Man sollte Größe und Anzahl der Kärtchen vorgeben. Mehr als zwölf Paare sprengen sicher den zeitlichen Rahmen.

Abb. 10: Memorykarten zu landwirtschaftlichen Geräten[147]

Hakenpflug mit Metallteilen

Schwungpflug

Räderpflug

Eine Variante ist das Frage-Antwort-Memory, bei dem nicht identische Paare, sondern eine Frage und die passende Antwort zusammengehören. Die Kärtchen, hier für das Thema „Drittes Reich und Zweiter Weltkrieg“, kann man mehrfach kopieren und als Memory von den Schülern in Kleingruppen spielen lassen. Ein grundsätzliches Problem bei Kopiervorlagen besteht immer darin, dass die Kärtchen in der Regel auf eine kartonierte Unterlage gebracht und danach auseinander geschnitten werden müssen. Das braucht Zeit, die nicht immer vorhanden zu sein scheint. Allerdings können einmal komplettierte Spiele immer wieder benutzt werden. Während des Spiels müssen sich die Schüler, falls Unklarheiten bestehen, darüber verständigen, welche Karten zusammenpassen. Die Anzahl der Kärtchen kann natürlich erhöht werden.

Abb. 11: Frage-Antwort-Memory (© Sascha Prause)

Durch welches Ereignis wurde im Dezember 1941 der Krieg zwischen Japan und den USA ausgelöst?	In welchem Jahr wurde in den Nürnberger Gesetzen die Entrechtung der Juden festgeschrieben?
Wie nennt man das Gesetz vom 23. März 1933, mit dem sich Hitler eine rechtliche Grundlage für seine Alleinherrschaft verschaffte?	Wann kam es in der so genannten Reichskristallnacht zu einem Höhepunkt der Judenverfolgung vor dem Zweiten Weltkrieg?
Welchen Titel nahm Hitler nach dem Tode Hindenburgs am 2.8.1934 an?	Wann fand das missglückte Attentat von Offizieren auf Hitler statt?
Wie lautete der Deckname für den Überfall auf die Sowjetunion im Juni 1941?	Welchen überraschenden diplomatischen Erfolg erreichte die deutsche Außenpolitik im August 1939?
Wo landeten die Aliierten am 6. Juni 1944?	Auf welche Städte ließ der amerikanische Präsident am 6. und 9. August 1945 Atombomben abwerfen?
Mit dem Namen welcher Stadt ist die Wende im Rußlandfeldzug verbunden?	Wann kapitulierte die deutsche Wehrmacht?

Ermächtigungsgesetz	Überfall auf Pearl Harbor
Führer und Reichskanzler	15. September 1935
9./10. November 1938	Unternehmen Barbarossa
8. Mai 1945	20. Juli 1944
Stalingrad	In der Normandie
Deutsch-sowjetischer Nichtangriffspakt	Auf die japanischen Städte Hiroshima und Nagasaki

Domino, Trimino

Beim Dominospiel müssen bekanntlich die beiden identische Hälften zweier Dominosteine aneinandergefügt werden, bis alle vorhandenen Steine aufgebraucht sind. Bei der Variante Trimino müssen immer drei Seiten von dreieckigen Steinen zusammenpassen, bis am Ende ein Sechseck entstanden ist.

Das folgende *Karikaturendomino* stammt von Holger Viereck.[148] Bei diesem Spiel werden einzelnen Schülergruppen aus sechs Spielern 16 Kärtchen mit je einer bekannten Karikatur sowie 16 Kärtchen mit zwei unterschiedlichen schriftlichen Erläuterungen, die zu je zwei Karikaturen passen. Eine Karikatur muss rechts und links von dem identischen dazugehörigen Text eingerahmt sein. Die Erläuterung auf der anderen Seite des Textkärtchens bildet die Brücke zur nächsten Karikatur, die dort angelegt werden muss. Jeder Schüler der Gruppe erhält zu Beginn vier bis sechs Karikaturen- bzw. Textkärtchen, die anderen bleiben verdeckt im Stock. Das Spiel beginnt mit dem Aufdecken eines Kärtchens aus dem Stock. Gespielt wird reihum. Immer wenn ein Spieler kein passendes Kärtchen legen kann, muss er eine Karte aus dem Stock ziehen. Diese kann, falls sie passt, direkt angelegt werden. Das Spiel ist beendet, wenn alle Karten in der Gruppe richtig gelegt sind. Um den spielerischen Charakter zu wahren, können einige Joker ins Spiel gebracht werden, die ersatzweise angelegt werden. Nach Ablegen des Jokers wird so weiter gespielt, als läge an dieser Stelle kein Kärtchen.

Abb. 12: Karikaturen-Domino (Viereck, Holger, Spiele im Geschichtsunterricht – Lernen mit Spannung und Spaß, in: GEP 7 (1996), S. 483-489)

(anderer Text)	„Wie sollen wir uns da die Hand geben?" Deutschland und England als zwei, mit Schiffen hochgerüstete Personen dargestellt. (Karikatur im „Simplizissimus", 1912)		„Wie sollen wir uns da die Hand geben?" Deutschland und England als zwei, mit Schiffen hochgerüstete Personen dargestellt. (Karikatur im „Simplizissimus", 1912)	(anderer Text)

Die *Triminovorlage* kann mehrfach kopiert werden. Danach müssen die einzelnen Dreiecke auseinander geschnippelt werden. Unter Umständen können dies die Schüler sogar selbst erledigen. Thematisch bezieht sich die Vorlage auf das Mittelalter. Fertigt man sich eine leere Vorlage an, kann man selbst für alle möglichen Epochen ein Trimino entwerfen.

Abb. 13: Trimino/Mittelalter (© Markus Bernhardt)

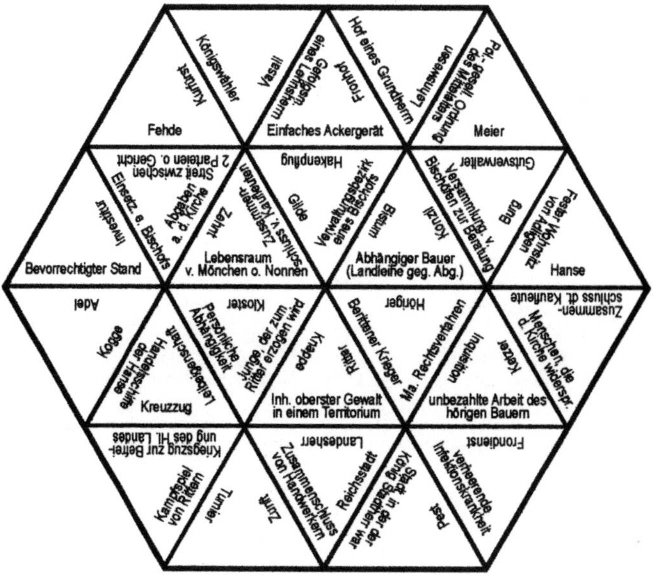

Zeitleiste

Am Ende einer Unterrichtseinheit können wichtige Ereignisse der behandelten Epoche mit einer Zeitleiste wiederholt werden. Eine spielerische Möglichkeit dazu besteht darin, die Ereignisse von Schülern in die richtige Reihenfolge bringen zu lassen. Zu diesem Zweck muss man eine kopierfähige Vorlage in Tabellenform anfertigen und die Ereignisse in die Tabelle eintragen (s.u.). Das entstandene Blatt wird im Anschluss mehrfach kopiert und auseinander geschnitten. Die Schüler erhalten immer gruppenweise eine zerschnittene Zeitleiste mit der Aufforderung, die auf den Kärtchen genannten Ereignisse in der richtigen zeitlichen Reihenfolge aneinander zu legen. Die Bearbeitung in Gruppen ist besonders wichtig, da die Schüler sich auf diese Weise kommunikativ mit der vergangenen Unterrichtseinheit beschäftigen. Man kann auch die Benutzung von Hilfsmitteln zulassen.

Folgende Tabelle hat die deutsche Außenpolitik zwischen 1870 und 1919 zum Thema. Im Beispiel sind die entsprechenden Ereigniskarten in der richtigen Reihenfolge von links nach rechts angegeben. Zur Verdeutlichung finden sich in der darunter abgedruckten Tabelle die Jahreszahlen der jeweiligen Ereignisse.

Beispiel:

Deutsch-französischer Krieg	Dreikaiserabkommen	Krieg-in-Sicht-Krise	Kissinger Diktat	Berliner Kongress
Zweibund	Gründung deutscher „Schutzgebiete“	Rückversicherungsvertrag	Tod Wilhelms I.	Entlassung Bismarcks
Faschoda-Krise	1. Haager Friedenskonferenz	Entstehung der „Entente cordiale“	Erste Marokko-Krise	Zweite Marokko-Krise „Panther-Sprung“
Balkankriege	Sarajewo-Attentat	Juli-Krise	Deutsche Kriegserklärung an Russland	Englische Kriegserklärung an Deutschland
Schlacht von Verdun	„Kohlrübenwinter“	Kriegseintritt der USA	Beginn der Matrosenaufstände	Versailler Friedensvertrag

Jahreszahlen zu den genannten Ereignissen:

1870/71	1872	1875	1877	1878
1882	1884	1887	1888	1890
1898	1900	1904	1905/06	1911
1912/13	28. Juni 1914	Juli 1914	1. August 1914	4. August 1914
1915	1916/17	1917	Oktober 1918	28. Juni 1919

Kimspiele

Kimspiele sind Erkennungsspiele, die dem Training der fünf Sinne dienen.[149] Das heißt, man muss in einem spielerischen Umfeld Gegenstände durch Sehen, Hören, Schmecken, Tasten und Riechen erkennen. Besonders in der Grundschulpädagogik kommen solche Spiele zum Einsatz. Es gibt zum Beispiel das Hör-Memory: In dieser Variante des klassischen Memorys sind kleine Filmdosen mit Materialien gefüllt, immer zwei mit den gleichen, beispielsweise Zucker. Durch Schütteln müssen die Pärchen herausgehört werden. Die Durchführung solcher Spiele kann sich positiv auf die Konzentration und die Merkfähigkeit der Lernenden auswirken. Kimspiele können im Unterricht als Konzentrations-, Beruhigungs- und Sammelübungen sowie als Merkhilfen angewandt werden.

Im Geschichtsunterricht beschränkt sich die Anwendung von Kim-Spielen wohl auf das Sehen. Die Schüler erhalten zum Beispiel den Auftrag, ein historisches Gemälde, eine Abbildung oder eine Collage konzentriert zu betrachten und sich alles genau einzuprägen. Nach einer gewissen Zeit, beispielsweise nach zwei Minuten, wird die Darstellung abgedeckt und die Schüler müssen aufschreiben, welche Gegenstände oder Details sie sich gemerkt haben. Man kann hier auch Mannschaften gegeneinander spielen lassen, um die Spannung beim Spiel zu steigern. Gewonnen hat die Mannschaft, die die meisten Begriffe erinnert hat.

Eine andere Möglichkeit besteht darin, auf einem Tablett Kärtchen mit historischen Begriffen, Bildern und historische Gegenstände (Briefmarken, Münzen, Geldscheine, Miniaturnachbildungen) aus der vergangenen Unterrichtseinheit zu präsentieren. Nach drei Minuten wird das Tablett mit einem Handtuch abgedeckt und die Schüler müssen versuchen, die Wörter aufzuschreiben oder deren Bedeutung zu nennen.

Als Beispiel ist hier eine Collage aus dem Bereich der Alten Geschichte[150] (Abb. 14, S. 74) gewählt worden. Von der Collage ist eine Folienkopie anzufertigen, die mithilfe eines Overhead-Projektors für eine bestimmte Zeit an die Wand projiziert wird. Für die Auswertung gelten die oben geschilderten Regeln.

Abb. 14: Collage zur Alten Geschichte (© AOL-Verlag)

	Historix & Co:	

In Memoriam

Collage Nr. 1a

Steinkammer-Grab

Steinzeitäxte

Ägyptische Totenmaske

Nofretete

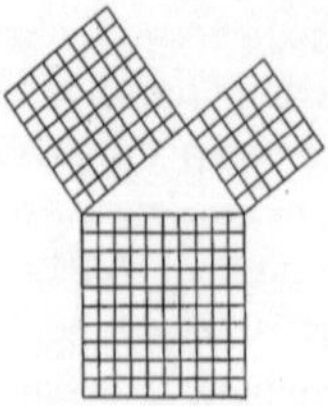

Lehrsatz des Pythagoras

Griechische Vase (Preisamphora)

Die Wölfin von Rom

Kriegsmaschine der Römer

Zwei Liktoren mit Rutenbündeln um 500 v. Chr.

Kolosseum in Rom

5.2 Imitationsspiele

5.2.1 Die didaktische Funktion von Imitationsspielen

Unter dem Begriff Imitationsspiel sollen hier alle Formen des darstellenden Spiels gefasst werden, die nicht unter das (soziale) Rollenspiel (Kap. 5.3) oder das Simulationsspiel (Kap. 5.4) fallen. Man findet in der Literatur einerseits verschiedene Verwendungen[151] des Begriffs „Imitationsspiel", andererseits werden unterschiedliche Bezeichnungen für das benutzt, was hier mit dem Begriff bezeichnet werden soll. Hilbert Meyer[152] nennt es „Szenisches Spiel", Norbert Kluge[153] sagt „Darstellendes Spiel". Die hier beschriebenen Formen beinhalten Spiele, in denen in erster Linie etwas *nachgeahmt, imitiert* wird. Das heißt, die Aufgabe für die Schüler besteht darin, eine vorgefertigte Form möglichst bildhaft auszufüllen. Das lateinische Verb *imitari*, nachahmend darstellen, ist verwandt mit dem Begriff *imago*, das Bild, das Porträt, das Abbild. Man kann aber noch eine weitere Bedeutung aus *imago* schöpfen, nämlich die Vorstellung, die Einbildung, die Metapher. Daher meint Imitationsspiel einerseits „eine streng an (authentische) Textvorlagen gebundene Rekonstruktion vergangener Ereignisse, Situationen, Schicksale", was einer „Dokumentation" entspricht.[154] Genauso gut möglich ist aber auch eine mehr oder weniger improvisierte Stegreifszene, soweit sie einen historischen Sachverhalt ohne großen Aufwand veranschaulichen soll.

Norbert Kluge[155] hat die für den schulischen Bereich relevanten „Elementarformen des darstellenden Spiels" zu Kategorien zusammengefasst, die für die Anwendung im Geschichtsunterricht modifiziert wiedergegeben werden:

(a) Textspiel, Hörspiel, Bühnenspiel (Aktionsformen: textgebunden, nachgestaltend);
(b) Stegreifspiel (Aktionsformen: improvisierend, gestaltend);
(c) Pantomime, Standbild (Aktionsformen: improvisierend, nonverbal, gestaltend);
(d) Puppenspiel, Marionettenspiel (Aktionsformen: textgebunden, improvisierend).

Ein Text- oder Hörspiel im Sinne einer Dokumentation (a) ist eine gewinnbringende, aber gleichwohl sehr aufwändige Angelegenheit. Im Mittelpunkt dieser Spielform steht eine Textvorlage auf Quellengrundlage, die dramaturgisch inszeniert werden soll. Das Ziel einer solchen Bearbeitung ist eine Aufführung – in welchem Rahmen auch immer. Das Bühnenspiel wird wahrscheinlich am wenigsten angestrebt werden, da sich seine umfangreiche Form den schulischen Bedingungen widersetzt. Didaktische Bedeutung erlangt die Inszenierung besonders durch die „Erörterung und Klärung von Auswahl- und Interpretationsfragen“[156], also im Prinzip bereits im Vorfeld der Aufführung. Das heißt, die vorliegende Textbasis muss nach dramaturgisch brauchbaren Stellen durchsucht werden, was der analytischen Quellenarbeit sehr nahe kommt. Denn die Textpassagen müssen nach ihrer Bedeutung befragt, die Perspektive des Verfassers erhellt und seine Intentionen herausgestellt werden. Mit anderen Worten, man muss die Texte *verstehen*, wenn man sie inszenieren will. Gleichwohl sollten die affektiven Möglichkeiten einer darstellenden Nachahmung nicht unterschätzt werden.

Der Ehrgeiz solcher Unterrichtsverfahren wird sich kaum auf eine abendfüllende Produktion beziehen können, sondern sollte die Zusammenstellung kurzer Szenen im Auge habe. Das hat den Vorteil, dass sich verschiedene Schülergruppen mit unterschiedlichen Aspekten des Themas befassen können. Das gilt auch für das – etwas aus der Mode gekommene – Hörspiel,[157] in dem die einzelnen Szenen am Ende zu einem Gesamtbild arrangiert werden können.

Die Themen solcher Spielszenen sollten Typisches und Alltägliches der behandelten Epoche aufgreifen und nicht in der Manier des klassischen Dramas die Konflikte „großer Personen“ behandeln. Die Darstellung bekannter Persönlichkeiten wie Rosa Luxemburg oder Napoleon ist überhaupt zu vermeiden, da Schüler naturgemäß an solchen Aufgaben scheitern dürften. Diese Form der Imitation erfordert ein hohes Maß an Einfühlungsvermögen und vor allem an zeitlichem Aufwand für die Charakterstudie, das Schüler in der Regel nicht aufbringen können. Zudem ist die damit verbundene zwangsläufige Verengung der historischen Darstellung auf die Persönlichkeit des Protagonisten didaktisch äußerst fragwürdig.

Denkbar ist statt der einmaligen Aufführung auch eine Videoproduktion, die allerdings die Beherrschung bestimmter Techniken voraussetzt. Gleichwohl bieten moderne Computersysteme inzwischen komfortable Möglichkeiten, um Videosequenzen wirkungsvoll zu schneiden und zu bearbeiten. Häufig gibt es Schüler, die in diesem Bereich über ungeahntes Know-how verfügen.

Selten wird man auf literarische Texte zurückgreifen, da diese den Rahmen des Geschichtsunterrichts sprengen, sowohl methodisch als auch zeitlich. Unter Umständen kommt eine Zusammenarbeit mit dem Fach „Darstellendes Spiel“, das inzwischen an vielen Schulen unterrichtet wird, in Frage. Der Geschichtsunterricht könnte die Arbeit an dem Stück didaktisch begleiten. Ein möglicher Text ist die Szenenfolge „Furcht und Elend des Dritten Reiches“ von Bertolt Brecht, die auf Augenzeugenberichten und Zeitungsausschnitten beruht.

Abb. 15: Belehnung eines Vasallen. Illustration aus dem Sachsenspiegel (Sächsische Landesbibliothek, Staats- und Universitätsbibliothek Dresden)

Methodisch einfacher zu handhaben sind Stegreifspiele (b). Sie erfordern keinen großen zeitlichen Aufwand und kommen zumeist ohne Kulissen und Kostüme aus. Komplexere Rollenanweisungen sind nicht notwendig. Die Situation wird vom Lehrer kurz geschildert oder man benutzt Bilder als Impuls. Gespielt werden kann alles, was „den Kern einer Dramatisierung“[158] enthält: Ereignisse, Lebenssituationen, soziale Typen, Begriffe oder Strukturen. Dabei gibt es gewisse Überschneidungen mit den Simulationen (Kap. 5.4.3). Stegreifspiele dienen meist zur Illustration oder zur Verdeutlichung von Inhalten, die im Unterrichtsgespräch etwas blass geblieben sind. Das kurze Nachspielen des mittelalterlichen Handgangs (s.o.), das heißt der Belehnung eines Vasallen, verdeutlicht den symbolischen Gehalt dieser Handlung besser als die bloße Beschreibung eines Bildes, wenn die spielenden Schüler im Anschluss ihre Empfindungen verbalisieren. Auch Quellentexte können das nicht so eindrücklich verdeutlichen.

Pantomime oder Standbilder (c) verzichten bewusst auf das Ausdrucksmittel der Sprache, sondern setzen auf Mimik und Gestik, die Pantomime zusätzlich auf Bewegung. Die Grundlage der Darstellung bilden Karikaturen, Gemälde, Fotografien und bei der Pantomime noch Texte, Begriffe, Abläufe, typische Handlungen. Zur Durchführung ließen sich ähnliche Dinge nennen wie zum Stegreifspiel mit dem Unterschied, dass man hier ohne Text auskommt. Neben dem Spaß, die solche in der Regel kurzen Inszenierungen machen, geht es zum einen darum, eine Darstellungsform in eine andere zu „übersetzen“. Die Voraussetzung hierfür ist eine exakte Beobachtungsgabe, ein gewisses Einfühlungsvermögen und Improvisationstalent. Zum anderen werden mit Standbildern andere Kanäle der Wahrnehmung geöffnet. Neben die audiovisuelle Wahrnehmung, die wohl den größten Teil des Geschichtsunterrichts ausmacht, tritt hier eine der wenigen Möglichkeiten, etwas auf dem Wege der Körpererfahrung zu vermitteln.

Puppen- oder Marionettenspiele (d) verlegen die Ausdrucksmöglichkeiten vom Darsteller auf das Medium. Der menschliche Darsteller tritt in den Hintergrund, äußert sich aber mithilfe einer Puppe, die ähnlich einer Maske auf einen gewissen Charakter festgelegt ist. Die Wirkung wird durch die Sprache des Puppenspielers und die dazu gehörige Bewegung der Puppe erzielt. Ein historisches Puppenspiel etwa mit Handpuppen mag in der Grundschule erfolgreich sein, in der Sekundarstufe könnte es eher im Sinne einer gewissen Verfremdung eingesetzt werden. Prinzipiell gelten im Puppenspiel die gleichen Regeln wie beim Textspiel (a). Jedoch dürften die dramaturgischen Möglichkeiten eher auf die Farce oder die Persiflage abzielen. Die Herstellung eigener Puppen verstärkt die Identifikation des Spielers mit „seiner“ Figur, erfordert aber sehr großen Aufwand. Da dies jedoch in der Regel die Voraussetzung für Puppenspiele sein wird, dürften Inszenierungen dieser Art eher die Ausnahme bilden.

5.2.2 Beispiele

Zwei Mark für Adolf Hitler? – Ein Stegreifspiel

Das Problem von Zustimmung und Widerstand im Dritten Reich wird häufig auf einem moralisch sehr hohem Niveau geführt. Die Frage für die meisten Deutschen war aber nicht, ob sie sich lieber wie die Geschwister Scholl oder wie Heinrich Himmler verhalten sollten, sondern das Problem von Anstand und Gewissen stellte sich zumeist auf viel banaleren Ebenen. Hier kann man folgende Szene spielen lassen: Ein Tag im Jahr 1937. Die Familie sitzt beim Abendessen. Es klingelt an der Tür. Der Vater/die Mutter/die Tochter/der Sohn (einer Arbeiterfamilie/Handwerkerfamilie/Beamtenfamilie usw.) öffnet. Vor der Tür steht ein Nachbar, der von jedem Mieter des Hauses zwei Mark sammelt, um dem Führer ein Geburtstagsgeschenk zu machen. Spielt den Dialog an der Tür!

So eine kleine Inszenierung kann einen affektiven Zugang zum Thema „Alltag im Dritten Reich“ ermöglichen. Im Anschluss an die Szene, die auch mehrfach gespielt werden kann, sollen die Schüler darüber sprechen, welche Gefühle oder Argumente sie zu dieser oder jener Entscheidung gebracht haben. Danach können Hypothesen über Handlungsspielräume im alltäglichen Leben des Dritten Reiches formuliert werden, die als Ausgangspunkt zur Besprechung der nationalsozialistischen Herrschaftspraxis dienen. Mit dieser Spielerfahrung lässt sich u.U. ein tiefer gehendes Verständnis des perfiden Zusammenwirkens von Terror und Verführung erreichen. Als Grundlage dieser Diskussion kann folgendes Schreiben dienen, das ein Braunschweiger Zellenleiter der NSDAP an einen zahlungsunwilligen „Volksgenossen" geschickt hat.

Abb. 16: Schreiben eines NSDAP-Zellenleiters vom 16. Oktober 1934 (aus: R. Bein [Hrsg.], Im deutschen Land marschieren wir. Materialien zur nationalsozialistischen Herrschaft. Braunschweig o.J., S. 156)

N. S. D. A. P.   Braunschweig, den 16. 1o. 1934

Zelle Altewiekring

....

Deutscher Volksgenosse !

Am vergangenen Sonntag sind Sie dem Rufe unseres Führers und Reichskanzlers, aus Anlaß des Eintopfgerichtes eine entsprechende Geldabgabe zu machen, leider nicht gefolgt.

Ich setze voraus, daß Sie dazu in der Lage sind und Ihre Weigerung auch nicht aus Mangel an gutem Willen, sondern aus Verkennung der ganzen Sachlage erfolgte. Ich gestatte mir daher, Sie darauf hinzuweisen, daß die Eintopfsammlung ein Glied in der Kette des großen Winterhilfswerks und eine Angelegenheit des ganzen deutschen Volkes ist. Jeder Deutsche kann und darf es sich nicht nehmen lassen, sofern er dazu irgend in der Lage ist, in Grenzen der Möglichkeit mit zu sorgen für die Ärmsten der Armen. Danken Sie Gott, daß Sie nicht zu diesen gehören und nicht wie diese auf die Sammelgroschen warten müssen oder auf die Winterhilfe angewiesen sind.

Darum hoffe ich bestimmt, daß Sie sich nun nicht weiter Ihrer Ehrenpflicht als Deutscher entziehen werden.

Der betr. Blockleiter wird in den nächsten Tagen zur Entgegennahme einer Ihren wirtschaftlichen Verhältnissen entsprechenden Spende nochmals bei Ihnen vorsprechen.

Heil Hitler !

Zellenleiter

Herrn W. Regener

No 39 II

Weitere Möglichkeiten für Stegreifspiele:

- **Auf dem Sklavenmarkt**
  Drei Schüler stehen auf Stühlen, die Hände auf dem Rücken gefaltet. Sie stellen Gefangene dar, die auf einem römischen Sklavenmarkt verkauft werden sollen. Vor ihnen stehen ein Schüler als Sklavenhändler, der seine Ware anpreist und ein interessierter Käufer. Bei dem Dialog kommt es nicht so sehr auf historische Genauigkeit an, sondern darauf zu erfahren, welche Gefühle die „Sklaven" während des Verkaufsgesprächs hatten.
  Das Spiel bietet einen guten Ansatz, sich mit der fremden römischen Sklavenhaltergesellschaft auseinander zu setzen.
- **Auswanderung**
  Eine Handwerkerfamilie in einer kleinen deutschen Stadt am Ende des 19. Jahrhunderts. Der älteste Sohn – 16 – kommt ins Haus und verkündet Vater und Mutter, dass er morgen auf einem Auswandererschiff als Schiffsjunge nach Amerika gehen will. Die Familie ist bitterarm, hat noch fünf weitere Kinder.
  Das Spiel lässt sich gut im Anschluss an die Besprechung der sozialen Probleme im Kaiserreich durchführen.
- **Völkerwanderung**
  Auf dem Boden wird ein Kreidestrich gezogen. Links davon aus der Sicht der Klasse stellt sich ein Schüler mit dem Gesicht nach rechts. Rechts neben den Strich stellen sich drei Schüler ganz dicht hintereinander mit dem Gesicht nach links. Der Lehrer gibt dem Schüler der ganz rechts steht, einen kleinen Stoß, so dass er die vor ihm stehenden Schüler ebenfalls schubsen muss. Der Schüler, der links steht, kann die anderen nicht aufhalten. Auflösung: Der Schubs des Lehrers symbolisiert das Auftauchen der Hunnen. Die Germanen (drei Schüler) weichen aus und fallen in das römische Reich ein. Die Römer (ein Schüler) können die Germanen nicht aufhalten.
  Das Thema kommt – wenn überhaupt – in der siebten Klasse vor. Für Schüler dieser Altersstufe kann das Spiel eine Gelegenheit sein, bestimmte Vorstellungen über den Sachverhalt zu entwickeln.

Autobiografische Berichte weitererzählen

Autobiografische Darstellungen umfassen neben der Autobiografie im eigentlichen Sinn Lebensläufe, Memoiren, Erinnerungen, den autobiografischen Roman, das literarische Selbstportrait, den Brief, Reisebeschreibungen und ähnliches. Die Autobiografie im Sinne des Wortes meint die Aufzeichnung der Entwicklung des eigenen Ichs in seinen

Beziehungen zur Umwelt. Der Kern der Erzählung ist, dass das erzählende und das erzählte Subjekt identisch sind. Die Struktur einer Autobiografie ist die retrospektive Sinngebung seines Lebenslaufes aus der Erinnerung. Solche Texte sind daher quellenkritisch mit großer Behutsamkeit zu bearbeiten.

Durch die subjektive Perspektive auf die Umwelt stellen autobiografische Texte jedoch didaktisch ein ausgezeichnetes Medium dar, da die „methodisch und wissenschaftlich gereinigte" Geschichte der Schul- und Handbücher häufig der Farbe entbehrt, die „wirkliches" Leben vermitteln kann. Zur Illustration der im Unterricht behandelten Epoche wird deshalb autobiografische Literatur herangezogen. Um Fantasie, Kreativität, historische Kombinationsfähigkeit und die Anwendung von Gelerntem zu fördern, bietet sich folgendes Spiel an.

Der Lehrer liest aus einem autobiografischen Text einen Abschnitt vor und bricht die Geschichte an einem Punkt ab, wo sie eine neue Wendung nimmt. Die Erzählung geht zwar in eine bestimmte Richtung weiter, aber sie hätte tendenziell auch andere Entwicklungsmöglichkeiten gehabt. Die Aufgabe der Schüler besteht darin, die Geschichte weiter zu erzählen. Nach einer verabredeten Zeit werden eine oder mehrere weiter gesponnene Geschichten vorgetragen. Im Anschluss unterziehen die übrigen Schüler die vorgetragenen Geschichten einer Plausibilitätsprüfung. Wichtig dabei ist, dass die Geschichte Bezug zu der vorangegangenen Unterrichtseinheit nimmt, da eine Prüfung andernfalls schwerlich zu bewerkstelligen ist. Das ganze Verfahren kann dahingehend variiert werden, dass die Geschichte als Kopie verteilt wird und die Schüler in Gruppen über ihren Fortgang nachdenken. Das Ergebnis kann unter Umständen auch als szenisches Spiel präsentiert werden, wobei dies zumeist schwierig sein wird.

Als Beispiel dient eine Geschichte von Horst Krüger über seine Schulzeit im Dritten Reich.[159]

Horst Krüger

Das Grunewald-Gymnasium

Eine Erinnerung an die Banalität des Bösen

Kurz vor acht klingelte es. Es klingelte laut, sehr schrill. Es klingelte, wie es damals nur in Preußens Schulhäusern klingeln konnte: unerbittlich. Es war Montagmorgen. Damals, als ich als Sextaner hier begann, wurde jeder Wochenanfang noch mit einer geistlichen Morgenandacht eingeleitet, die es in sich hatte: preußisch und protestantisch – präzis zehn Minuten lang.

Unsere Aula: Sie atmete jenen spröden, freudlos-festlichen Geist, den man von evangelischen Kirchen kennt. Man fröstelt da immer etwas. Es roch frisch nach Bohnerwachs. Luthers Wort stand im Raum. Ein kahles Kreuz an der Wand. Eine Bibel auf dem Vortragspult. Sogar über eine kleine Orgel verfügte die Aula. Wir waren etwa fünfhundert Schüler. Wir hockten auf hartem Gestühl. Eine Bibellesung begann. Wir hatten dann einen Choral zu singen. Wir bekamen einige bemerkenswerte Worte von Aristoteles oder Seneca mit auf den Weg; unser Griechischlehrer zitierte. Dann stand der Chef auf: Oberstudiendirektor Wilhelm Vilmar. Steif, streng, gravitätisch ging er zum Pult, wo die Bibel lag. Es wurde ganz still. Er faltete die Hände und sprach uns das Vaterunser vor. An jedem Montagmorgen um acht wurde gebetet.

Mit diesem Mann will ich beginnen, denn er war der letzte gute Geist dieser Schule – vor Hitler. Wilhelm Vilmar war ein strenger, fast asketischer Herr Anfang Sechzig, der aus einer alten Marburger Gelehrtenfamilie stammte. Generationen von Superintendenten und Germanisten hatten diesen klassischen Schulmann geprägt. Es ist mir in Erinnerung: sein schmales, scharf geschnittenes Gesicht mit den dunklen Augen hinter dem blitzenden Kneifer, sein hoher Vatermörder. Im Grunde ein liberaler, ja gütiger Mann, dessen überwältigende humanistische Bildung uns Schülern aber eher Schrecken einjagte. Jeder Blick, jedes Wort war eine Zurechtweisung. Ich habe ihn immer gefürchtet, doch war in diese Furcht auch Ehrfurcht gemischt.

Das alles ist vor fünfzig Jahren gewesen. Es war in Berlin, als ich im Jahr 1930 als Zehnjähriger in jenes Grunewald-Gymnasium eintrat, das noch heute unter dem Namen „Walther-Rathenau-Oberschule“ ziemlich unverändert in der Grunewalder Herbertstraße liegt. Es ist ein langgestreckter grauer Bau, das Vorderteil noch wilhelminisch, der hintere Anbau Neue Sachlichkeit: 1928. Immer noch erfüllt mich so etwas wie sentimentales Schaudern, wenn ich gelegentlich dort vorbeikomme. Schulzeit in Preußen war damals kein Zuckerschlecken. Es war eine ernste, strenge Sache. Eine elitär-liberale Kadettenanstalt für Humanisten, könnte man sagen.

Die Villenkolonie Grunewald galt seit ihrer Gründung um die Jahrhundertwende als ein vornehmes Quartier. Alter Adel, die Beamten und Diplomaten der Weimarer Republik, nach dem Ersten Weltkrieg rasch zu Geld gekommenes Unternehmertum wohnte hier in prächtigen Villen. Auch jüdisches Großbürgertum dazwischen.

Walther Rathenau, der Außenminister der jungen Republik, war hier, wenige Schritte von unserer Schule entfernt, 1922 in der Königsallee von Rechtsterroristen ermordet worden. Liberal-deutschnational möchte ich den Geist von Grunewald vor Hitler nennen. So ganz paßte ich da nicht hin. Ich kam aus dem viel bescheideneren Eichkamp, das gleich hinter der Avus begann: Kleinbürgertum siedelte dort.

[...]

Hitlers Einbruch in diese feste Burg des preußischen Großbürgertums vollzog sich merkwürdig lautlos. Es muß im Sommer 1933 gewesen sein. Eines Tages war Dr. Vilmar, unser Direktor, einfach verschwunden. Man hatte diesen unbestechlichen Mann im Rausch der nationalen Erhebung etwas vorzeitig in Pension geschickt. Wir Schüler wußten davon nichts. Ich war nun Tertianer, lernte Lateinisch, lernte Griechisch, büffelte auch an trockenen mittelhochdeutschen Texten herum. Da kam eines Tages der neue Direktor. Er hieß Wilhelm Waldvogel. Offenbar war er von höchster Parteistelle in diese Brutstätte des protestantischen Humanismus abkommandiert worden. Ist nicht das Klischee oft die Wahrheit?

Er war jedenfalls ein Nazi, wie er im Buche steht: dümmlich, aber sehr stramm; etwas gewöhnlich, aber treu, ein kurzgeschorener Quadratschädel, Anfang Vierzig. Er trug keinen Kneifer mehr, keinen Vatermörder. Irgendwie wirkte er in diesem feudalen Gymnasium komisch. Jedenfalls spürten wir Schüler vor ihm keine Furcht wie früher vor Dr. Vilmar. Wir grinsten. Der Mann roch nach Schweiß.

Montagmorgen: Ich besinne mich genau, daß wir uns jetzt statt in der Aula draußen vor dem Schulhaus um den weißen Fahnenmast zu versammeln hatten. Plötzlich ging es nicht mehr evangelisch, sondern militärisch zu. Beim Morgenappell wurden kernige Sprüche von Schlageter oder Alfred Rosenberg zitiert. Waldvogel erklärte einmal programmatisch, daß es nun vorbei sei mit jener humanistischen Gefühlsduselei, die diese Schule lange genug der nationalen Revolution entfremdet habe.

Jetzt, da die neue Zeit gesiegt habe, werde hier soldatischer Geist einziehen. Und das erlebten wir auch: ... ***Wie wird die Geschichte wohl weitergehen?***

An dieser Stelle bricht die Geschichte ab. Die Aufgabe der Schüler besteht darin, zu erzählen, was sich in der Schule nun alles verändert.

Unter Umständen kann man einige Linien vorgeben, damit die Spekulation nicht zu groß wird:

- Wie begegneten sich Schüler und Direktor?
- Welche Unterrichtsfächer wurden gefördert, welche vernachlässigt?
- Wie empfanden die Schüler den Beginn der Nazi-Zeit?
- Was geschah mit den jüdischen Schülern?

Im Anschluss an die Besprechung der Schülergeschichten wird die Erzählung von Horst Krüger weiter gelesen. Der spielerische Charakter drückt sich hier eher in der phantasievollen Kreativität aus. Darüber hinaus ist die Idee nicht ganz neu.[160]

Es wurde die schwarzweißrote, dann die Hakenkreuzfahne gehißt. Wir grüßten mit dem rechten Arm. Dann sangen wir das Deutschlandlied. Danach das Horst-Wessel-Lied. Kommandos ertönten: Rührt euch! So begann die neue Zeit: zackig, sagten wir damals.

Das Komische ist: Wir Dreizehnjährigen empfanden diesen Einbruch der Barbarei damals keineswegs als bedrückend. Im Gegenteil: Vieles wurde jetzt leichter. Der Lehrplan wurde einfacher. Wir brauchten nun nicht mehr zu Hause so unerbittlich lateinische Grammatik oder griechische Hexameter zu büffeln.

Turnen und Sport waren jetzt wichtig. Die komplizierten Wurzeln unserer roten Logarithmentafeln sanken im Bildungspreis. Luthers Choräle verstummten; anheimelnde Volkslieder wurden geübt. Statt Mittelhochdeutsch mußten wir Gedichte von Agnes Miegel oder Hanns Johst aufsagen. Statt Seneca genügte es, mit wenigen Sätzen aus der >Germania< des Tacitus zu prunken, die die hohe Tugend, vor allem des germanischen Weibes, schon damals priesen. Später wurde uns sogar ein Schuljahr geschenkt: Die Unter- und Oberprima wurden zu einem Jahr vereint. Wie sollte uns Pennäler so etwas bedrücken?

Es war eine merkwürdige Zeit. In meinem Buch >Das zerbrochene Haus< habe ich das Phänomen zu beschreiben versucht. Die »völkische Erhebung« war ja vorwiegend ein musischer Rausch, der durch Deutschland lief. Alles erhob sich immer höher und höher. Man kann sich durchaus wenigstens den Beginn der Nazizeit als ein immerwährendes Turnfest mit sehr vielen Marschliedern vorstellen. »Unsere Fahne flattert uns voran! Unsere Fahne ist die neue Zeit!« So übel sang sich das nicht einmal, wenn wir zum Sport durch die Kolonie Grunewald marschierten. Keiner nahm die Worte ernst.

Niemand glaubte daran, aber schön klang es schon, musikalisch. Ob das heute einer, der es nicht miterlebte, überhaupt noch versteht? Die blutigste Epoche deutscher Geschichte, Hitlers Totentanz, fing, jedenfalls für die Mehrzahl der Bürgersöhne damals, harmlos an. Wir machten uns keine Sorgen. Keine Spur von politischer Angst. Es ist natürlich leicht, heute zu sagen: Aber die Rassengesetze, der Exodus all der jüdischen Klassenkameraden, der dann einsetzte – war das kein Menetekel, kein Signal für das große Morden, das dann später begann? Natürlich war es das, objektiv und vom Ende her gesehen. Die Ehrlichkeit aber zwingt mich zu sagen: Von uns Unbetroffenen wurde das so dramatisch gar nicht erfahren. Geschichte, wenn sie geschieht, ist eher trivial. Nur selten ist das Leben heroisch; meist ist es banal.

Kurt Simon, Fritz Goldstrom, Hans Leiser, Gerhard Dreifuß: das waren jüdische Schüler, zu denen es mich zog. Sie waren intellektueller, witziger, kesser. Das zog mich an. Sie verschwanden in den Jahren 1933 und 34 langsam, wie auch Dr. Vilmar verschwunden war. Nicht unbemerkt von mir. Ich spürte Verluste. Sie wurden von ihren Eltern gelegentlich abgemeldet: der eine in eine jüdische Schule in Charlottenburg, der andere in ein Internat bei Lausanne. Fritz Goldstrom, so hieß es, würde mit seinen Eltern nach Palästina auswandern. Wir kannten das Land nur vom Religionsunterricht. Da konnte man tatsächlich hinfahren, wo Jesus gelebt hatte? Wir fanden das komisch, vergaßen es dann.

Eine Weile war ich glücklich, Dr. Gerstenberg als Englischlehrer zu haben. Dr. Gestenberg war offenbar Oberstudienrat am Französischen Gymnasium gewesen, dann aber, weil er als »Dreivierteljude« galt, zunächst zu uns zurückversetzt worden. Ich habe diesen noblen Mann, der mit seinen eleganten Schneideranzügen und mit seinen vollen, silbergrauen Haaren auf mich immer wie ein Lord wirkte, verehrt. Aber als er dann weg war, es hieß, er sei nach London gegangen, habe ich ihn auch langsam vergessen. Es waren alles Einzelfälle. Der große Zusammenhang wurde nicht klar.

Ich weiß, das schmeckt heute nicht. So will man's nicht hören. Hinterher will man immer Hitler oder blutige Opfer. Aber so großartige Szenen kann ich nicht erinnern. Der Alltag in dieser Schule ist unglaublich banal gewesen, für mich. [...]

(Krüger, Horst, Das Grunewald-Gymnasium, in: Reich-Ranicki, Marcel (Hrsg.), Meine Schulzeit im Dritten Reich. Erinnerungen deutscher Schriftsteller, München ^{5}1993, S. 40-44)

Das Bündnis der Kuscheltiere

Eine relativ anspruchslose, aber wirkungsvolle Art, mit Puppen, respektive Kuscheltieren zu arbeiten, besteht darin, die Bündnispolitik Bismarcks und deren Änderung nach 1890 mithilfe von solchen Tieren zu demonstrieren. Zunächst sollte man die Schüler auffordern, kleine Kuscheltiere (ca. 10-15 cm groß) mitzubringen: darunter womöglich einen Bären, einen Hund (am besten Bulldogge) und einen Hahn. Die Aufgabe des Lehrers ist es, unterschiedlich gefärbte Bindfäden, kopierte Fähnchen, die die sechs europäischen Großmächte symbolisieren, Schaschlikspieße aus Holz und Kärtchen mit Jahreszahlen mitzubringen. Die Kärtchen enthalten folgende Angaben:

1879 Zweibund DR – ÖU	1881 Dreikaiserbündnis	1882 Dreibund	1887 Rückversiche- rungsvertrag
1887 Orientdreibund	1894 Zweibund F – RU	1904 Entente cordiale	1907 Brit.-russ. Ausgleich

Die Fähnchen sollen so aussehen:

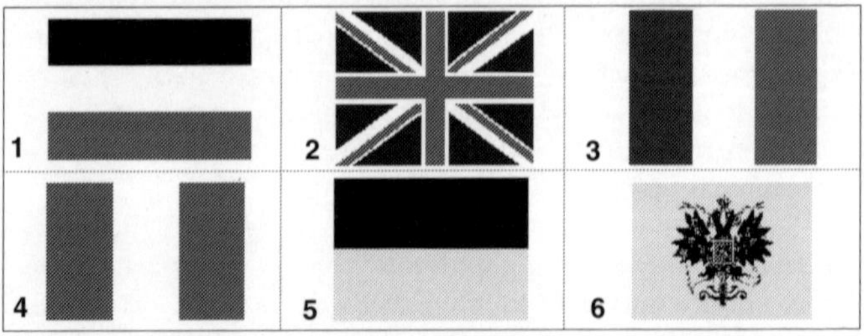

1) „Schwarz-weiß-rot" steht für das Deutsche Reich. Kuscheltier: beliebig
2) Der „Union Jack" steht für England. Kuscheltier: Hund
3) „Blau-weiß-rot" steht für Frankreich. Kuscheltier: Hahn
4) „Grün-weiß-rot" steht für Italien. Kuscheltier: beliebig
5) „Schwarz-gelb" steht für Österreich-Ungarn. Kuscheltier: beliebig
6) „Adler auf gelbem Grund" steht für Russland. Kuscheltier: Bär

Die Fähnchen können auch beschriftet werden. Die Aufgabe der Schülergruppen besteht darin, das Bündnissystem Bismarcks und anschließend dessen Veränderung nach 1890 mithilfe der Materialien und des Schulbuchs darzustellen.

Didaktisch dient die Inszenierung der Veranschaulichung der Grafiken der Bündnisse (s. Kap. 5.4.3, Abb. 22), die in vielen Schulbüchern vorhanden sind, und der Frage nach den Gründen der Veränderung der Systems. Sinnvoll angewendet werden kann diese Inszenierung daher vor der Behandlung des „Neuen Kurses" unter dem neuen Kaiser seit 1890. Wem das Verfahren mit mehreren Schülergruppen zu umständlich ist, der kann die Sache auch im Lehrervortrag vorführen.

Ein szenisches Spiel: Militarismus im Kaiserreich

Literarische Vorlagen für den Geschichtsunterricht zu gebrauchen, ist nicht unproblematisch. Wenn man dies tut, sollte Klarheit darüber bestehen, dass literarische Texte, auch wenn sie noch so wirklichkeitsgetreu scheinen, Perspektive und Urteil des Autors widerspiegeln und nicht als Quelle für den Inhalt ihrer Darstellung angeboten werden können. Dennoch eignen sich manche „historische" Dramen für den Gebrauch im Unterricht, wenn man diesen Zusammenhang nicht unterschlägt. Denn „das inszenierte historische Drama hat die besondere Fähigkeit, Geschichtliches in die unmittelbare sinnliche Gegenwart zu heben."[161]

Das übertriebene Erscheinungsbild des preußischen Militarismus, der im wilhelminischen Deutschland seine Blüte erlebte, erschien bereits manchen Zeitgenossen wie eine Karikatur seiner selbst. Ein bekanntes Theaterstück, das die Militarisierung der Gesellschaft im Kaiserreich der Lächerlichkeit preisgibt, ist der „Hauptmann von Köpenick" von Carl Zuckmayer (1896-1977). Der Autor, der in seiner Kindheit diese Gesellschaft noch selbst erlebt hat, kann beinahe als Augenzeuge betrachtet werden. Gleichwohl wird der historische Stoff um den realen Schuster Voigt erst unter den Händen Zuckmayers zur Persiflage auf das kaiserliche Deutschland. Der Schuster Voigt des Dramas, der nach einem Gefängnisaufenthalt versucht, ins bürgerliche Leben zurückzufinden, überzeichnet den wilhelminischen Staat dadurch, das er dessen scheinbaren Kern in einer angemaßten Hauptmannsuniform als ausschließlich äußere Obrigkeitshörigkeit entlarvt.

Es kommt nun nicht in Betracht, das ganze Stück zur Aufführung zu bringen, sondern eine einzelne Szene herauszugreifen, die in besonderer Weise geeignet ist, das Historische in die „sinnliche Gegenwart" zu heben. Dazu bietet sich die Gefängnisszene in der Zuchthauskapelle in Sonnenburg (2. Akt, 8. Szene) an. Die bürgerliche Welt des Direktors und die mehr oder weniger proletarische der Insassen des Gefängnisses treffen in dieser Szene in schreiend komischer Weise aufeinander. Der Direktor „unterrichtet" die Sträflinge am Sedanstag in Militärstrategie, was er für den besten Weg für deren mögliche Resozialisierung hält.

Für die methodische Umsetzung bieten sich mehrere Möglichkeiten an. Die einfachste besteht darin, die Schüler den Text mit verteilten Rollen vorlesen zu lassen. Etwas aufwändiger, aber auch effektvoller ist eine Art Hörspiel-Inszenierung. Dazu wählt man Schüler für die vorhandenen Rollen aus, geht mit diesen den Text durch und gibt entsprechende Regieanweisungen. Man kann die Szene aber auch mit der ganzen Klasse spielen, da genügend, wenn auch stumme Rollen für alle vorhanden sind. Wirkungsvoller ist es allerdings, wenn einige Schüler zuschauen, da die Szene im Anschluss dann besser interpretiert werden kann.

Didaktisch bedeutsam sind folgende Punkte:

- Bedeutung des Militärischen im kaiserlichen Deutschland.
- Formung der gesamten Gesellschaft durch militärische Strukturen.
- Gegensätzliche Lebenswelten einer Klassengesellschaft.
- Habitus des preußischen Beamtentypus.
- Bürgerliche Lebensentwürfe.
- Ausgrenzung von und Partizipation an den gesellschaftlichen Strukturen von ähnlichen sozialen Typen (Insassen – Aufseher).
- Darstellung eines lebensfremden Unterrichts durch den Direktor, wie er auch in (Volks-)Schulen üblich war.

Material:

Carl Zuckmayer, Der Hauptmann von Köpenick

ZWEITER AKT, ACHTE SZENE

Personen: Zuchthausdirektor, Anstaltsgeistlicher, Aufseher, Sträflinge, darunter Wilhelm Voigt.

Die Zuchthauskapelle in der preußischen Strafanstalt Sonnenburg. Sie gleicht einem nüchternen Vortragssaal mit erhöhtem Podium. Die einzelnen Sitze für die Sträflinge sind durch hohe Rücklehnen und gleich hohe Seitenwände voneinander getrennt, so daß jeder für sich allein in einem nach vorne offenen Holzkasten sitzt. Vergitterte Fenster. Wachen rechts und links am Ausgang. Die Aufseher sitzen abgesondert auf Stühlen.

DER ANSTALTSGEISTLICHE *steht auf dem Podium, dirigiert*

DIE GEFANGENEN *stehend, mit Gesangbüchern in der Hand, singen den Choral:*

»Bis hierher hat uns Gott geführt
In seiner großen Güte –«

DER GEISTLICHE *nach Schluß der Strophe* Genug für heute. Gesangbücher einsammeln.

DIE AUFSEHER *sammeln ein.*

GEISTLICHER An Stelle einer Predigt wird heute zur Feier des vierzigsten Jahrestages unseres großen Sieges bei Sedan der Herr Direktor persönlich eine Stunde vaterländischen Unterricht abhalten.

EIN STRÄFLING *unsichtbar* Ahh -!

GEISTLICHER Wer war das? Nun, ich will annehmen, daß dies ein Laut aufrichtiger Freude war. Ihr wißt alle, wie viele Bevorzugungen und Erleichterungen ihr der Güte eures Direktors zu verdanken habt. Benehmt euch darnach. Hinsetzen. *Er geht.*

DIE GEFANGENEN *setzen sich.*

DIREKTOR *tritt ein. Die Gefangenen springen auf. Der Direktor ist ein würdiger Herr mit langem, grauem, in der Mitte zwiegeteiltem Bart. Über dem Bart ein rundes, rosig freundliches Gesicht mit glänzender, glatter Stirn. Er trägt einen grauen Anzug mit langen Rockschößen* Guten Morgen, Leute!

DIE GEFANGENEN *brüllen* Guten Morgen, Herr Direktor!

DIREKTOR *auf dem Podium* Abzählen!

DIE GEFANGENEN *zählen auf militärische Weise ab, von 1 bis 30.*

DIREKTOR Recht so! Das klappt schon ganz vorzüglich. Eins bis sieben Kavallerie, acht bis zwölf Artillerie, dreizehn bis vierundzwanzig Infanterie, der Rest Genietruppen[1], Train[2] und Sanität. Setzt euch!

DIE GEFANGENEN *setzen sich.*

DIREKTOR Wir ihr wißt, schreiben wir heute den zweiten September. Da fällt mir übrigens ein, morgen, am dritten September, findet doch eine Entlassung statt. Wer ist das gleich?

VOIGT *steht auf.*

DIREKTOR Ah, Sie sind das, Voigt, nicht wahr?

VOIGT Jawohl, Herr Direktor.

DIREKTOR Wie lange waren Sie jetzt bei uns?

VOIGT Zehn Jahre, Herr Direktor.

DIREKTOR Weswegen sind Sie eigentlich hergekommen?

VOIGT Wegen Einbruch ins Potsdamer Polizeirevier. Ick wollte mir da –

DIREKTOR Ja, richtig. Nun, lieber Freund, Sie haben sich durch eine untadelige Führung und durch Ihre Arbeitsamkeit die Schätzung Ihrer Vorgesetzten erworben. Hoffen wir, daß – aber darüber wollen wir uns morgen noch unterhalten, nicht wahr?

VOIGT Gern, Herr Direktor.

[...]

DIREKTOR Also wir haben uns hier zusammengefunden zur Feier des zweiten September, des Sedantags. Sechzig Millionen deutsche Herzen schlagen höher bei dem Gedanken, daß heute vor vierzig Jahren unser glorreiches Heer auf blutiger Walstatt den entscheidenden Sieg errang, der uns erst zu dem gemacht hat, was wir sind. Viele unserer Mitbürger gedenken heute in stolzer Freude eines ihrer Anverwandten, der diesen Sieg mit erringen half. Auch ich hatte, wie ihr wißt, das unvergeßliche Glück, als junger Kriegsfreiwilliger an diesem großen Tage vor dem Feind zu stehen. Dieses höchste Glück, einen Krieg fürs Vaterland mitzumachen kann natürlich nicht jeder Generation beschieden sein. [...] Wie ihr wißt, war es mir persönlich vergönnt, an der Erstürmung der außerordentlich wichtigen Höhe 101 teilzunehmen, eine Aktion, welche zwar nicht die Entscheidung herbeiführte, aber immerhin dazu beitrug. General der Infanterie von der Tann stand mit nur drei kriegsstarken Divisionen einer Übermacht von vier feindlichen Armeekorps unter Führung des französischen Generals Boulanger gegenüber. Unterstützt wurde unsere Aktion durch die Artillerie des Dritten Korps und die Erste Bayrische Kavalleriedivision unter Generalleutnant Fürst Donnersmarck. – Über die Stärke und Einteilung der verschiedenen Truppenverbände seid ihr euch hoffentlich noch im klaren. Wie ist die Gliederung eines Armeekorps beschaffen? – Bulcke!

BULCKE *ein langer Kerl mit riesigen Händen, leiert herunter* Ein Armeekorps besteht aus zwei Infanteriedivisionen, die Division zu je zwei Brigaden Infanterie, einer Kavallerie- und einer Artilleriebrigade. Die Brigade besteht aus –

DIREKTOR Danke, na, Sie waren Soldat, das merkt man. Aus wieviel Kompanien besteht ein kriegsstarkes Infanterieregiment? – Pudritzki!

PUDRITZKI *klein, mit sehr starkem Stoppelwuchs und polnischem Akzent* Is sich – ise sich verschiddn, Härr Drrektrr.

DIREKTOR Unsinn! Sie lernen's nie, setzen Sie sich. Wer weiß es?

VOIGT *meldet sich unter anderen*

DIREKTOR Gut, Voigt, Sie brauchen es nicht zu sagen, ich will Ihnen eine schwerere Frage stellen. Was versteht man unter einer Kavalleriedivision?

VOIGT *klar, ohne zu stocken* Eine Kavalleridivision ist eine selbständige Formation, welche direkt der Armee unterstellt ist und über deren Einsatz das Armeeoberkommando je nach der Lage verfügt. Sie besteht aus drei, manchmal vier Kavallerieregimentern, denen eine Abteilung berittener Feldartillerie zur Unterstützung beigegeben ist.

DIREKTOR Bravo, Voigt! Sehr gut der Voigt! Sie haben hier ordentlich aufgepaßt und auch was gelernt. Sie werden sehen, daß es Ihnen im späteren Leben einmal von Nutzen sein wird. Treten Sie mal heraus, Sie übernehmen die Führung der Sturmregimenter, es ist ja heute das letztemal, daß sie an unserer Übung teilnehmen. Aufseher Lorenz, teilen Sie sechs Mann ein, zwei von jeder Haupttruppengattung, die Pioniere und die Etappe brauchen wir erst später, beim Vormarsch.

AUFSEHER *ziemlich barsch* Los, eins zwei, eins, zwei, eins, zwei, raustreten.

DIREKTOR Hier herauf, aufs Podium, damit alle sehen können. Bulcke, Sie markieren die Bayrische Kavalleriedivison. Voigt mehr nach vorne, diese beiden stehen hinter Ihnen, die stellen das Zweite und das Dritte Westpreußische Grenadierregiment dar. Nein, mehr rüber, hier ist eine Bodenfalte, rechts davon ein Sumpf. Die Artillerie unterhalb des Podiums in Deckung gehen, so ist's recht, ducken, ducken. Ihr tretet erst in Erscheinung, nachdem der erste Kavallerieangriff zurückgeschlagen ist. Da, wo ich stehe, ist die Hauptmacht des Feindes zu denken, und dieser Stuhl markiert die Höhe 101. Es ist elf Uhr vormittags, gradeaus im Gelände erkennen wir eine Windmühle, dahinter steigt ein weißes Wölkchen auf. Was bedeutet das, Bulcke?

BULCKE Schlecht Wetter, Herr Direktor.

DIREKTOR Aber Bulcke, von Ihnen hätte ich eine andre Antwort erwartet! Es handelt sich natürlich um das Mündungsfeuer feindlicher Artillerie.

BULCKE Verzeihung, Herr Direktor, Se hatten das letztemal jesagt, daß es um elfe an zu trippeln fing, und da hatt ick nu jemeint –

DIREKTOR Richtig, Bulcke, das macht die Sache wieder gut, ich wußte doch, daß Sie aufpassen. Ein vorübergehender leichter Strichregen hat die Sicht etwas erschwert. Aber gegen Mittag hellt es sich wieder auf. Während nun die Kavallerie in leichtem Trab in Richtung auf die Windmühle zu vorrückt – los, los – nein, mehr hier rüber. Sie kommen ja mit Ihrem rechten Flügel in Sumpfgelände! – was tun Sie da, Voigt?

VOIGT Ick halte mir bereit und lasse auf alle Fälle mal ein Regiment ausschwärmen. Das Kommando gebe ich durch meinen Stabstrompeter. *Er ahmt das betreffende Signal nach.*

DIREKTOR Bravo, Voigt! Sie erfassen die militärische Situation, als wären Sie selbst dabeigewesen. Wo haben Sie das nur her?

VOIGT Det hat 'n Preuße im Blut, Herr Direktor. *Wendet sich zu seinem Hintermann* In Gruppen rechts schwenkt – marsch! Grade – aus! Ohne Tritt – marsch!

DIREKTOR Nanu, was is denn, wo lassen Sie denn den Mann hinmarschieren?
VOIGT Das is det Zweite Regiment, Herr Direktor, det is jetzt in Reserve, da laß ick's inzwischen an de Feldkiche marschieren. Wenn die ihre Suppe drin haben, denn sindse nachher frisch.
DIREKTOR Hervorragend, Voigt! Beispielgebend! *Zu den andern* Das ist diejenige denkende Selbständigkeit des Unterführers, die im Ernstfall benötigt wird. Ein Jammer, daß es zu spät ist, Voigt! Sie sind der geborene Soldat, trotz Ihrer O-Beine. Aber jetzt setzt sich die Kavallerie in Galopp und geht zur Attacke über! Vorwärts marsch!
BULCKE UND DIE ANDEREN *stürmen los* Hurra! Hurra!
Dunkel.

[1] Pionier-, Bautruppen

[2] Tross, Versorgungseinheiten

(Zuckmayer, Carl, Der Hauptmann von Köpenick, in: ders., Werkausgabe in 10 Bänden 1920-1975, Bd. 7: Stücke 1, Frankfurt/M. 1976, S. 370-375)

Standbilder
Als Grundlage für Standbilder dienen in der Regel Abbildungen, deren Aussage durch diese Methode entschlüsselt werden soll. In Frage kommen dafür ebenso zeitgenössische Gemälde wie Fotografien oder auch Statuen und Reliefs. Sind auf der Abbildung mehrere Personen dargestellt, erhält eine Schülergruppe den Auftrag, diese Personen möglichst genau nachzubilden. Ein oder zwei Schüler fungieren dabei als Modelleure oder Konstrukteure des Standbildes. Ihre Aufgabe besteht darin, aus den Personen nach und nach das zugrunde liegende Bild stumm zu „modellieren".

Die ursprüngliche Idee des Standbildes ist die Sichtbarmachung der „körperlich-anschaulichen Darstellung der sozialen Erfahrung, der Haltungen und Phantasien des Standbildbauers"[162] was für die Zwecke der historischen Bildinterpretation nicht in erster Linie gelten kann. Hier geht es eher darum, sich der Aussage des Bildes mithilfe der Empfindungen der Schüler zu nähern, die das Bild aufbauen und nachstellen. Der Modelleur sucht sich aus der Gruppe diejenigen Schüler aus, die diese oder jene Person auf der Abbildung am besten verkörpern. Haltung, Gestik und Mimik der Schüler, die das Standbild darstellen, werden vom Modelleur entweder per Hand korrigiert oder selbst vorgemacht, bis die endgültige „Fassung" erreicht ist. In dieser Phase müssen die Schüler etwa eine Minute „erstarren", um sich „selbst meditativ in die eingenommene Haltung einzufühlen und um den Beobachtern Gelegenheit zu geben, das entstandene Bild wirken zu lassen."[163]

Der Vorteil von Bildern als historische Quellen für den Geschichtsunterricht liegt zweifellos darin, dass „ein Bild Informationen zu transportieren vermag, die mit sprachlichen Mitteln nicht zu überliefern sind."[164] Gleichwohl steht der Unterrichtende dabei vor dem Problem, eine unreflektierte Gleichsetzung von Abbildung und Wirklichkeit zu verhindern.[165] Damit ist auch die manipulative Gefahr von Bildern aufgezeigt, wenn sie lediglich zur unkommentierten Veranschaulichung benutzt werden. Denn die visuellen Eindrücke prägen zwar intensiv das Bewusstsein des Betrachters, aber verfälschen es unter Umständen gleichzeitig, solange sie im vorsprachlichen Bereich verharren.

Standbilder bieten eine Möglichkeit, dem schwierigen Gehalt von Bildern nachzuspüren. Da die Schüler drei unterschiedliche Gruppen bilden (Modelleur – Darsteller – Beobachter), können die verschiedenen Perspektiven erfasst werden, die in dem Bild zum Ausdruck kommen. Bei der Thematisierung der verschiedenen Ebenen, besonders auch in Verbindung mit der originalen Abbildung, wird vor allem der Unterschied zwischen dem Inhalt der Darstellung und den Absichten des Künstlers oder Fotografen deutlich. Von hier aus ist es nur noch ein kleiner Schritt zur Feststellung, dass auch Bilder nur eine Interpretation der Wirklichkeit sind.

Als Beispiel wurden hier Bilder aus dem Bereich der Schule[166] gewählt (s. S. 94). Es handelt sich um zwei Fotos aus dem 19. Jahrhundert. Auf den Darstellungen zum 19. Jahrhundert werden einige Besonderheiten des Schullebens deutlich. In der Volksschulklasse befinden sich Jungen und Mädchen ganz unterschiedlicher Jahrgänge. Das Bild erinnert an die Darstellung einer Ständegesellschaft. Der Lehrer thront wie ein König über seinen Schülern, sein Blick ist dem Betrachter abgewandt, wie man es auf zahlreichen Herrscherportraits beobachten kann. Ein wenig unterhalb, gleichwohl in der Nähe der „Macht" befinden sich die ältesten Schüler, die unter Umständen kurz vor ihrer Entlassung aus der Schule standen. Im Unterschied zu den kleinen Schülern im Vordergrund wirkt ihre Kleidung bereits erwachsen. Die „Mittelschicht" bilden die älteren Mädchen und die mittleren Jungen. Im Vordergrund sitzend befinden sich die kleineren Kinder gewissermaßen als „Unterschicht". Besonders entspannt wirkt die Atmosphäre nicht, einige der Kinder schauen direkt missmutig.

Im Gegensatz dazu bilden die Gymnasiasten einen – ebenso gestellten – Kreis um ihren Lehrer. Die zentrale Funktion des Lehrers wird dadurch

Abb. 17: Volksschulklassse, um 1890 (links); Gymnasialklasse, um 1895 (rechts) (AKG Berlin)

zwar ebenfalls betont, aber zumindest die Gleichheit der um ihn drapierten Schüler wird herausgestellt: Kreise sind demokratisch. Die Mimik der Gymnasiasten unterscheidet sich stark von den angestrengt skeptischen Blicken der Volksschüler. Voller Selbstbewusstsein schauen sie „in die Zukunft", wissend, dass sie mit dem Abitur eine Eintrittskarte in die bevorzugte Welt der oberen Schichten erwerben. Ebenfalls von Belang ist die Tatsache, dass hier natürlich keine Mädchen vorhanden sind.

Mit der Herstellung von Standbildern dürften die genannten Aspekte von den Schülern zu entschlüsseln sein. In diesem Fall eignet sich die Methode als Einstieg für eine Unterrichtstunde zur Schule im Kaiserreich, denn wesentliche Feststellungen zur sozialen Selektionsfunktion des Schulwesens sind damit bereits zu machen. Weitergehende Fragen der Schüler können in eine Phase der Hypothesenbildung münden, die wiederum Grundlage für eine quellengestützte Auseinandersetzung mit dem Thema sein mag. Für den Bereich des Volksschulunterrichts, der größtenteils auf die Disziplinierung der Kinder abgestellt war, kann man auf der Grundlage folgender Quelle nachspielen, wie sich ein Schulrat die Praxis des Unterrichts in der Volksschule vorstellte.

Anweisungen eines Schulrats für Lehrer, 1903

Damit jede Störung des Unterrichts unmöglich gemacht werde, hat der Lehrer ... darauf zu halten: a) dass alle Schüler ... gerade ... und in Reihen hintereinander sitzen ... b) dass jedes Kind seine Hände geschlossen auf die Schultafel legt ... c) dass die Füße parallel nebeneinander auf den Boden gestellt werden ... [Zur Heraufnahme von Büchern gilt folgendes]: Die Kinder haben die betreffenden Lernmittel in 3 Zeiten heraufzunehmen und hinwegzutun. Gibt der Lehrer ... zum Heraufnehmen des Lesebuchs ... das Zeichen „1", dann erfassen die Kinder das unter der Schultafel liegende Buch; beim Zeichen „2" erheben sie das Buch über die Schultafel; beim Zeichen „3" legen sie es geräuschlos auf die Schultafel nieder, schließen die Hände und blicken den Lehrer an ... Alle breiten Auseinandersetzungen und Reden müssen wegfallen; hier muss ein Wink des Auges ... oder der einzige ... Ausruf: „Klasse – Achtung!" genügen, um die gesamte Schulordnung herzustellen.

(Kehr, C., Wegweiser zur Führung einer geregelten Schuldisziplin, in: Praxis der Volksschule, Gotha 1903, S. 65 ff. Zit. nach: Schmid, Heinz Dieter, Fragen an die Geschichte, Bd. 3, Frankfurt/M. 1981, S. 259)

5.3 Rollenspiele

Den Begriff des Rollenspiels im geschichtsdidaktischen Zusammenhang anzuwenden, erweist sich als sehr schwierig. Ähnlich wie der Begriff „Spiel" sind auch die Begriffe „Rolle" und „Rollenspiel" mit unterschiedlichen Inhalten befrachtet, da mehrere Wissenschaften auf diese Kategorien zurückgreifen. Es scheint nicht auszureichen, den Rollenbegriff soziologisch oder pädagogisch (s. Kap. 3.2) zu füllen, sondern es treten, legt man seine Verwendung in der Literatur zugrunde, weitere Merkmale hinzu, etwa am Theaterspiel orientierte oder psychoanalytisch geprägte, soweit in der Spielhandlung Projektionen des Spielers auf die Rollenfigur stattfinden.[167] In der geschichtsdidaktischen Spielliteratur wird nun alles Mögliche als Rollenspiel bezeichnet, wenn Schüler nur irgendeine Rolle übernehmen. Orientiert man sich aber an pädagogischen oder soziologischen Kriterien, sind die entsprechenden Spielvorschläge kaum als Rollenspiel, sondern eher als Imitations- oder Simulationsspiel zu verstehen (s. Kap. 5.2 und 5.4).

Sowohl beim spontanen als auch beim gelenkten Rollenspiel steht die Verarbeitung *eigener Erfahrung* im Vordergrund. In diesem Sinne haben Rollenspiele durchaus ihren Platz im Schulalltag, vor allem in der Grundschulpädagogik. Doch auch die Fächer Politik, Gemeinschaftskunde, Religion oder Deutsch greifen bisweilen auf diese Methode zurück. Hier dient das gelenkte Rollenspiel der Verdeutlichung und Bewältigung ausgewählter gesellschaftlicher Problemzusammenhänge. „An problemorientierten Inhalten und Situationen, die nach Möglichkeit einen unmittelbaren Bezug zur Realität aufweisen, sollen gesellschaftliche und zwischenmenschliche Konflikte erkannt und deren Lösung interaktiv und alternativ im Spiel herbeigeführt werden in der Hoffnung, daß der junge Mensch die gelernten Strategien später in der Ernstsituation anwenden kann."[168]

Der Gedanke, dieses Konzept auf die Vergangenheit zu übertragen und zum historischen Lernen zu nutzen, ist naheliegend. Dem Rollenspiel wurden daher zu Beginn der Diskussion um seine Nutzbarkeit im Geschichtsunterricht verschiedene Vorzüge unterstellt:[169] Man könne die Wertvorstellungen möglichst vieler gesellschaftlicher Gruppen (Multiperspektivität) berücksichtigen. Die Handlungsspielräume und Intentionen sozialer Gruppen und Individuen einer historischen Epoche könnten stärker in das Blickfeld gebracht werden. Es biete sich an „typischen" Konflikten die Chance des exemplarischen Lernens. Man könne sich mit „einzelnen historischen Personen identifizieren" und „Ziele und Entschlüsse jeder der am Spiel teilnehmenden Personen zu einem System" zusammenfügen und „zu einem übergreifenden Zielkomplex" ordnen.

Wenig Gedanken machte man sich jedoch um die für die Verwirklichung solcher Ziele unentbehrlichen Sachinformation. Der Hinweis auf die Notwendigkeit „historischen Mindestwissens"[170] zur Durchführung eines Rollenspiels übergeht eines der methodisch größten Probleme des Verfahrens. Denn das „Mindestwissen" muss schon beträchtlich groß sein, um zu einem halbwegs plausiblen Spielgeschehen zu gelangen.[171] Bei Rollenspielen, die sich auf die Gegenwart oder die eigene Vergangenheit beziehen, müssen die sachlichen Randbedingungen eines Konflikts nicht thematisiert werden, weil sie aus der Erfahrungswelt der Schüler stammen. Dies sieht bei einem Konflikt der Vergangenheit ganz anders aus. Selbst wenn man ein „lebensweltliches" Problem wählt.

Man könnte zum Beispiel an einen Lehrer-Schüler-Konflikt in einer städtischen Bürgerschule Ende des 19. Jahrhunderts denken. Jeder, der sich mit dieser Problematik beschäftigt hat, weiß, dass ein ganzes Universum an Informationen notwendig ist, um einen solchen Konflikt aus seinen damaligen sozialen Implikationen heraus zu verstehen. Hinter einem vordergründigen Autoritätskonflikt verbergen sich spezifische staatliche Disziplinierungsforderungen an die Schule, gesellschaftliche Selektionsansprüche an die Lehrer, persönliche soziale Ressentiments von Lehrern und Schülern, Standesdünkel und vor allem ganz spezifische individuelle Erfahrungen der am Konflikt Beteiligten. All das würde in einem Rollenspiel kaum sichtbar werden.

Man könnte nun einwenden, das historische „Verstehen“ verlange geradezu nach Identifikationen mit historischen Objekten und die Übernahme einer Rolle sei eine schülergemäße Form des „Verstehens“. „Wir vermögen historische Erscheinungen des Menschlichen zu fassen, weil wir selbst Menschen sind, unsere Vorgeschichte zu rekonstruieren, weil wir aus ihr hervorgegangen sind.“[172] Das damit verbundene Vorgehen meint aber gerade nicht *intuitive* Erkenntnis, „wenn man darunter versteht, ein Historiker könne sich einfach in den Horizont früheren menschlichen Lebens versetzen oder einfühlen.“ Das heißt, die historische Erkenntnis verlangt nicht, uns in einen anderen *hineinzuversetzen*, sondern vielmehr einen Abstand zwischen uns und dem Objekt zu überwinden, also das *Andere* zunächst einmal wahrzunehmen. Erst in dem „Bewußtsein dieses Abstandes“ entsteht historische Erkenntnis. „Sie ist Selbsterkenntnis in dem Sinn, daß unser ‚Selbst‘ durch ein ‚Anderes‘ erhellt werden soll.“

In diesem Zusammenhang bei einem Rollenspiel geschichtsdidaktisch vertretbare Ergebnisse zu erzielen, dürfte sehr schwer sein. Klaus-Ulrich Meier-Schreiber hat in einer Untersuchung festgestellt, dass 18 von 62 Schüleräußerungen in einem Rollenspiel historisch situationsangemessen waren. 25 Äußerungen waren gegenwartsbezogen, bewegten sich aber auf einer historisch möglichen Ebene. Die restlichen Einlassungen der Schüler waren historisch unangemessen oder eher im Kontext der Gruppendynamik zu verstehen.[173] Es ist zumindest fraglich, ob der Sinn eines historischen Rollenspiels darin liegen kann, „in aller Deutlichkeit“ zu zeigen, „was in den Köpfen der Schüler an ‚falschen‘ Vorstellungen enthalten ist.“[174]

Ähnliche Einwände lassen sich an Peter Schulz-Hageleits Konzept des Rollenspiels anbringen. Er sieht in der Rollenübernahme Chancen für den so genannten *Erfahrungsunterricht*. In jüngeren Aufsätzen[175] beschreibt der Autor, was er unter dem Terminus *Erfahrung* versteht: Erfahrungen entstehen „in einem Mischfeld von eigenen Aktivitäten, sinnlich-körperlichen Wahrnehmungen und *reflexiver Verarbeitung*“.

Sie seien individuell und immer subjektiv. Das gelte für die Gegenwart wie für die Vergangenheit gleichermaßen. In persönlicher Erfahrung manifestiere sich eine „Bedeutung", die einem bestimmten Erlebnis oder Ereignis zugewiesen werde. Dadurch komme Erfahrungen ihre didaktische Relevanz zu, hier gebe es den Berührungspunkt zwischen Geschichte und Lebensgeschichte, denn auch frühere Menschen hätten diesen Prozess durchgemacht. Diese „vergangenen" Erfahrungen seien für uns zugänglich in Autobiografien, unter Umständen in Zeitungsberichten oder auch in veröffentlichten Interviews der Oral History. Auf diese Weise dokumentierte Alltagserfahrungen hätten im didaktischen Kontext die Funktion einer Brücke zur gegenwärtigen Lebenswelt der Schüler. Dabei müsse man aber unbedingt zwischen Erfahrungen auf der Objekt- oder Inhaltsebene (Quellenmaterial) und der Subjekt- und Kommunikationsebene (unterrichtliche Alltagswelt) unterscheiden.

In „normalen" Unterrichtsverfahren lassen sich solche vergangene Erfahrungen aufgrund der analytischen Distanz gut erschließen. Und selbstverständlich geht es dabei auch um Berührungen und Begegnungen, die zwischen „Geschichte und Lebensgeschichte" hergestellt werden sollen, wenn Schüler gewahr werden, dass die Beschreibungen in den Quellen auch etwas mit ihnen selbst zu tun haben. Man kann sagen, es sei geradezu die Kernaufgabe des Unterrichts, Situationen zu schaffen, die solche Berührungen ermöglichen. Dennoch tut man gut daran, nicht eine Art Erweckungserlebnis zu inszenieren, das dann einer rationalen Klärung gar nicht mehr zugänglich ist.[176]

Das Rollenspiel in diesen Erfahrungskontext zu übertragen, wie es Schulz-Hageleit tut, ist vor dem Hintergrund des Gesagten sehr problematisch. Spielen sei für ihn eine „didaktisch inszenierte Begegnung zwischen Geschichte und Lebensgeschichte."[177] Bei Vorübungen zu einem Spiel zum Bergarbeiterstreik von 1889 seien Schüler in der Rolle der Bergleute auf dem Weg zum Bergwerksbesitzer, um sich zu beschweren, aufgrund „der ungewohnten Unterrichtsform" befangen und unsicher gewesen. Der Autor sieht hier eine Parallele zu den „historischen" Bergarbeitern, die nach der vorliegenden Quelle ebenfalls verlegen und ängstlich waren.

Dieses Konstrukt ist in hohem Maße unzulässig. Die Voraussetzungen für die emotionalen Befindlichkeiten sind völlig verschieden, denn es handelt es sich bei den Bergarbeitern um Individuen, die aufgrund besonderer sozialer Umstände am Ende des 19. Jahrhunderts, die sich von den heutigen sehr unterscheiden, so und nicht anders reagierten. Zu nennen wäre hier nicht zuletzt das spezifische Gerechtigkeitsempfinden vieler Arbeiter, das nicht so sehr einem demokratisch-solidarischem

Wertesystem entsprang, als häufig noch vormodernen Vorstellungen von Gerechtigkeit, beziehungsweise gerechter Herrschaft verhaftet war.[178] Dazu kommt, dass eine Spielhandlung immer ohne Konsequenzen für das wirkliche Leben bleibt, die Arbeiter hingegen mit hohem Einsatz kämpften.

Eine Gleichsetzung der beiden Vorgänge würde zu völlig falschen Schlüssen führen, die Schüler würden in eine anachronistische Falle tappen. Das historische Lernen wäre nur ein Pseudo-Lernen. Auch bei noch so großer Informationsfülle wird sich die persönliche Situation eines damaligen Bergarbeiters nicht wieder so rekonstruieren lassen, dass sie einer nachträglichen Zweiterfahrung im Rollenspiel zugänglich ist. Schüler bleiben immer Menschen der Gegenwart. Man könnte einwenden, dass es nur um eine Annäherung ginge. Wenn man dies jedoch zu Ende denkt, kommen als Vergleichserfahrungen nur solche von ganz allgemeinem Grad in Frage, die sich aber auch ohne den Umweg über die Geschichte aus Alltagserfahrungen gewinnen lassen: Wenn ich höher gestellte Personen aufsuche, werde ich befangen. Letztlich drängt sich der Eindruck auf, dass es hier um die Suche nach überzeitlichen Gesetzmäßigkeiten geht, die Vergangenheit und Gegenwart miteinander verbinden. Damit wird aber die Geschichte ihrer Einmaligkeit beraubt.

Ein zweiter Kritikpunkt kommt hinzu. Spiele, in denen Schüler eine Rolle übernehmen, sind nicht geeignet, eine historische Person „kennen zu lernen". Die Erfahrungen bei einem Rollenspiel macht man mit sich selbst und der Rolle innerhalb einer Bezugsgruppe[179]. Es geht darum, sein eigenes Verhalten in bestimmten Situationen zu erkennen und einem reflektierten Umgang zugänglich zu machen. Das „historische" Rollenspiel ist vor diesem Hintergrund mit gehöriger Skepsis zu betrachten. Zumeist wird es nur dazu dienen, das Innenleben eines gegenwärtigen in das eines vergangenen Menschen hineinzulesen, statt „die eigenartige Lebenswelt und Mentalität längst vergangener Menschen verstehend zu rekonstruieren", was erst das „eigene Ich" erweitern würde.[180] Unter Umständen ist es möglich, in der „Rolle" eines bestimmten historischen Typus (z.B. als Bauer des Spätmittelalters) mithilfe von Inszenierungen eine Art allgemeine Strukturerfahrung zu machen: beispielsweise die Erfahrung, dass die Möglichkeit zur Durchsetzung von eigenen Interessen von der sozialen Stellung des Individuums abhängt. Man sollte jedoch bei den Schülern nicht die Illusion nähren, dass sich durch Nachspielen von historischen persönlichen Konflikten die Erfahrungen der damals Beteiligten irgendwie rekonstruieren ließen.

Vor dem Hintergrund dieser Ausführungen kann man feststellen, dass ein Rollenspiel im Sinne der Pädagogik und Soziologie im Geschichtsunterricht gar nicht möglich beziehungsweise auch gar nicht notwendig ist. Brigitte Dehne schlägt deshalb vor, das Rollenspiel in „Spiel mit Rollen“ umzuetikettieren.[181] Dabei sei die Unterrichtsarbeit in zwei Phasen zu trennen, in eine „Spielphase“ in zwei Schritten und in eine „Erarbeitungsphase“ des historischen Sachverhalts. Schüler sollen sich in dem von ihr vorgestellten Beispiel zunächst in die Situation des Jahres 1942 zurückversetzen und in kleinen Szenen Personen darstellen, die vor der Frage standen, ob sie Juden bei der drohenden Deportation geholfen hätten oder nicht. Dabei seien mehrere Spielszenen entstanden, die sich in dem Spannungsfeld zwischen Mitgefühl und Angst bewegten. In einem zweiten Schritt hätten die Schüler ihre Rollen in der Szene reflektiert und die „spielerischen“ Handlungen bewusst durchdacht.

Erst in der zweiten Phase sei eine Auseinandersetzung mit „Ausschnitten aus der historischen Realität“ erfolgt. Dehne sieht den Vorteil ihres Vorgehens darin, dass die Schüler in die Erarbeitung des historischen Sachverhalts durch die „Kenntnis ihrer eigenen – im Spiel erfahrenen – Möglichkeiten und Grenzen“ motivierter und besser vorbereitet gehen. Es geht demnach nicht um die Übernahme einer historischen Rolle, sondern um die bewusste Wahrnehmung der eigenen Position innerhalb eines *kategorialen Problems* im Vorfeld der Auseinandersetzung mit dessen historischer Dimension.

Diese Konzeption des Umgangs mit Rollen überzeugt geschichtsdidaktisch am meisten, weil es eine analytische Trennung zwischen Spiel und Geschichte gibt, aber beide Teile aufeinander bezogen sind. Es ist allerdings zu fragen, inwieweit sie übertragbar ist auf „Rollen“, die weit vor der Geschichte des 20. Jahrhunderts liegen. Die Aufforderung, sich in die Rolle eines Schülers des Jahres 1942 zurück zu versetzen, mag deshalb machbar sein, weil dessen Lebensumstände denen heutiger Schüler noch recht nahe liegen, jedenfalls näher als die eines Schusterlehrlings im 15. Jahrhundert.

Ob ein Spiel mit mittelalterlichen Rollen tatsächlich zu geschichtsdidaktisch verwertbaren Ergebnissen führen kann, erscheint eher fragwürdig. Denn in diesem Fall ist es mit der schnellen, intuitiven Erfassung der Situation, die für 1942 vielleicht noch gelingt, nicht getan. Auch bei Dehnes Konzept ist dafür eine umfangreiche Informationsaufnahme notwendig, selbst wenn es nur darum geht, „eigene Gedanken und Gefühle zur andersartigen historischen Realität in Beziehung“ zu setzen. Auch dazu muss man die historische Situation erst einmal kennen.

Vielleicht genügt es deshalb, den Anspruch dieser Spielform nicht so hoch zu hängen, sondern das Ganze als Stegreifspiel (vgl. Kap. 5.2) oder

Simulationsspiel (vgl. Kap. 5.4) zu verstehen, in dem ausschnitthaft bestimmte situative Aspekte inszeniert werden. Dazu kommt, dass die meisten in der Literatur beschriebenen Spiele bei näherer Betrachtung keine „echten“ Rollenspiele sind, so dass hier auf Beispiele verzichtet werden kann.

5.4 Simulationen und Planspiele

5.4.1 Die didaktische Funktion von Simulations- und Planspielen

Simulationen sollen ein Modell der Realität zu zeigen. Sie versuchen bisweilen, einen Teilbereich der Realität so genau wie möglich abzubilden und können überaus komplex sein.[182] Simulationen bieten demnach eine Art Ersatz-Realität, die es den Spielern ermöglicht, Handlungen zu erproben, die in der Wirklichkeit unter Umständen schwerwiegende Folgen hätten (z.B. Flugsimulator). Ferner lassen sich nicht oder nicht mehr zugängliche „Realitäten“ abbilden, wodurch die Simulation ihre Relevanz für den Geschichtsunterricht erhält. Die didaktische Funktion besteht dabei darin, dass komplexe und schwer zugängliche historische Phänomene inhaltlich reduziert und zeitlich gerafft den Schülern in einem Modell zugänglich gemacht werden können.[183]

Diese Feststellung hat weitreichende Konsequenzen für die unterrichtliche Verwendung von Simulationen. Allen Beteiligten muss von Beginn an klar sein, dass es sich bei der Simulation um ein vereinfachtes *Modell* der Vergangenheit handelt, das lediglich akzentuierte Ausschnitte vergangener Zustände oder Ereignisse wiedergibt. Das heißt, die perspektivische und subjektive Auffassung des Modellkonstrukteurs muss den Spielteilnehmern vorher bekannt sein. Damit vermeidet man die unreflektierte Gleichsetzung von Modell und Geschichte.[184] Das Ausschnitthafte kann man an dem Spiel Monopoly gut erkennen. Das Spiel ist so konstruiert, dass mehrere Unternehmer in einen Konkurrenzkampf gegeneinander treten. Auswirkungen hat die Spielhandlung nur auf sie selbst. Dass in der Wirklichkeit mindestens die Mieter der Objekte oder städtische Belange betroffen wären, bleibt ausgeblendet.[185]

Man könnte einwenden, dass Geschichte ohnehin immer ein perspektivisches Konstrukt und daher der Hinweis auf den Modellcharakter überflüssig sei. Das Problem besteht aber gerade darin, dass wir es in beiden Fällen mit Konstrukten oder mit Modellen zu tun haben. Der

Unterschied des Modellcharakters liegt im Zugang. Simulationen arbeiten stark mit affektiven Zugängen, Geschichte wird jedoch in der Regel auf kognitiven Wegen erreicht. Die Möglichkeit zur Manipulation ist bei Simulationen ungleich größer als bei der Arbeit mit historiographischen Texten, denn die Schüler machen in Simulationen eigene Erfahrungen.[186] Da solche Situationen die Schüler nicht nur kognitiv, sondern auch besonders affektiv zu fesseln vermögen, kann der Schein schnell zur Realität werden. Im Lateinischen kann das Verb *simulare* neben *abbilden, nachahmen* auch pejorativ *verstellen, heucheln, vorgeben* bedeuten. Durch die starke Handlungsorientierung ist man gewissermaßen „ganz bei der Sache". Die Intensität des Erlebnisses kann viel leichter den Eindruck von „Wahrheit" entstehen lassen als der kognitive Diskurs. Das liegt vermutlich daran, dass man sich im affektiven Bereich unkritischer verhält.[187]

Simulationen sollten den Schülern demnach als Experiment erläutert werden, um an einem Modell bestimmte Zusammenhänge deutlich zu machen, die sich sonst nur schwer erschließen lassen. Vor allem sollte man darauf achten, dass die Simulation erkennbar von dem historischen „Original" entfernt ist. Es ist daher häufig gar nicht notwendig, wenn man eine potenzielle Abstimmung beispielsweise einer römischen Volksversammlung simuliert, diese im Vorfeld als solche zu bezeichnen. Man kann zuerst eine Abstimmung mit einer prozentual ähnlich Verteilung der „Stände" zu einem beliebigen – auch aktuellen – Thema durchführen und anschließend mit den Schülern über die Repräsentativität eines solchen Verfahrens sprechen. Erst in der Auswertungsphase werden die historischen Verhältnisse anhand des Quellenmaterials diskutiert. Mit der eigenen Erfahrung, die die Schüler mit der Bevorzugung und Benachteiligung von bestimmten Gruppen in dieser vordemokratischen Abstimmung gemacht haben, wird ihnen die historische Auswertung in der Regel besser gelingen. Der Vorteil dieses Vorgehens besteht darin, dass man nicht den Eindruck erweckt, man hätte die Volksversammlung „nachgespielt". Denn die dort stattfindenden Abstimmungen folgten sehr komplizierten sozialen Regeln, die unseren Vorstellungen davon recht fremd sind.[188] Es ist günstiger, solche Zusammenhänge erst zu klären, nachdem mithilfe der Simulation das grundsätzliche Problem deutlich gemacht worden ist.

Das didaktische Modell hat mehrere Merkmale:[189]

- Repräsentativität,
- Reduktion,
- Perspektivität,
- Akzentuierung,

- Transparenz,
- Intentionalität und
- Instrumentalität.

Modelle sind Hilfskonstruktionen zur Erkenntnisgewinnung, die für bestimmte Zwecke *(Instrumentalität)* und bestimmte Benutzer *(Intentionalität)* entwickelt wurden. Für die Intentionen anderer Benutzer können sie gänzlich untauglich sein. Simulationen haben eine produktive und erkenntnisfördernde Funktion aufgrund ihrer *Transparenz*. Diese gewinnen sie durch bewusstes Auslassen *(Reduktion)* und durch Hervorheben von Faktoren *(Akzentuierung)* der für wichtig erachteten Aspekte eines Vorgangs *(Repräsentativität)*. Welche Auffassung von Geschichte dem Modell als Basis dient, bestimmt der Konstrukteur *(Perspektivität)*.

Damit aus einer Simulation ein didaktisches Simulationsspiel wird, muss das statische Modell der Simulation durch die Handlungen von Spielern in ein dynamisches Modell umgewandelt werden. Daher sind bestimmte Merkmale des Spielerischen vonnöten. Den stärksten Impuls bezieht das Simulationsspiel aus dem bereits häufig erwähnten „So-tun-als-ob"-Charakter, zum Beispiel wenn Schüler in die Rolle von Staatsregierungen schlüpfen. Konsequenzen haben Spielhandlungen nur innerhalb des Spiels, außerhalb des Spielraumes besteht Sanktionsfreiheit. Das bedeutet zum Beispiel auch, dass die „Leistungen" von Schülern im Spiel nicht bewertet werden dürfen. Ferner gibt es Spielregeln mit einer Spielaufgabe und mehr oder weniger offene Rollenvorgaben und Hinweise für die Spielleitung. Für den Geschichtsunterricht kommen folgende Inhalte infrage, die simuliert werden können:

- Wahlvorgänge,
- Zusammensetzung von Repräsentativorganen,
- Wege diplomatischer Entscheidungen,
- Vor- und Nachteile verschiedener Produktionsmethoden,
- Verteilung bestimmter Ressourcen,
- Einkommens- und Wohlstandsunterschiede,
- geographische Raumverhältnisse,
- technische Zusammenhänge,
- Übermittlungsgeschwindigkeit von Nachrichten und ähnliche Dinge.

Ganz besonders wichtig scheint eine Bemerkung zur ethischen Seite von Simulationsspielen zu sein. Diesem Anliegen dient folgender „Beipackzettel".

Simulationsspiele

Bei Unverträglichkeiten und Risiken
lesen Sie zuerst die Packungsbeilage (s.u.)
oder fragen Sie Ihren Anwalt oder Ihren Schulleiter.

Packungsbeilage – Unbedingt beachten!

Das Simulationsspiel ist eine Unterrichtsmethode, in der Schüler neben kognitiven Leistungen auch **Emotionen** und **Affekte** zeigen sollen. Der Umgang mit diesem Verhalten erfordert vom Lehrer Behutsamkeit und Fingerspitzengefühl. Besonders zu beachten sind folgende Grundsätze:

1. Die Würde des Schülers ist unantastbar.
2. Spielen ist immer freiwillig.
3. Das Simulationsspiel ist keine Therapieform, sondern ein Spiel.
4. Das Simulationsspiel dient nicht dazu, politische Einstellungen von Schülern zu „korrigieren", sondern ihnen einen ungewöhnlichen Zugang zu bestimmten historischen Phänomenen zu gewähren.
5. Spielhandlungen unterliegen keiner Bewertung.
6. Konfliktspiele sind kein Ersatz zur Regelung von realen Konflikten in der Klasse.

Diese Bemerkungen scheinen überflüssig zu sein. Dass sie es nicht sind, wird bei der Lektüre einiger Spielvorschläge, die in durchaus seriösen Publikationen erschienen sind, deutlich. Es ist schwer nachzuvollziehen, zu welch abenteuerlichen Experimenten bisweilen geraten wird.[190] Als Vorbild für solche „Spiele" dienen in der Regel zwei ethisch höchst problematische Versuche, die in den Vereinigten Staaten durchgeführt wurden, um die menschliche Bereitschaft, sich Autoritäten oder Gruppenzugehörigkeit zu unterwerfen, nachzuweisen: das „Milgram-Experiment"[191] und „Die Welle".[192]

In bewusster Anlehnung an diese Menschenversuche schlagen zum Beispiel die Autoren des Spiels „Alle gegen einen?"[193] vor, Schüler einen Klassenkameraden quälen zu lassen, um ihnen zu zeigen, „dass faschistisches Denken in fast allen Menschen steckt". Dabei sollen sie unter anderem folgende Anweisungen befolgen, die sie auf Geheiß des Lehrers durchzuführen haben: „Brich einen Bleistift von ... entzwei."; „Wirf die Jacke von ... zum Fenster hinaus."; „Beleidige ... mit fünf Schimpfwörtern, die mit: ‚Du bist eine/ein ...' beginnen." Das sind drei der insgesamt neun Schmähungen, die der betreffende Schüler ertragen muss. Für die Auswahl dieses Schülers wird von den Autoren folgender Vorschlag gemacht: „Vor dem Spiel wählen Sie eine Schülerin oder einen Schüler aus, die/der belastbar und auf keinen Fall eine Außenseiterin oder ein Außenseiter in der Klasse ist. Sagen Sie ihr bzw. ihm, dass Sie mit der Klasse einen Versuch durchführen wollen und dass ihr bzw. ihm dabei Unangenehmes widerfahren werde.“ Und etwas weiter: „In einer Klasse mit einem stabilen Sozialverhalten können Sie den Versuch wagen, das Spiel ohne Einweihung der Schülerin bzw. des Schülers durchzuführen.“

Man fragt sich, ob den Autoren die möglichen Konsequenzen dieses „Spiels“ in ihrem ganzen Umfang deutlich sind. Was ist, wenn der „stabile“ Jugendliche sich plötzlich doch als sehr sensibel erweist? Was ist, wenn man das „stabile Sozialverhalten“ der Klasse falsch eingeschätzt hat und plötzlich mit den Auswirkungen des „Spiels“ ein heilloses Chaos anrichtet? Denn am Ende werden sich einige geweigert haben, die Anweisungen zu befolgen, andere nicht. Sind die einen folglich die potenziellen „Widerstandskämpfer“ und die anderen mögliche „Faschisten“? Was passiert, wenn man in dieser Situation Konflikte innerhalb der Klasse übersieht und aus Freundschaften Feindschaften werden? Und vor allem, was erreicht man damit, wenn man einigen, in der Regel labilen Jugendlichen nachweist, dass sie über anscheinend präfaschistisches Potenzial verfügen, andere aber offenbar nicht? Kurz: Wer kümmert sich um die möglichen psychischen Verletzungen, die man einigen Schülern mit dem Experiment zugefügt hat? Diese Dinge sind keineswegs damit erledigt, dass die Autoren eine Nachbereitung für „unabdingbar“ halten. Solche „Spiele“ bringen den Schülern nichts bei, schon gar nichts über die Wirkungsweise des „Faschismus“,[194] sondern benutzen sie pseudopädagogisch als Versuchskaninchen mit zweifelhaften Ergebnissen. Mit Spielen hat so etwas überhaupt nichts zu tun.

Ähnlich problematisch ist das „Spiel“ „Herren der Welt“, im dem Schüler „erfahren“ sollen, wie Hitler die „völlige Kontrolle“ über die deutsche Bevölkerung gewinnen konnte.[195] Dazu sollen einige Schüler der Klasse als „Arier“ bestimmt werden, ohne dies zunächst zu wissen. Der abenteuerliche Vorschlag für die „Elitebildung“ besteht darin, dass der Direktor – verabredungsgemäß – morgens in der Klasse erscheint und einigen Schülern, die ein gemeinsames Merkmal besitzen, gewisse Privilegien in Aussicht stellt, weil sie zum Beispiel die Schule bei einem Volleyball-Turnier hervorragend vertreten hätten. Das ganze ist aber nur eine Täuschung, das heißt, die Schüler werden bewusst hinters Licht geführt, um ihnen Überheblichkeit zu entlocken. Die anschließende „auswertende“ Diskussion soll das „elitäre“ Verhalten der betreffenden Schüler unter die Lupe nehmen und einige Mechanismen von Herrschaft aufzeigen. Selbst wenn nachdrücklich darauf hingewiesen wird, dass die Simulation nicht über einen Tag hinausgehen soll, mag man sich gar nicht vorstellen, welchen Hänseleien die getäuschte „Ex-Elite" auf dem Pausenhof ausgesetzt sein würde. Dass der Autor um die Problematik seines Vorschlags weiß, zeigt eine Bemerkung auf S. 75: „Sie sollten genau prüfen, ob ihre SchülerInnen in der Lage sind, ohne negative Folgen damit umzugehen." Diese Prüfung sollte eigentlich bei allen Klassen negativ ausfallen.

Viele Simulationsspiele sind als Planspiel[196] aufgebaut. Planspiele werden häufig auch als Konflikt-, Konferenz-, Entscheidungs- oder eben als Simulationsspiele bezeichnet. Ohne die verwirrende Vielfalt der Begriffe aufzugreifen, folgt unsere Darstellung einer eher traditionellen Definition. Diese umfasst eine inhaltliche und eine methodische Seite. Inhaltlich steht beim Planspiel nicht die Simulation der Realität im Vordergrund, sondern der zu bearbeitende Konflikt bzw. die beteiligten Personen oder Gruppen. Hierin besteht auch eine gewisse Nähe zum Rollenspiel (Kap. 5.3). Tatsächlich gibt es gewisse Überschneidungen. Dennoch zeichnet sich das Planspiel als eigene Methode aus. Es folgt gegenüber dem Simulationsspiel eher einem modellhaften Prozess, gegenüber dem Rollenspiel treten beim Planspiel Gruppen, Gremien oder Organisationen auf, und im Zentrum der Auseinandersetzung stehen komplexe Themen. Im Rollenspiel agieren und interagieren dagegen in der Regel Einzelpersonen. Planspiele sind als Interaktions- und Verhandlungsspiel konstruiert. Ausgangspunkt ist meist ein politisches Problem oder ein wirtschaftlicher oder sozialer Konflikt, wobei die beteiligten Spielparteien unter weitgehender Wahrung ihrer eigenen Interessen und Ziele auf einen Kompromiss hinarbeiten.

Die Methode eines Planspiels erfordert es, dass mehrere Spielparteien gegen- oder miteinander spielen, aber nur über die Spielleitung Kontakt miteinander haben. Alle Spielzüge werden schriftlich der Spielleitung gegeben, von dieser ausgewertet bzw. weitergeleitet und dokumentiert. Im Planspiel werden gewissermaßen Rollenspiel und Fallbeispiel in einem längerfristigen Prozess vereinigt. Nicht die punktuelle Konfliktsituation steht im Vordergrund, sondern der krisenhafte Prozess eines Konflikts, der nach einer Lösung verlangt. Didaktisch bietet das Planspiel den Schülern die Gelegenheit, „Entscheidungen für ein wirklichkeitsbezogenes, periodengegliedertes Zeitablaufmodell zu treffen" und die Brauchbarkeit dieser Entscheidungen am Ergebnis des Spiels zu überprüfen.[197] Aufgrund seines Modellcharakters treffen die oben bereits erwähnten didaktischen Merkmale (Repräsentativität, Reduktion, Perspektivität, Akzentuierung, Transparenz, Intentionalität und Instrumentalität) auch auf das Planspiel zu.

Ob sich die Planspielmethode für den Geschichtsunterricht eignet, ist nicht ganz sicher. Als gewichtiges Gegenargument wird der relativ hohe Zeitaufwand ins Feld geführt, der für die Durchführung von Planspielen betrieben werden muss. Dazu kommt, dass man aufgrund der strengen Spielregeln und der notwendigen Materialfülle im Grunde auf das Angebot bereits ausgearbeiteter Planspiele angewiesen ist. Für das Fach Geschichte ist die Auswahl nicht sehr groß.[198] Darüber hinaus erweist sich die immanente Offenheit des Planspiels gegenüber dem bereits feststehenden historischen Verlauf als große Hürde. Gegenüber dem Simulationsspiel ist im Planspiel immer eine sehr genaue Kenntnis der Rahmenbedingungen nötig, die große Ausdauer bei der Vorbereitung erfordert.

Gegenüber den an amerikanischen Universitäten entwickelten „experimentellen Planspielen", die wissenschaftlich verwertbare Ergebnisse über menschliches Entscheidungsverhalten liefern sollen,[199] sind für den Geschichtsunterricht eher die sogenannten „didaktischen Planspiele" von Interesse. Diese zeichnen sich besonders durch Intentionalität und Reduktion aus. Zumeist geht es in diesen bewusst vereinfachten Spielen um die Erfahrung von Entscheidungszwängen politischer Akteure.[200] Zurecht ist allerdings angemerkt worden, dass bei diesen Spielen kaum ein Planspiel, sondern eher ein Simulationsspiel vorliegt.[201]

Besonders gut geeignet für Planspiele scheinen Phasen von vermeintlich großer historischer Offenheit zu sein, weil sich diese Voraussetzung gut mit den Möglichkeiten eines Planspiels deckt. Zu nennen ist hier besonders die Zeit nach dem Zweiten Weltkrieg.[202] Im Spiel „Deutschland im Jahr 1945. Republik Schwarzenberg"[203] (s. Kap. 5.4.3) schlüpfen Schüler in die Rolle von politischen und gesellschaftlichen Akteuren, die im lokalen Rahmen um die politische, wirtschaftliche und soziale Neugestaltung nach dem Zusammenbruch des Dritten Reiches ringen. Der Clou bei diesem Spiel ist die historisch verbürgte Tatsache, dass das Gebiet nach Kriegsende aus ungeklärten Gründen weder von amerikanischen noch von russischen Truppen besetzt worden war. Das führte zur Ausrufung der „Freien Republik Schwarzenberg", die etwa sieben Wochen bestand.

Bei diesem durchaus attraktiven Spiel zeigen sich Chancen und Risiken der Planspielmethode besonders gut. Die Schüler werden in diesem Spiel mit den Gegebenheiten nach dem Ende des Zweiten Weltkriegs konfrontiert. Sie können im Verlauf des Spiels Entscheidungen über eine Art Regierung treffen, mit den Alliierten verhandeln, Entnazifizierungsmaßnahmen ergreifen oder auch nicht, sich um die

Versorgung der Bevölkerung kümmern und vieles mehr. Das setzt allerdings umfangreiche Kenntnisse voraus. Greift man dafür lediglich auf die Beschreibungen und das Material zurück, das vom Autor angeboten wird, kann sich kein Spiel entwickeln, weil die Informationen zu dürftig sind. Die Schüler können keine Sicherheit beim Ausüben ihrer Rollen entwickeln, weil zu viele Kenntnislücken vorhanden sind. Die Füllung dieser Lücken erfordert eine langwierige Informationsphase, die auch ganz elementare Kenntnisse umfasst. Zum Beispiel soll es eine Gruppe „Gewerkschafter" geben. Das setzt voraus, dass den Schülern Aufgabe und Funktion und in groben Zügen die Geschichte der Gewerkschaften bekannt ist. Bei näherer Betrachtung der wirtschaftlichen Gegebenheiten des Gebietes Schwarzenberg fällt auf, dass es dort nur Klein- und Mittelbetriebe gab, die Industrieprodukte des täglichen Bedarfs herstellten. In diesem Zusammenhang stellt sich natürlich die Frage nach der Größe und dem Einfluss möglicher Gewerkschafter. Ohne eine klare Antwort auf diese Frage kann sich kein halbwegs realistischer Prozess entwickeln. Das heißt, Planspiele erfordern in der Regel einen hohen Aufwand. Deshalb sind sie für die tägliche Unterrichtsarbeit kaum geeignet.

5.4.2 Zur methodischen Durchführung von Simulations- und Planspielen

Simulationsspiele erfordern zumeist keine umfangreichen Vorbereitungen. In der Regel sollten sie nicht mehr als eine Schulstunde beanspruchen. Dennoch ist eine gewisse Reihenfolge bei der Planung zu beachten. Sollte man eine bereits ausgearbeitete Simulation verwenden, muss diese auf die aktuellen Bedürfnisse der Lerngruppe zugeschnitten werden. Im Prinzip gelten dafür die Schritte, die im Kapitel „Planung von Spielstunden" (s. Kap. 3.3.2) erläutert worden sind. Die Beschaffung und Vorbereitung des Materials ist häufig nicht ganz unproblematisch. Man sollte große Sorgfalt darauf verwenden, dass immer genügend Kopien, Spielsteine, Folien und ähnliches zur Verfügung stehen, da die meisten Spiele andernfalls nicht durchführbar sind. Darüber hinaus ist es sinnvoll, sich vorher den potenziellen Ablauf eines Spiels möglichst genau vor Augen zu führen. Es gibt attraktive Spielvorschläge, die sich erst bei näherer Betrachtung als eigentlich nicht durchführbar erweisen.[204]

Am reizvollsten ist die Ausarbeitung von eigenen Spielideen. Dazu ist die Berücksichtigung der didaktischen Überlegungen wichtig (Kap. 5.4.1). Im Vordergrund steht dabei die Frage, ob das gewählte Modell im historischen Kontext nicht verfälschend wirkt. Hier gelten die gleichen Grundsätze, die für die didaktische Reduktion der täglichen Unterrichtsarbeit anzuwenden sind. Eine detaillierte Vorgabe für die Entwicklung von eigenen Spielideen kann nicht gegeben werden, aber unter Umständen können die aufgeführten Beispiele (Kap. 5.4.3) einige Anregungen dazu geben.

Gegenüber dem Simulationsspiel verläuft das Planspiel in festgelegten Phasen und geht in der Regel über mehrere Unterrichtsstunden. Aus diesem Grund sollte man den organisatorischen Aufwand so gering wie möglich halten. Das Spielmaterial sollte zu Beginn jeder Stunde schnell verfügbar sein. Zumeist reichen Gruppentische und Erkennungsmerkmale für die Gruppen (z.B. Fähnchen). Die wichtigsten Verlaufsphasen für ein Planspiel sind in folgender Tabelle[205] (s.u.) zusammengefasst. Im historischen Planspiel ist es sinnvoll, alle Spielzüge über die Spielleitung laufen zu lassen, da sich so am besten grobe Fehler vermeiden lassen. Die Spielleitung sollte allerdings darauf achten, dass sie nicht rigide die eigenen Vorstellungen durchsetzt, denn beim Eindruck eines „Marionetten-Theaters" kann sich bei Schülern schnell eine Blockadehaltung einstellen, die das Projekt scheitern lässt.

Unabdingbar ist die Auswertungs- oder Reflexionsphase eines Planspiels, in der Unterschiede zwischen dem Spielverlauf und dem historischen Prozess analysiert werden müssen. Hier bietet sich ein großes didaktisches Betätigungsfeld, über Motive und Intentionen der Handelnden zu diskutieren, warum eine Entscheidung so und nicht anders gefällt worden ist. In dieser Auswertungsphase kann besonders gut die historische Bedingtheit von vergangenen Handlungen herausgestellt werden, wenn die Spielhandlung zu einem gegenwartsbezogenen Ergebnis geführt hat.

Verlaufsphasen eines Planspiels

Spieleinführung (1):

Der Lehrer stellt das Thema, das Ziel und die Methode des Planspiels vor. Er gibt Hinweise zur Gruppenbildung und zum Ablauf. Die Schüler lesen im Anschluss die *Fallstudie*, in der der Konflikt, die Krise oder das Problem beschrieben sind. Die *Spielgruppen* werden gebildet und erhalten – am besten in unterschiedlichen Farben gehaltene – *Rollenkarten* und weiteres Informationsmaterial. Der Spielverlauf wird dort erläutert.

Informations- und Lesephase (2):

Die Schüler lesen die Spielunterlagen durch, unterstreichen wichtige Stellen und klären Verständnisprobleme in der Gruppe mithilfe von Lexika oder mit dem Lehrer. Unter Umständen müssen weitere Informationsquellen herangezogen werden (Handbücher, Internet).

Meinungs- und Strategiebildungsphase (3):

Die Schüler diskutieren in den Gruppen ihre unterschiedlichen *Rollensituationen*, ihre *Ziele* und *Interessen*. Sie fertigen einen *Strategieplan* an, auf dem sie mögliche Aktionen notieren, die ihren Interessen dienlich sein könnten. Der Lehrer steht in dieser Phase als Berater zur Verfügung.

Interaktionsphase (4):

Die Spielgruppen nehmen untereinander Verbindung auf. In der Regel geschieht dies schriftlich über die Spielleitung. Bei geübten Gruppen kann auch der persönliche Kontakt zugelassen werden. Wichtig sind in dieser Phase die Sondierung der Situation und die Suche nach gleichgesinnten Gruppen, die bei der Durchsetzung der eigenen Interessen behilflich sein könnten. Der Lehrer kann durch das Austeilen von *Ereigniskarten* überraschende Wendungen ins Spielgeschehen einbringen.

Konferenzphase (5):

In der abschließenden Konferenz, an der alle Spielgruppen teilnehmen, werden verbliebene Argumente und Problemlösungsvorschläge durch die jeweiligen Gruppensprecher vorgetragen. Kurze Entgegnungen und Rückfragen sind möglich. Die Gesprächsleitung liegt beim Lehrer. Die Aussprache sollte sehr straff durchgeführt werden. Ein Kompromiss kann, muss aber nicht gefunden werden. Unter Umständen muss die Konferenz abgebrochen werden, wenn die Fronten verhärtet sind und die Diskussion auf der Stelle tritt.

Spielauswertung (6):

Die Schüler erhalten *Material* zum tatsächlichen Verlauf des historischen Prozesses. Die entsprechenden Informationen können auch vom Lehrer in einem Vortrag gegeben werden. Die nachfolgende Diskussion dient der Kritik und der Bewertung des Spielverlaufs sowie der Gegenüberstellung der beiden Prozesse. Defizite im sachlichen oder methodischen Bereich können hier gezielt aufgegriffen und bearbeitet werden.

5.4.3 Beispiele

Kurzsequenzen zur Repräsentativität
Es ist häufig ohne viele Umstände möglich, mit kleinen Inszenierungen bestimmte Tatbestände oder Prozesse zu veranschaulichen. Man kann Statistiken oder Abläufe in der Klasse modellhaft simulieren. Die hier gewählten Beispiele sind als Anregungen zu verstehen, ähnliche Dinge in gleicher Weise umzusetzen. Beispielsweise kann die Inszenierung der Generalstände (s.u.) auf eine athenische oder römische Volksversammlung übertragen werden.

Weltbevölkerung und Welteinkommen
Eine relativ einfache, aber sehr wirkungsvolle Art der Simulation ist die Veranschaulichung von bestimmten Zahlenverhältnissen oder von Repräsentativorganen. Solche Dinge kommen in Informationstexten oder Statistiken häufig nicht deutlich genug zur Geltung. Hier kann eine spielerische Veranschaulichung affektives Potenzial freisetzen. Das folgende Beispiel (s. S. 112) bezieht sich auf das Thema „Dritte Welt".[206]

Obwohl sich bereits durch die Darstellung des Bevölkerungswachstums gewisse Probleme für das Zusammenleben der Menschen auf der Erde formulieren lassen, bleibt die Betrachtung und mündliche Auswertung der Grafik eine kognitive Angelegenheit. Mit wenig Mühe ist hier eine viel drastischere Veranschaulichung möglich. Dazu benötigt man 22 Schüler und ebenso viele leere Stühle. In der Mitte der Klasse schafft man eine große freie Fläche. Auf der einen Seite stehen die Schüler, auf der anderen Seite die leeren Stühle. Die Statistik sollte vergrößert an der Tafel hängen oder mit einem Overhead-Projektor an eine Wand geworfen werden. Nun teilt der Lehrer die Schüler in Gruppen auf: „22 von euch repräsentieren die Weltbevölkerung, jeder einzelne ca. 273 Millionen Menschen. Das sind insgesamt 6 Milliarden Menschen. Die Stühle repräsentieren das erwirtschaftete Einkommen der Welt. Die Verteilung dieses Einkommens sieht folgendermaßen aus: Nehmt bitte entsprechend auf oder neben den Stühlen Platz:

- Nordamerika: 1 Schüler besetzt 10 Stühle,
- Europa: 4 Schüler besetzen 7 Stühle,
- Asien: 13 Schüler besetzen 2 Stühle,
- Afrika: 2 Schüler besetzen 1 Stuhl,
- Lateinamerika: 2 Schüler besetzen 2 Stühle.

Japan und Australien sind nicht berücksichtigt."

In der folgenden Auswertung sollen die Schüler neben affektiven Einlassungen Hypothesen zu Gründen und Folgen der ungleichen

Abb. 18: Historische Entwicklung der Weltbevölkerung

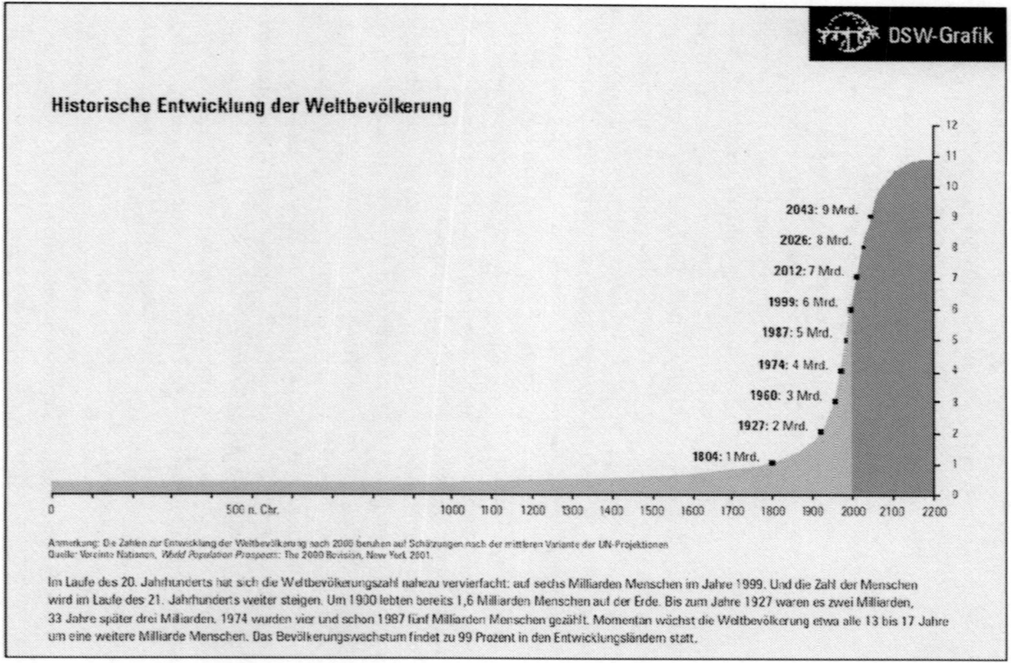

Verteilung des Einkommens auf der Welt äußern. Diese Phase der Hypothesenbildung kann als Ausgangspunkt für eine Untersuchung der historischen Gründe für die gegenwärtige Situation der Länder der Dritten Welt genutzt werden.

Die Wahlen zum „Klassen-Bundestag“

Es ist zumeist schwierig, beim Thema „Gründung der Bundesrepublik“ das Wahlrecht der neuen Republik mit einer schematischen Darstellung der Verfassung und der Abbildung eines Stimmzettels zu erklären, wie es in einigen Schulbüchern vorgeschlagen wird. Besonders der Unterschied zwischen Erst- und Zweitstimme wird häufig nicht deutlich. Hier ist es hilfreich, das Verfahren im Klassenzimmer nachzuspielen. Zu diesem Zweck sind je nach Klassenstärke entsprechend viele Stimmzettel anzufertigen. Der Einfachheit halber gibt es nur zwei Parteien, die *Mädchenpartei* und die *Jungenpartei.* Die Stimmzettel müssten etwa wie in Abb. 19 aussehen. Die Nummer des Wahlkreises und die Namen der Kandidaten werden erst später hinzugefügt.

Abb. 19: Stimmzettel (Aus: Durchblick. GSW. Geschichte, Politik, Erdkunde 7/8, Hauptschule Niedersachsen. Braunschweig 1997, S. 266)

Bevor man die Stimmzettel zur Wahl ausgibt, müssen Wahlkreise gebildet und Kandidaten gekürt werden. Dies Wahlkreise müssen ungefähr die gleiche Anzahl von Schülern umfassen, günstig ist eine ungerade Zahl. Dabei ist darauf zu achten, dass geschlechtlich heterogene Wahlkreise entstehen. Innerhalb des Wahlkreises müssen nun je ein Mädchen und je ein Junge für die jeweilige Partei kandidieren. Die Aufgabe des Lehrers ist es, danach die Nummern der Wahlkreise und die Namen der Schülerinnen und Schüler bei der Erststimme auf die Wahlzettel zu schreiben. Sollte man auf einen Verblüffungseffekt aus sein, kann die Wahl sofort durchgeführt werden. Unter Umständen wird erst danach deutlich, dass die Zweitstimme die relativ größere Bedeutung bei der Wahl hat. Andernfalls sollte man vorher mit den Schülern Aufbau und Bedeutung des Stimmzettels besprechen.

Wenn dies geschehen ist, eröffnet jeder Wahlkreis ein Wahllokal, in dem die Schüler einzeln und in geheimer Wahl ihre Stimmzettel abgeben. Man sollte mindestens ein geöffnetes Buch hochkant auf den Tisch stellen, um das Wahlgeheimnis zu wahren. Wenn die Wahl abgeschlossen ist, findet die Auszählung der Stimmzettel in den Wahlkreisen statt. Das Ergebnis der Wahl wird an die Tafel geschrieben und anschließend die Sitzverteilung im „Klassen-Bundestag" festgelegt. Es gibt zunächst doppelt so viele Sitze wie Wahlkreise. Die Zahl der abgegebenen Zweitstimmen legt das Verhältnis zwischen Mädchen- und Jungenpartei fest. Die Erststimmen küren die Kandidaten, die für die jeweilige Partei ins Parlament ziehen. Sollten sich Schwierigkeit mit der Sitzverteilung ergeben, kann es auch Überhangmandate und damit eine Vergrößerung des „Klassen-Bundestags" geben. Das Verhältnis der Sitze muss jedoch immer gleich sein.

Die Durchführung der „Wahl" bietet vielfältige Gesprächsanlässe zur Auswertung: Vor- und Nachteile der Aufteilung in Erst- und Zweitstimme, Notwendigkeit einer geheimen Abstimmung, Probleme der unterschiedlichen Größe von Wahlkreisen, Vergleiche mit anderen Wahlverfahren (Weimarer Republik, Kaiserreich) und vieles mehr.

Zusammensetzung der Generalstände von 1789

Eine wichtige Phase des revolutionären Prozesses in Frankreich war die Einberufung und Zusammenkunft der Generalstände. Dieses Zugeständnis an die krisenhafte Stimmung im Lande war gewissermaßen ein Versuch des Königs, noch Herr der Entwicklung zu bleiben. In seiner Eröffnungsrede machte er deutlich, dass er von den Ständen die Abwendung der Finanzkrise des Staates erwartete. Das würde nicht ohne politische Zugeständnisse gehen. In Verkennung der Lage erhoffte sich daher besonders der Adel, seine politische Entmachtung durch die Vorgänger von Ludwig XVI. rückgängig machen zu können. Von einer Reformbereitschaft waren große Teile der beiden privilegierten Stände weit entfernt.

Bei Schülern besteht beim erstmaligen Auftauchen des Begriffs Ständeversammlung (Generalstände) häufig die Vorstellung eines mehr oder weniger demokratischen organisierten Gremiums. Hier bietet die spielerische Veranschaulichung die Möglichkeit, diese Vorstellung zu korrigieren. Zur Einführung des Themas Generalstände dient die zeitgenössische Abbildung (s. Abb. 20, S. 115). Darauf ist die strenge Förmlichkeit erkennbar, die die Versammlung prägte.

Abb. 20: Die Versammlung der Generalstände, Eröffnungssitzung am 5. Mai 1789 im Schloss von Versailles

Anhand der darauf folgenden Grafik werden die Schüler eingeteilt. Dabei ist es wichtig, dass diese Einteilung die prozentuale Verteilung der Stände ungefähr widerspiegelt. Wenn beispielsweise die Klasse aus 27 Schülern besteht, werden 14 dem Dritten Stand zugeordnet, 7 dem Ersten und 6 dem Zweiten Stand.

Wie setzten sich die Generalstände zusammen?		
1 Stand: 291 (25,6%)	2. Stand: 270 (23,7%)	3. Stand: 1578 (50,7%)

Hoher Klerus (46)	Hof- und Landadel (270)	Verwaltungs- und Gerichtsbeamte (225)
Niederer Klerus (245)		Advokaten und Rechtsanwälte (190)
		Geschäftsleute (85)
		Grundbesitzer (60)
		Ärzte (18)

Irritierend wirkt die Verteilung der Sitze bezogen auf die zahlenmäßige Größe der drei Stände in der Bevölkerung. Während 578 Vertreter des Dritten Standes etwa 98 Prozent der Bevölkerung repräsentierten, brachten es die zwei Prozent des Ersten und Zweiten Standes auf 561 Delegierte. Doch auch die soziale Verteilung innerhalb der Vertreter des Dritten Standes hat mit Repräsentativität wenig zu tun, da fast ausschließlich Angehörige des akademischen und besitzenden Bürgertums in der Versammlung saßen. Gar nicht davon zu reden, dass keine einzige Frau in der Versammlung saß und die dargestellten Zahlen ohnehin nur die Hälfte der erwachsenen Bevölkerung meinen. Hier liegen bereits wichtige Gründe für die Fortsetzung der Revolution nach 1791.

Wie oben beschrieben bilden die Schüler innerhalb der Klasse die Verteilung in den Generalständen nach. Man kann die Vertreter sich ungefähr so hinsetzen lassen, wie es auf der zeitgenössischen Abbildung dargestellt ist. Danach geht es um die Frage der Sanierung der Staatsfinanzen durch Bewilligung neuer Steuern. Unter den „Vertretern" des Dritten Standes dürfte eine gewisse Hoffnung bestehen, in der Abstimmung aufgrund der zahlenmäßigen Überlegenheit die beiden anderen Stände überflügeln zu können. An dieser Stelle sollte der König (Lehrer) verkünden, dass er das althergebrachte und bewährte Verfahren der Abstimmung nach Ständen bevorzuge. Die entstehende Empörung kann zu einer spielerischen Diskussion innerhalb der „Generalstände" genutzt werden oder zur Weiterführung des „revolutionären" Prozesses mit der Gründung der Nationalversammlung.

Ursachen und Beginn des Ersten Weltkriegs

Die Idee zu diesem Spiel stammt von Ulrich Mayer.[207] Für die Durchführung als Simulationsspiel ist es hier etwas ausgeweitet worden. Das Thema „Ursachen und Ausbruch des Ersten Weltkriegs" findet sich in vielen Richtlinien als Inhalt der 9. oder 10. Klasse. Darüber hinaus nimmt das Thema in Kursvorschlägen zum Imperialismus für die gymnasiale Oberstufe einen gewissen Raum ein. Der hier beschriebene Spielvorschlag ist in beiden Sekundarstufen durchführbar.

Der an einen Mechanismus erinnernde Prozess, der zum Ausbruch des Ersten Weltkriegs führte, löst bei den Schülern häufig eine gewisses Befremden aus, da in der historischen Rückschau vieles fast deterministisch scheint. Nicht selten halten die Schüler deshalb die beteiligten Staatsmänner für geistig minderbemittelt und meinen, sie selbst hätten viel mehr getan, um den Frieden in Europa zu bewahren. Mit ein wenig mehr Vernunft hätte das gar nicht so weit kommen müssen, ist eine oft geäußerte Ansicht. Man kann diese Kritik an den jeweiligen Staatsführungen sicherlich üben, jedoch sollten die besonderen Bedingungen Berücksichtigung finden, unter denen damals Außenpolitik betrieben wurde. Denn die Urteile der Schüler sind in gegenwärtigen und persönlichen Begründungs- und Erfahrungszusammenhängen entstanden.

Bei einer quellengestützten Unterrichtsarbeit erweist es sich zumeist als schwierig, den Schülern die strukturbedingte Eigendynamik der

Julikrise verständlich zu machen. Trotz der Bemühungen, Schülern den Unterschied zwischen *Anlass* und *Ursache* zu erklären, bleibt meist doch der Mord in Sarajewo als Ursache für den Ausbruch des Krieges im Gedächtnis. Dies ist wohl ein Hinweis darauf, dass die strukturellen Ursachen kognitiv abstrakt bleiben, hingegen ein handfester Mord besser als Ursache imaginiert werden kann. Ähnliches gilt nebenbei bemerkt auch für den Prager Fenstersturz.

Demgegenüber ist längst erwiesen, dass ein Bündel von spezifischen Einstellungen und Handlungen die Krise herbeigeführt und verschärft hat. An strukturbedingten Ursachen ließen sich die unkontrollierten Bündnismechanismen, das Fehlen eines übernationalen Krisenmanagements, nationalistisches Autarkiedenken, die Ableitung von innenpolitischen Spannungen nach außen, Militarismus und hemmungslose Aufrüstung sowie die Rückwirkungen der imperialistischen Konkurrenz auf Europa nennen. Dazu kommen Einzelverantwortlichkeiten der fünf europäischen Großmächte (s. Abb. 21, S. 118).

Um den Schülern die Dynamik näher zu bringen, sollten die strukturellen Bedingungen und auch charakteristische Probleme einzelner Staaten zuvor im Unterricht besprochen sein. An Einzelheiten sind hier der deutsch-britische Flottengegensatz, der französische Revanchegedanke, der russische Panslawismus und vor allem der spezifische Aufbau der Bündnissysteme (s. Abb. 22, S. 118) zu erwähnen. Im Anschluss an diese Erarbeitungsphase kann das Spiel stattfinden.

Grundlage des Spiels ist das Arbeitsblatt 1 (Abb. 23, S. 119), auf dem die Ausgangssituation im Vorkriegseuropa verfremdet dargestellt ist. So werden die Schüler nicht zu einer „vorschnellen Identifikation" gebracht, sondern sie können verschiedene staatliche Perspektiven relativ vorurteilsfrei einnehmen. Arbeitsblatt 2 (Abb. 24, S. 120) enthält Informationen zu den einzelnen Staaten, die ansatzweise Voraussetzungen und Haltungen nennen, die bei politischen Entscheidungen der jeweiligen Regierungen eine Rolle spielen könnten. Wichtig für das Spiel ist, dass diese Dinge nicht so komplex sind. Andernfalls würde die Beschäftigung mit ihnen bereits mehrere Schulstunden in Anspruch nehmen.[208] Die Schüler arbeiten zunächst in denjenigen Gruppen zusammen, welche die jeweiligen Staaten repräsentieren. Sie nehmen in einem ersten Schritt die Informationen des Lehrers und der beiden Arbeitsblätter zur Kenntnis und entwerfen in den Gruppen Handlungsoptionen zu der dargestellten Situation. Wenn die Gruppen vertraut mit ihren Rollen sind, beginnt die Interaktionsphase.

Diese unterscheidet sich von der von Mayer vorgeschlagenen. Als Ausgangspunkt dient die Ermordung „eines führenden Politikers des Staates D in der Nähe der Grenze seines Staates zum Staat F". Alle

Abb. 21: Grafik aus Abiturwissen (Maier, Gerhart, Abiturwissen. Zeitalter des Imperialismus (1870-1914/18). Das Deutsche Reich und das System der Weltmächte. Der Weg zum Ersten Weltkrieg, Stuttgart und Dresden [4]1992, S. 80)

Synoptische Darstellung der Kriegsschulddiskussion

1. Einseitige Verantwortlichkeit der Regierungen einzelner Staaten:

Deutsches Reich	Österreich-Ungarn	Rußland	Frankreich	England
"Griff nach der Weltmacht"	Vorsatz, Serbien zu "bestrafen" ohne Rücksicht gegenüber der Gefahr, einen europäischen Krieg auszulösen	Nachgiebigkeit gegenüber panslawistischen Strömungen und militärischen "Sachzwängen"	massive Unterstützung der russischen Kriegspolitik	„Verschwörung" mit den beiden anderen Ententemächten zur Ausschaltung des Deutschen Reiches
planmäßige Auslösung des Krieges	Ausbruch aus der existenzbedrohenden Situation auf dem Balkan	Ausdehnungsbedürfnisse auf dem Balkan	Weigerung, sich mit dem Status quo in Europa abzufinden („Revanchepolitik")	„planmäßige" Einkreisung Deutschlands
bewußtes Aufgreifen des Attentats von Sarajewo zur Herbeiführung des Weltkriegs	Schärfe des Ultimatums	überstürzte Mobilmachung		Mobilisierung der kontinentalen Flügelmächte gegen die Mitte Europas
Massiver Druck auf Österreich, mit aller Härte gegen Serbien vorzugehen				

2. Gemeinsame Verantwortlichkeit der beteiligten Regierungen:

- mangelnde Bereitschaft, sich für den Frieden einzusetzen,
- nationale Prestigepolitik, die Friedensinitiativen erschwerte, weil diese als Schwäche ausgelegt werden konnten,
- weit verbreitete Auffassung, daß man die wirtschaftlichen Probleme, denen sich alle Großmächte konfrontiert sahen, durch Krieg und militärische Eroberungen bewältigen könne,
- Nachgeben der Regierungen gegenüber chauvinistischen Bestrebungen und mangelnde Bereitschaft, den Einfluß nationalistischer Verbände, die es überall gibt, mit Nachdruck zurückzuweisen.

3. Verantwortlichkeit von Strukturen:

- Rückwirkungen der Rivalität der Mächte in Außeneuropa auf die europäische Politik,
- Netz der Bündnisse und unkontrollierbare Bündnisautomatismen,
- Fehlen eines internationalen, staatenübergreifenden Krisenmanagements,
- Lehre vom ungebundenen, souveränen Staat,
- Bestehen innerpolitischer Spannungen, die nur durch den Krieg kanalisierbar erschienen,
- Verdrängung des Primats der Politik durch militärisch-strategische Intentionen.

Abb. 22: Bündnisse vor dem Ersten Weltkrieg (Maier, Abiturwissen, S. 58)

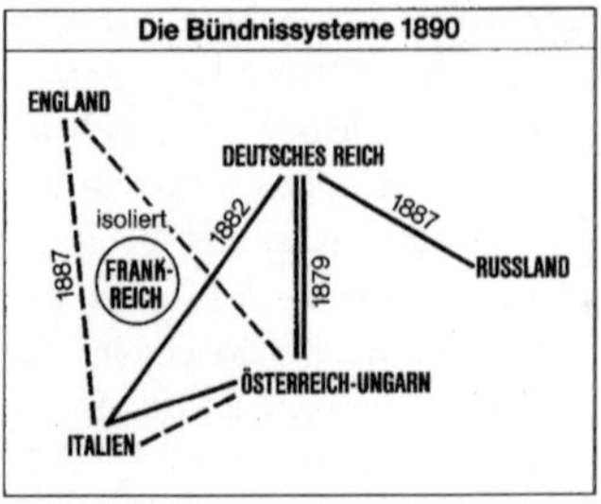

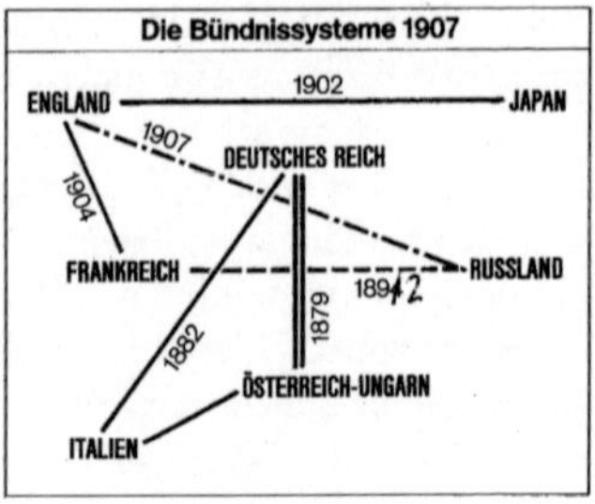

Abb. 23: Arbeitsblatt 1 (Mayer, Ulrich, Ursachen und Beginn des Ersten Weltkriegs – Ist ein Krieg unabwendbar? Unterrichtsentwurf zur Verwendung von Elementen des Planspiels im historisch-politischen Unterricht, in: Geschichtsdidaktik 3 (1978), S. 208-216)

Ist ein Krieg unabwendbar?

Ausgangssituation

Ort der Handlung: Kontinent Atlantis

Zeit der Handlung: 20. Jahrhundert

Vorgeschichte: Auf dem Kontinent Atlantis gibt es eine Reihe von Staaten, denen es nicht nur darum geht, die eigene Herrschaft zu sichern, sondern auch darum, ihren Einfluß auf dem Kontinent auszuweiten. Zwischen den Regierungen wächst das Mißtrauen. Auch die Menschen sprechen über die Bürger anderer Staaten voller Feindseligkeit. Jedes Jahr wachsen die Rüstungsausgaben. Es werden genaue Pläne „für den Kriegsfall" ausgearbeitet. Die wichtigsten Staaten haben sich zu folgenden Bündnissen zusammengeschlossen:

Bündnis I umfaßt die Staaten A, B und E

Bündnis II umfaßt die Staaten C und D

Mehrere schwere Auseinandersetzungen haben zu Spannungen zwischen den Bündnissystemen geführt. Atlantis ist zum „Pulverfaß" geworden.
In diesem Augenblick wird ein führender Politiker des Staates D in der Nähe der Grenze seines Staates zum Staat F ermordet. Der kleine Staat F ist durch Sprache und Kultur eng mit E verbunden. Politisch steht F unter dem Schutz des Staates E. Die Regierung des Staates D vermutet, daß die Regierung des Staates F bei diesem Mord ihre Hände heimlich im Spiel hatte. Der Staat D will dem kleinen Nachbarstaat F seine Macht zeigen und verlangt von F eine genaue Untersuchung der Schuld an dem Mord.

WIE GEHT ES WOHL WEITER?

Arbeitsauftrag:

Umfahre in der Skizze mit der gleichen Farbe die Staaten, die zum gleichen Bündnis gehören. Du brauchst 2 Farben. Ein Staat bleibt frei.

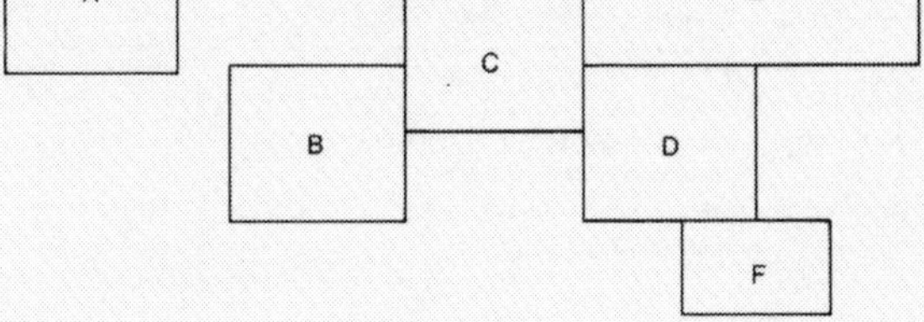

Abb. 24: Arbeitsblatt 2 (Mayer, Ulrich, Ursachen und Beginn des Ersten Weltkriegs – Ist ein Krieg unabwendbar? Unterrichtsentwurf zur Verwendung von Elementen des Planspiels im historisch-politischen Unterricht, in: Geschichtsdidaktik 3 (1978), S. 208-216)

Ist ein Krieg unabwendbar?

Die Beteiligten

Staat A:	
Wirtschaft:	Moderner Industriestaat. Sehr leistungsfähige Wirtschaft. Ausgebautes Verkehrssystem. Erfolgreicher Überseehandel.
Militär:	Insgesamt 9 Mill. Soldaten. Starke Marine.
Besonderheit:	A bemüht sich darum, daß keine politische Gruppe in Atlantis übermächtig stark wird (politisches Gleichgewicht).
Staat B:	
Wirtschaft:	Leistungsfähig, aber noch nicht voll entwickelt.
Militär:	Insgesamt 8 Mill. Soldaten.
Besonderheit:	Starke Abneigung von Regierung und Bevölkerung gegenüber Staat C.
Staat C:	
Wirtschaft:	Moderner Industriestaat. Leistungsfähig. Ausgebautes Verkehrswesen.
Militär:	Insgesamt 11 Mill. Soldaten. Möchte die Seeherrschaft des Staates A brechen.
Besonderheit:	Staat C möchte zur Führungsmacht in Atlantis aufsteigen. Große Abneigung gegen den Saat B.
Staat D:	
Wirtschaft:	Ausreichend entwickelt.
Militär:	Insgesamt 8 Mill. Soldaten. Gut ausgebildete Armee.
Besonderheit:	Staat D neigt zur Selbstüberschätzung. Bevölkerung besteht aus mehreren unterschiedlichen Sprachgruppen. Eine davon ist mit F verwandt.
Staat E:	
Wirtschaft:	Fast ausschließlich Landwirtschaft. Wenig Industrie.
Militär:	Insgesamt 12 Mill. Soldaten. Schlecht ausgerüstet.
Besonderheit:	E fühlt sich als Schutzmacht anderer Staaten mit verwandter Sprache, besonders des Staates F.
Staat F:	
Wirtschaft:	Karge Landwirtschaft. Kaum Industrie.
Militär:	Insgesamt 0,7 Mill. Soldaten.
Besonderheit:	Erwartet, mit Hilfe von Staat E sein eigenes Staatsgebiet durch Teile von D zu vergrößern.

„Staatsregierungen“ sollen nun in Aktion treten. Sieben verschiedene Möglichkeiten stehen ihnen dazu zur Verfügung:

1. Keine Aktion (Abwarten)
2. Diplomatische Note (informatives Schreiben zu Erkundigung und Stellungnahme)
3. Protestschreiben
4. Abbruch der diplomatischen Beziehungen (Zurückholen des Botschafters)
5. Ultimatum (Forderung mit einer bestimmten Frist zur Beantwortung)
6. Teilmobilmachung/Generalmobilmachung (Bereitmachung von Teilen der Armee oder der gesamten Streitkräfte)
7. Kriegserklärung

Es ist sinnvoll, die Aktionsmöglichkeiten an die Tafel zu schreiben (oder auf eine Folie zu kopieren) und sie zu erläutern.

Die sechs Gruppen müssen nun unter der Angabe der Nummer der Aktion in kurzer schriftlicher Form ihre Reaktion auf den Mord auf einem Zettel schreiben. Der Zettel der Gruppe F könnte folgendermaßen aussehen:

Gruppe F

Nr. 2: An Staat E: „Wir werden von D bedroht. Können wir mit eurer Hilfe rechnen?“

Alle Gruppen müssen beim Spielleiter (Lehrer) einen solchen Zettel abgeben, auch die, die sich für Nr. 1 „Keine Aktion“ entschieden haben. Die Abgabe der Zettel hat den Vorteil, dass sich alle Gruppen zur gleichen Zeit für einen „Spielzug“ entscheiden müssen. Anschließend werden alle Gruppenreaktionen in Kurzform an die Tafel geschrieben. Nichts geschieht im Geheimen. Man kann erklären, dass die Botschafter ihre Regierungen immer gut auf dem Laufenden hielten. Das Tafelbild hat die Form einer Tabelle.

Spielrunde	Gruppe A	Gruppe B	Gruppe C	Gruppe D	Gruppe E	Gruppe F
1						
2						
...						

Wenn alle Aktionen angeschrieben sind, beginnt die nächste Beratung in den Gruppen, deren Ergebnis wiederum in eine schriftlich fixierte Aktion münden muss. Das rundenbasierte Vorgehen hat den Vorteil, dass der Gesamtprozess für alle gut sichtbar nachvollzogen werden kann. Das Spiel endet, wenn sich die Staaten im Krieg befinden oder die Gruppen zu einer zufrieden stellenden nichtkriegerischen Lösung gelangt sind.

Zurecht könnte man einwenden, hier finde eine Verkürzung des historischen Prozesses statt. Legt man aber die Bemerkungen zur didaktischen Funktion einer Simulation zugrunde (Kap. 5.4.1), ist gerade die Darstellung der einmaligen Komplexität des Vorgangs nicht notwendig. Es wird bewusst nur ein Ausschnitt des Geschehens herausgehoben, um die Dynamik der Krise zu demonstrieren. Durch die Verfremdung erreicht man zusätzlich, dass der Anspruch auf historische Faktizität zunächst gering gehalten wird. Dieser wird erst im Anschluss an das Spiel durch die textgestützte Erarbeitung der Julikrise eingelöst. Der Vorteil des Spiels liegt darin, dass durch die dabei gewonnene Strukturerfahrung eine entscheidende Grundlage gelegt wird, um den historischen Prozess zu verstehen.

Erfahrungsgemäß macht den Schülern das Spiel so großen Spaß, dass es zumeist über zwei Schulstunden geht. Rechnet man die auswertende Gegenüberstellung mit dem historischen Verlauf hinzu, benötigt man drei Stunden. Jedoch liegt ein großes Lernpotenzial in dieser handlungsorientierten Form. Über den quellengestützten Zugang hinaus können die Schüler hier Strukturerfahrungen machen, die eine kritischere Würdigung der Julikrise erlauben. Die Schüler lernen:

- strategisch-antizipierend zu denken,
- unterschiedliche Faktoren erklärend zu verbinden,
- multiperspektivisch zu denken und zu argumentieren,
- dass eigene Konzepte in der handelnden Auseinandersetzung (innerhalb der eigenen Gruppe und mit den anderen Gruppen) vielfach mit anderen Konzepten abgestimmt werden müssen,
- wie schwierig es ist, unter Vorherrschen des militärisch-strategischen Denkens eine besonnene Friedensperspektive zu entwickeln,
- wie scheinbar unproblematisch aus nationaler Ehre und Selbstüberschätzung Entscheidungen über Millionen von Menschenleben gefällt werden können,
- welche Verengungen sich für die eigenen Handlungsmöglichkeiten durch die Dynamik der Krise ergeben,
- welche Wirkung bereits kleine Provokationen anderer „Staatsregierungen“ auf die Aggressivität der eigenen Reaktionen haben.

Udo Pinga Panga – Probleme in der Dritten Welt

Historische Unterrichtseinheiten, die das Thema Dritte Welt zum Inhalt haben oder es berühren (Kolonialismus, Imperialismus, Welt nach 1945, Globalisierung), treffen häufig auf massive Vorurteile seitens der Schüler gegenüber so genannten Entwicklungsländern, auch wenn diese in der Regel nicht freimütig geäußert werden. Der Geschichtsunterricht trägt zur Korrektur solcher Vorurteile bei, wenn er den Schülern eine differenzierte Wahrnehmung der Probleme in den Ländern der Dritten Welt ermöglicht. Dazu gehört die Darstellung der historischen Verantwortung der Europäer, aber auch die gegenwärtige Benachteiligung der Länder im Welthandelssystem und nicht zuletzt ihre hausgemachten Probleme durch die von Partikularinteressen geprägte Politik der häufig korrupten Regierungen und Verwaltungen.

Einen gegenwartsbezogenen Ausgangspunkt für solche Lernziele bietet das Spiel „Udo Pinga Panga", das von Xaver Fiederle[209] entwickelt wurde. Die Bezeichnung des Spiels ist ein Fantasiename eines Drittwelt-Landes, das typische Kenzeichen von Unterentwicklung aufweist, die anhand einer Karte veranschaulicht werden (s. Abb. 25, S. 124). Erkennbar sind zum Beispiel die schlechte Infrastruktur, der hohe Anteil der Landbevölkerung, der geringe Industrialisierungsgrad.

Andere Merkmale können hinzugefügt werden. Sie ergeben sich aber auch aus der vorhandenen Projektauswahl (schlechte Erschließung der Nahrungsressourcen und Bodenschätze, schlechte Versorgung mit sauberem Wasser, hohe Kindersterblichkeit, hohe Analphabetenrate).

Die Schüler erhalten das Material als Kopie und bilden Gruppen, die einen Minister von Udo Pinga Panga und seinen Beraterstab spielen sollen. Die Aufgabe besteht darin, dass die Weltbank dem Land einen Kredit von 30 Millionen Euro zur Verfügung stellt, um das Land weiter zu entwickeln. Die vorgesehenen Projekte sind vorgegeben (z.B. Industrie: Bau einer kompletten Industrieanlage zur Holzverarbeitung inklusive Erschließung und Verkehrswegen (10 Mio.); Bildung: Aufbau eines Bildungswesens (...); Gesundheit: Aufbau eines landesweiten Systems zur Gesundheitsvorsorge und -versorgung (...) etc.). In den Gruppen muss nun darüber diskutiert werden, mit welchen Maßnahmen man dem Land am besten helfen kann. Die Schüler haben zwanzig Minuten Zeit, ein Konzept auszuarbeiten. Nicht verplantes Geld fällt einem anderen Land zu.

Der Reiz des Spiels liegt darin, dass das Geld für das Wünschenswerte nicht ausreicht. Man muss Schwerpunkte setzen, aber dafür bleiben Dinge unberücksichtigt, die durchaus wichtig sind. Wie man sich auch entscheidet, kein Vorschlag wird zufriedenstellend sein. Die Schüler

Abb. 25: Karte von Udo Pinga Panga (Aus: Workshop Geschichte/Politik. Erinnern. Paderborn 1992, S. 32)

erfahren dabei, dass mit gutem Willen allein die Probleme nicht zu lösen sind, dass sich die Situation aufgrund ihrer Komplexität einfachen Verbesserungsvorschlägen entzieht und vor allem, dass vorurteilsbeladene Denkweisen nicht weiter helfen.

Die Schüler stellen im Anschluss an die Gruppenphase ihre Konzepte vor, die dann im Plenum diskutiert werden. Eventuell kann der Lehrer die „Minister" befragen, was sie zum Vorwurf eines „europäischen Politikers" sagen, aus ihrem Land könne wegen der dort „grassierenden Unfähigkeit und Faulheit" gar nichts werden. Das Ergebnis dieser Diskussion kann schließlich genutzt werden, um Hypothesen über die Gründe von Unterentwicklung aufzustellen. Diese Hypothesen sind wiederum Ausgangspunkt für eine entsprechende historische Unterrichtseinheit.

Ein Planspiel: Deutschland im Jahr 1945 – Republik Schwarzenberg[210]
Schwarzenberg, eine kleine Kreisstadt im westlichen Teil des Erzgebirges, wurde mit dem dazugehörigen Kreisgebiet nach dem Ende des Zweiten Weltkrieges aus ungeklärten Gründen nicht besetzt, weder von amerikanischen noch von sowjetischen Truppen. Das Gebiet blieb etwa sieben Wochen sich selbst überlassen. Die Bedingungen des Zusammenlebens in Schwarzenberg mussten von in irgendeiner Weise legitimierten Personen (-gruppen) geregelt werden. Die Situation war für die meisten Gegenden in Deutschland nicht sehr viel anders, nur dass man in Schwarzenberg zunächst nichts mit entscheidungsbefugten Militärbehörden absprechen musste. Darin besteht das Anliegen des Planspiels: Die Schüler sollen mit den wirtschaftlichen, sozialen und politischen Gegebenheiten nach dem Zweiten Weltkrieg konfrontiert werden, um die Berechtigung der Bezeichnung „Stunde Null“ beurteilen zu können.

Die prinzipiell „offene“ Situation nach dem Zusammenbruch des Naziregimes ist für ein Planspiel geeignet, in dem Schüler kollektive Interessengruppen darstellen, die sich nach dem Krieg – wie überall in Deutschland – der Gestaltung des öffentlichen Lebens annahmen. Dafür kommen verschiedene Gruppen in Frage: Kommunisten, Sozialdemokraten, Liberale, Konservative, christlich Engagierte, Gewerkschafter. Für den hier vorliegenden Vorschlag wurden lediglich vier ausschließlich politische Gruppierungen (Kommunisten, Sozialdemokraten, Liberale und Christliche) gewählt, was nicht mit der historischen Situation[211] übereinstimmt.

Überhaupt dient Schwarzenberg nur als Schablone für die Rahmenbedingungen der Spielhandlung, die im Anschluss mit der Situation in der Heimat der Schüler verglichen werden kann. Darin liegt ein großer Reiz, denn aus dem Spiel kann sich ein regionalgeschichtliches Projekt mit echter Forschungsrelevanz entwickeln. In vielen Gemeinden ist die Zeit nach dem Zweiten Weltkrieg noch eine kaum untersuchte Epoche. Man kann zur Vorbereitung eines späteren Projekts bereits Material aus der Region in das Spiel einfließen lassen, beispielsweise Aufrufe von politischen Gruppierungen, Erlebnisberichte von Zeitgenossen, Tagebucheintragungen oder Ergebnisse der ersten Kommunalwahl (1946). Auch können Besuche von Stadtarchiven und Heimatmuseen eingeplant werden. All diese Aktivitäten bilden eine wesentliche Voraussetzung für das Spiel, das von der Bereitschaft der Schüler lebt, sich mit den Bedingungen der Zusammenbruchsgesellschaft intensiv auseinander zu setzen.

Zur Durchführung des Planspiels ist die Einhaltung des oben beschriebenen Phasenablaufs erforderlich. Nach der *Spieleinführung* durch den Lehrer müssen die Schüler in der *Informations- und Lesephase* mit ausreichenden Materialien versehen werden. In dem zugrunde liegenden „Grobentwurf“ von Heitmann dient dieser Phase nur eine Seite (Abb. 26). Als weitere Informationsquellen müssen Schulbücher, Bildbände,[212] Handbücher,[213] Quellensammlungen[214] oder regionalgeschichtliche Darstellungen[215] hinzugezogen werden. Entsprechende Informationshefte können bei der Bundeszentrale für politische Bildung (H. 259) bestellt werden. Vor allem kann das Internet zur Informationsbeschaffung genutzt werden, da zahlreiche Geschichtswerkstätten oder -vereine regionales Material im Netz zur Verfügung stellen.

In der *Meinungs- und Strategiebildungsphase* arbeiten die Schüler in ihren jeweiligen Gruppen eine Konzeption zum eigenen Vorgehen heraus. Es bietet sich an, auf *Rollenkarten* gewisse Vorgaben hinsichtlich der politischen Absichten und der zu bewältigenden Probleme zu machen.

Abb. 26: Republik Schwarzenberg (Heitmann, Friedhelm, Historix & Co. 30 Geschichtsspiele für die Klasse 6-13, Lichtenau 1991)

Am Spätabend des 8.5.1945 hatte das Oberkommando der deutschen Wehrmacht in Berlin-Karlshorst die bedingungslose Kapitulation unterzeichnet, die die Allierten von Deutschland verlangten. Damit war formell der 2. Weltkrieg in Europa beendet, für Deutschland begann die Besatzungszeit.

Die im Erzgebirge gelegene Kleinstadt, der gleichnamige Landkreis sowie die kreisfreie Stadt Aue sind bisher – wider ursprünglicher Erwartung der heimischen Bevölkerung – nicht von den Alliierten besetzt worden. Es sind keine US-amerikanischen und auch keine sowjetischen Besatzungstruppen einmarschiert.

Im genannten Gebiet (vornehmlich in den Wäldern) halten sich geflüchtete und versprengte deutsche Soldaten auf. Hauptsächlich sind es Angehörige der zuvor in Böhmen kämpfenden Heeresgruppe Schörner. Vereinzelt tauchen im Süden des Landkreises Schwarzenberg tschechische Freischärler auf. In Schwarzenberg und in der Umgebung befinden sich noch Mitglieder der NSDAP (Ortsgruppenleiter, Bürgermeister, Mitglieder der Kreisleitung und der Gestapo sowie der Gauleiter von Sachsen ...), manche sind bewaffnet und verfügen über eigenes Schutzpersonal. Im schwarzenbergischen Raum halten sich außerdem zahlreiche meistens aus der Sowjetunion stammende Zwangsarbeiter auf, die während der nationalsozialistischen Herrschaftszeit unter menschenunwürdigen Bedingungen vor Ort für Deutschland arbeiten mussten.

Die Kreisstadt Schwarzenberg sowie das nahe Umland blieben im 2. Weltkrieg im Gegensatz zu anderen Gegenden (zum Beispiel Dresden) von ganz großen Zerstörungen verschont. Allerdings neigen sich nunmehr die Vorräte (Mehl, Fleisch, Kartoffeln und andere Lebensmittel, Medikamente ...) dem Ende entgegen. Der Kreis Schwarzenberg lebt(e) vom Austausch örtlich (in hauptsächlich Klein- und Mittelbetrieben!) erzeugter Industriegüter (Töpfe, Pfannen, Spaten und anderer Gegenstände des täglichen Gebrauchs) gegen Nahrungsmittel aus dem übrigen sächsischen Bereich (unter anderem aus dem benachbarten Landkreis Auerbach). Bedeutung für das Gebiet Schwarzenberg hat zudem die lokal betriebene erzgebirgische Volkskunst (Schnitzereien und Klöppeleien), womit manche Bewohner ihren Lebensunterhalt bzw. ein Zubrot verdien(t)en. Aber auch Landwirtschaft wird im Landkreis Schwarzenberg betrieben (hauptsächlich in den tieferen Lagen). Nach Süden hin erreicht die Landschaft eine Höhe von über 900 m ü.M., die höheren Regionen sind sehr stark bewaldet.

In früheren Zeiten gab es im Erzgebirge – auch im Kreis Schwarzenberg – unter anderem reiche Silber- und Bleivorkommen, die jedoch inzwischen fast durchweg erschöpft sind. Auf schwarzenbergischem Territorium (in der Nähe von Schneeberg und Johanngeorgenstadt) ist Uranerz (Pechblende) vorhanden, das für die Gewinnung von Atomenergie ausgenutzt werden kann. Einige örtlich angesiedelte Firmen produzierten bis vor kurzem Kriegsmaterialien (Granaten, Spezialgewehre, Torpedoteile).

Schwarzenberg ist Verwaltungssitz des gleichnamigen Kreises, wozu unter anderem die Städtchen Schneeberg, Eibenstock, Grünhain und Johanngeorgenstadt gehören. Die in ca. 450 m über dem Meeresspiegel befindliche Stadt Schwarzenberg, die am Fluß Schwarzwasser liegt, ist ein kleiner Eisenbahnknotenpunkt. Es besteht jeweils eine Eisenbahnstrecke nach Johanngeorgenstadt, nach Auerbach (über Aue) sowie nach Annaberg und von dort aus weiter (vergleiche die Karte dazu). Die Streckenverbindungen sind jedoch gegen Ende des 2. Weltkrieges zum Teil beschädigt worden. Zudem sind in und um Schwarzenberg die Stromversorgung und zahlreiche Telefonverbindungen unterbrochen. In der Stadt Schwarzenberg und im Umkreis herrscht und droht weitere Unruhe. Gekommen ist es bereits zu Überfällen, Plünderungen, Vergewaltigungen und Morden. Der der Stadt Schwarzenberg am nächsten gelegene Sitz der US-amerikanischen Militärverwaltung ist in Auerbach, der der sowjetischen Militäradministration in Annaberg.

Deutschland im Jahr 1945: Republik Schwarzenberg – Allgemeine Informationen

Wie ihr euch vorstellen könnt, gibt es in Schwarzenberg zahlreiche Probleme: Sicherung der öffentlichen Ordnung; Verhalten gegenüber den Alliierten; Verhalten gegenüber den anwesenden Nationalsozialisten; Fragen nach Legislative, Exekutive und Judikative; Sicherstellung der Ernährung usw. Nach dem Zusammenbruch des staatlichen und wirtschaftlichen Systems in Deutschland muss nun zwangsläufig etwas geschehen. Aber wer springt für alles das ein, was noch bis vor wenigen Tagen „von oben“ geregelt wurde? Es gibt einige politisch Aktive in Schwarzenberg, die versuchen diese Probleme zu bewältigen. Sie bilden alsbald einen „Bürgerausschuss“ und planen die weitere Zukunft ihrer Region.

Diese politisch Aktiven seid ihr. Ihr sollt zur Bewältigung dieser Aufgabe zunächst mehrere Gruppen bilden, die der tatsächlichen Konstellation der damaligen Zeit entsprechen.

1. Kommunisten
2. Sozialdemokraten
3. Liberale
4. Christliche

Diese Gruppen orientieren sich an den Parteien der Weimarer Republik. Aufgrund der Verfolgung und Unterdrückung fühlten sich Sozialdemokraten und Kommunisten besonders dazu berufen, die künftige Politik zu gestalten. Zur Beurteilung, auf welchen Rückhalt in der Bevölkerung sich die Gruppierungen berufen konnten, sind die Wahlergebnisse der Reichstagswahlen der Weimarer Republik von 1928 und vom November 1932 beigefügt. Die einzelnen Gruppierungen waren der Meinung, ihr altes Wählerpotential in etwa wieder mobilisieren zu können.

in %	KPD	SPD	DDP	Zentrum	DVP	DNVP	NSDAP	Sonst.
1928	4,9	30,5	8,8	5,3	24,2	9,9	1,3	15,1
1932	9,3	21,4	1,5	5,9	7,0	9,9	42,2	2,8

Informiert euch anhand des Materials und des Schulbuchs über die Situation des täglichen Lebens unmittelbar nach der Kapitulation und anhand der Rollenkarten über die Vorstellungen der politischen Gruppierungen, die ihr vertretet.

Viel Spaß!

Rollenkarte: KOMMUNISTEN

Die Kommunisten vertraten die revolutionäre Arbeiterklasse. Sie waren unter der NS-Herrschaft den schlimmsten Verfolgungen ausgesetzt. Viele ihrer Mitglieder waren verhaftet worden, weil sie durch Flugblätter zum Widerstand aufriefen. Nach 1936 erlahmte der aktive Widerstand, weil man nicht mehr an eine schnelle Beseitigung des NS-Regimes glaubte. Informelle Treffen gab es nach wie vor. Um so mehr fühlten sich die Kommunisten nun zum Handeln berufen: Für eine antifaschistische, gerechte Welt, in der nie wieder Krieg geführt wird! Viele Kommunisten träumten davon, nun endlich den alten Wunsch von der Herrschaft der Arbeiterklasse durchzusetzen und alle bürgerlichen Gruppierungen von der Mitbestimmung auszuschließen.

Bevor ihr aber an ein politisches Vorgehen denken könnt, sind zunächst andere Aufgaben zu lösen:

- Welche akuten Probleme bestehen im Gebiet Schwarzenberg?
- Welche verschiedenen Handlungsmöglichkeiten sind gegeben? (Vor- und Nachteile nennen und abwägen!)
- Welche Maßnahmen sind zuerst, welche später zu treffen?
- Welche Schwierigkeiten könnten sich bei der Durchführung der Maßnahmen ergeben?

Wählt nun einen Vorsitzenden und einen Schriftführer. Die Ergebnisse der Besprechungen werden schriftlich festgehalten. Wir treffen uns anschließend im „Bürgerausschuss", wo jede Gruppe ihre Vorstellungen vorträgt, welche Aufgaben für eine Normalisierung des Lebens in Schwarzenberg als erstes gelöst werden müssen.

Rollenkarte: SOZIALDEMOKRATEN

Die Sozialdemokraten vertraten den größten Teil der Arbeiter und einen Teil der Angestellten. Die Sozialdemokratie war während des Dritten Reichs schweren Verfolgungen ausgesetzt. Viele Mitglieder wurden verhaftet. Die in Schwarzenberg verbliebenen Sozialdemokraten trafen sich während der NS-Zeit öfters, leisteten aber keinen offenen Widerstand. Die SPD fühlte sich ganz besonders legitimiert, nun die Initiative zu ergreifen. Schließlich hatte die Partei die längste demokratische Tradition, hatte die Weimarer Republik verteidigt und war nicht zum geringsten Zugeständnis an die Nazis bereit gewesen. Nun sollte endlich eine sozial gerechte Demokratie aufgebaut werden.

Bevor ihr aber an ein politisches Vorgehen denken könnt, sind zunächst andere Aufgaben zu lösen:

- Welche akuten Probleme bestehen im Gebiet Schwarzenberg?
- Welche verschiedenen Handlungsmöglichkeiten sind gegeben? (Vor- und Nachteile nennen und abwägen!)
- Welche Maßnahmen sind zuerst, welche später zu treffen?
- Welche Schwierigkeiten könnten sich bei der Durchführung der Maßnahmen ergeben?

Wählt nun einen Vorsitzenden und einen Schriftführer. Die Ergebnisse der Besprechungen werden schriftlich festgehalten. Wir treffen uns anschließend im „Bürgerausschuss", wo jede Gruppe ihre Vorstellungen vorträgt, welche Aufgaben für eine Normalisierung des Lebens in Schwarzenberg als erstes gelöst werden müssen.

Rollenkarte: LIBERALE

Die Liberalen in Schwarzenberg vertraten die Mittelstand (Handwerker, Besitzer kleinerer Betriebe u.ä.). Sie hatten im Dritten Reich nicht unter Verfolgung gelitten, viele hatten sich den äußeren Umständen gebeugt oder gar mit den Nazis zusammengearbeitet und waren auch in die NSDAP eingetreten. Besonders diejenigen, die jetzt Mitsprache verlangten, fühlten sich aber dazu berufen, an einer demokratischen Zukunft mitzuarbeiten und mit allen demokratisch gesinnten Kräften eine freiheitliche Gesellschaft aufzubauen. Aufgrund ihrer Interessen setzten sie auf Privateigentum und lehnten sozialistische Tendenzen ab.

Bevor ihr aber an ein politisches Vorgehen denken könnt, sind zunächst andere Aufgaben zu lösen:

- Welche akuten Probleme bestehen im Gebiet Schwarzenberg?
- Welche verschiedenen Handlungsmöglichkeiten sind gegeben? (Vor- und Nachteile nennen und abwägen!)
- Welche Maßnahmen sind zuerst, welche später zu treffen?
- Welche Schwierigkeiten könnten sich bei der Durchführung der Maßnahmen ergeben?

Wählt nun einen Vorsitzenden und einen Schriftführer. Die Ergebnisse der Besprechungen werden schriftlich festgehalten. Wir treffen uns anschließend im „Bürgerausschuss", wo jede Gruppe ihre Vorstellungen vorträgt, welche Aufgaben für eine Normalisierung des Lebens in Schwarzenberg als erstes gelöst werden müssen.

Rollenkarte: CHRISTLICHE

Die Christlichen befanden sich in der Situation, dass sie bis auf das Zentrum (Partei des Katholizismus) nicht direkt an eine Partei der Weimarer Republik anknüpfen konnten. Ihr Selbstverständnis erwuchs aus der Erfahrung des Dritten Reichs, in dem Katholiken und Protestanten gemeinsam versucht hatten, eine gewisse Form von Widerstand zu leisten. Daraus wollte man nun auf der Grundlage des Christentums eine gemeinsame Sammlungspartei machen. In ihr sollten sich christlich gesinnte Konservative und Liberale vertreten fühlen. Anfangs herrschte die Idee des christlichen Sozialismus, der jedoch bald aufgegeben wurde.

Bevor ihr aber an ein politisches Vorgehen denken könnt, sind zunächst andere Aufgaben zu lösen:

- Welche akuten Probleme bestehen im Gebiet Schwarzenberg?
- Welche verschiedenen Handlungsmöglichkeiten sind gegeben? (Vor- und Nachteile nennen und abwägen!)
- Welche Maßnahmen sind zuerst, welche später zu treffen?
- Welche Schwierigkeiten könnten sich bei der Durchführung der Maßnahmen ergeben?

Wählt nun einen Vorsitzenden und einen Schriftführer. Die Ergebnisse der Besprechungen werden schriftlich festgehalten. Wir treffen uns anschließend im „Bürgerausschuss", wo jede Gruppe ihre Vorstellungen vorträgt, welche Aufgaben für eine Normalisierung des Lebens in Schwarzenberg als erstes gelöst werden müssen.

Wenn die Gruppen ihre Konzeptionen entworfen haben, beginnt die *Interaktionsphase.* Während dieser Phase nehmen die Gruppen (über die Spielleitung) schriftlich Kontakt miteinander auf oder wenden sich an andere Adressaten, die von der Spielleitung dargestellt werden müssen. Wenn sich die Gruppen im politischen Prozess positioniert haben, bereiten sie sich auf eine erste „Bürgerversammlung" vor, in der sie der Reihe nach ihre Vorstellungen vom weiteren Vorgehen darlegen müssen. In der anschließenden Diskussion müssen die Konzepte aufeinander abgestimmt werden. Hier entscheidet sich, ob gemeinsame Maßnahmen möglich sind oder ob Kompromisse nicht zustande kommen. Der Lehrer (Spielleiter) kann an dieser Stelle mit „Ereignissen" eingreifen, wenn der Spielverlauf nicht richtig in Gang kommt. Am Ende der Sitzung sollte jedenfalls ein Handlungsplan vorliegen, auf dem die als wichtig erachteten Schritte dargestellt sind.

Das Spiel kann nach dieser ersten Sitzung abgeschlossen werden. Eine *Konferenzphase* durchzuführen, liegt im Ermessen des Lehrers. Wichtig ist die *Reflexion*, in der die Ergebnisse der Spielhandlung diskutiert und mit den Gegebenheiten der Heimatgemeinde verglichen werden.

Eine Sitzung des Spanischen Kronrates

Als Columbus 1493 von seiner Entdeckungsreise nach Spanien zurückkehrte, wurde er mit großen Ehren empfangen und reich belohnt. Er hatte für die spanische Krone einige Inseln „entdeckt" und in Besitz genommen. Das Spiel geht von der – unhistorischen – Fiktion aus, das spanische Königspaar habe im Anschluss an die Reise Columbus und zwei Parteien von Sachverständigen an den Hof geladen, um eine Entscheidung darüber zu treffen, was mit den neuen Ländern und den dortigen Bewohnern geschehen solle. Die Schüler sollen dieses Treffen spielen. Die Zusammenkunft kann zwar nicht stattgefunden haben, schon gar nicht als „Kronrat", sie konzentriert aber in spielerischer Weise während Jahrzehnten entstandenes Quellenmaterial, das eine der Grundlagen des modernen Völkerrechts darstellt.

Sachliche Aspekte

Am 17. April 1492 wurde zwischen der spanischen Krone und Christoph Kolumbus ein Vertrag geschlossen, der dem Seefahrer eine Expedition nach „Indien" auf der Westroute ermöglichte. Kolumbus erhielt den Titel eines Admirals, Vizekönigs und Generalgouverneurs über die Gebiete, die er für die Krone in Besitz nehmen sollte. Von dem Erlös der Reise durfte Columbus nach Abzug der Kosten zehn Prozent behalten. Die Könige beanspruchten neun Zehntel für sich.

Die Rechtstitel für die Eroberungen von fremden Gebieten gründeten im mittelalterlichen Rechtsbewusstsein, das die Aneignung von Territorien, die nichtchristlichen Fürsten gehörten, für erlaubt hielt. Die Europäer hatten keine Bedenken, den Bewohnern als „Heiden" eine eigene Rechtspersönlichkeit abzuerkennen und sie zu berauben und sogar zu versklaven.[216] Kolumbus war davon überzeugt, die Länder rechtmäßig für die spanischen Könige in Besitz genommen zu haben.

Diese auch als „Recht des Stärkeren" charakterisierte Position löste zunächst keinerlei Widerspruch, schon gar keinen moralischen, aus, da sich die Christen im Besitz eines „besseren" Rechts als die Ungläubigen wähnten. Von daher wäre die erfolgte Aneignung der von Kolumbus „entdeckten" Inseln ein widerspruchsloser Rechtsakt gewesen. Viel problematischer erschien das rechtliche Verhältnis zum Konkurrenten Portugal. Die Portugiesen hatten bereits 1455 päpstliche Bullen für ihre

Ermächtigung erhalten, den westafrikanischen Raum zu erobern und dessen Bewohner zu berauben und zu versklaven. Derjenige, der diesen portugiesischen Herrschaftsbereich ohne Zustimmung der Krone betrete, werde mit dem Kirchenbann belegt. Die kirchliche Einmischung begründete der Papst mit seiner Verantwortung für die Bekehrung der Heiden.

1493 konnten die spanischen Könige eine ähnliche Bulle (Edikt *Inter caetera*) für ihre westindischen Besitzungen erwirken, nachdem eine „weltliche" Einigung zwischen Portugal und Spanien von 1479 durch die neuen Entdeckungen des Kolumbus hinfällig geworden war. Dies geschah weniger um die Herrschaft über die neuen Länder zu rechtfertigen, als vielmehr um der portugiesischen Krone rechtlich mit derselben Legitimation entgegen treten zu können. Diese hatte nämlich die Auffassung vertreten, die von den Spanier okkupierten Länder habe der Papst bereits in der Bulle von 1455 an Portugal vergeben. Höhepunkt und Ende dieser Auseinandersetzung war ein Kompromiss, der im spanisch-portugiesischen Staatsvertrag von Tordesillas 1494 festgelegt wurde. Der Inhalt dieses Vertrags sah eine Teilung der Erde in eine spanische und eine portugiesische Entdeckungszone vor.

Die Herrschaftsbegründungen waren bald Gegenstand von heftigen juristischen Auseinandersetzungen, in denen „Prinzipien einer universalen Völkerrechtsgemeinschaft" entwickelt wurden. In dieser Kontroverse wurden Ideen formuliert, die den „politischen und ökonomischen Interessen der spanischen und portugiesischen Kolonialherrschaft zuwiderliefen"[217] und bei den späteren Unabhängigkeitsbestrebungen der kolonisierten Völker eine wichtige Rolle spielten.

Eine rechtliche Legitimation der Aneignung der Neuen Welt lieferte 1513 Palacios Rubios, ein Jurist der spanischen Krone. In einem Gutachten (*Requerimiento*) bestätigte er die rechtliche Ableitung der Besitzansprüche Spaniens aus der Stellvertreterrolle des Papstes. Francisco de Vitoria, Dominikaner und Theologieprofessor aus Salamanca, setzte sich 1538 mit dem *Requerimiento* auseinander und formulierte in seinen Vorlesungen Grundsätze, die als Basis des modernen Völkerrechts gelten. Einen Höhepunkt des Disputes über den Rechtsanspruch der Spanier bildete eine Grundsatzdebatte, die 1550 auf Geheiß Kaiser Karls V. im spanischen Valladolid stattfand. Für die Rechtmäßigkeit der Eroberungen trat Juan Ginés de Sepulveda, ein angesehener Humanist und Theologe am Hof des Kaisers ein. Die Gegenseite vertrat Bartholomé de Las Casas, der dem spanischen Verhalten in Südamerika vor allem das Gewissen einer christlichen Menschlichkeit entgegenstellte. Die beschriebene Auseinandersetzung beinhaltet ein erhebliches Lernpotenzial.

Didaktische Aspekte

Für viele ist der Fall klar. Die Spanier haben mit der Inbesitznahme und Ausbeutung der Neuen Welt das „erste Verbrechen gegen die Menschlichkeit" begangen, wie ein „Tribunal der Geschichte" feststellte, das 1992 anlässlich der 500-Jahrfeiern auf der französischen Karibik-Insel Martinique stattfand.[218]

Tatsächlich kann man sich angesichts der unvorstellbaren Gräueltaten während der *Conquista*, die faktisch zur fast völligen Ausrottung der ursprünglichen Bewohner Süd- und Mittelamerikas führte, diesem Urteil kaum entziehen. Die damaligen Europäer waren nicht gewillt oder in der Lage, die Andersartigkeit der Fremden zu akzeptieren, sondern erzwangen mit Gewalt die Übernahme des christlichen Glaubens und der europäischen Zivilisation mit verheerenden Folgen für die ansässige Bevölkerung.

Eine gängige Folgerung aus diesem Vorgang ist die kompromisslose Verurteilung der Spanier (und Portugiesen) zu habgierigen und mordlüsternen Schwerverbrechern, die sich das Austoben ihrer niederen Instinkte auch noch von der Kirche absegnen ließen. Ethisch sei das völlig unakzeptabel und zeige „mal wieder" die Natur des Menschen, der doch nur an sich denke und „wie immer" den christlichen Glauben zur Durchsetzung seiner Interessen benutze, ohne nach dessen Grundsätzen zu leben. Mit diesem Urteil weiß man sich moralisch auf der „sicheren Seite" und politisch korrekt im Kreise der gegenwärtigen Kritiker der „Europäisierung der Welt" und derjenigen, die dem Christentum per se einen zwiespältigen Charakter unterstellen.

Gleichwohl greift dieses Urteil zu kurz und befreit lediglich von der Mühe, sich mit einem komplizierten historischen Sachverhalt auseinander zu setzen. In der Tat dürften bei diesem Aufeinandertreffen der Kulturen nicht so sehr die „Natur" des Menschen oder das „Wesen" des Christentums zu Einsichten verhelfen, sondern vielmehr die Kombination von benennbaren spezifischen historischen Faktoren, die dem Handeln der Beteiligten an der Wende zum 16. Jahrhundert zu Grunde lagen. Wäre das nicht so, bräuchte man keine Hoffnung darauf setzen, dass solche Begegnungen der Kulturen auch anders verlaufen könnten.

Für das Verhalten der Europäer gegenüber den Indios lassen sich folgende strukturelle Ursachen nennen:

- Große Unterschiede in Lebensgewohnheiten und Wertvorstellungen und eine daraus resultierende Unfähigkeit zur Kommunikation.
- Militärische und technologische Überlegenheit.

- Verabsolutierung der eigenen Zivilisation aufgrund der antiken und mittelalterlichen Tradition.
- „Beweise“ der Überlegenheit der eigenen Zivilisation durch juristische und theologische Gelehrte.
- Tiefe Verwurzelung in der „Verantwortung“ zur Heidenmission.
- Überwiegen der wirtschaftlichen Interessen von Regierungen und Einzelpersonen am schnellen Profit, was ein „echtes“ Interesse am „Partner“ verhinderte.

Auf die Situation des Spiels bezogen sind darüber hinaus die Motive des Kolumbus, der spanische Könige,[219] der Hofgeistlichen und der Universitätsgelehrten zu nennen.

Kolumbus:

- Erforschung des Seeweges nach „Indien“, Überprüfung einer wissenschaftlichen Hypothese.
- Erwerb von Reichtum.
- Hoffnung auf sozialen Aufstieg.
- Teilnahme an der Heidenbekehrung zum Ruhme Gottes.
- Teilhabe an der „Macht“ durch loyales Verhalten zur Krone.

Spanische Könige:

- Gewinn von Gold zur Finanzierung der Regierung und von Kriegen.
- Konkurrenz zu Portugal.
- Monopolisierung eines neuen Handels mit den „Ostländern“, nachdem die alte Verbindung abgebrochen war.
- Teilnahme an der Heidenmission, Fortsetzung der Reconquista.

Hofgeistliche:

- Wissenschaftliche[220] Legitimierung der Handlungen der Krone aufgrund sozialer Abhängigkeit.

Universitätsgelehrte:

- Kritik der Rechtsauffassung der Krone aus wissenschaftlichen Erwägungen und moralischem Antrieb.

Zurecht wird man anmerken, dass die Indios als Hauptbetroffene sozusagen „in eigener Sache“ gar nicht reden dürfen. Das ist durchaus beabsichtigt, da in den juristischen Erwägungen der Gelehrten persönliche Beobachtungen und Erfahrungen in der Neuen Welt überhaupt keine Rolle spielten. Es geht hier demnach um eine europäische Perspektive, die mit europäischen Maßstäben ein Problem in Augenschein nahm, das sich größer als diese Maßstäbe erwies.

Methodische Aspekte
Bevor das Spiel durchgeführt werden kann, sollten im Unterricht die Entdeckungsfahrten des Kolumbus und ihre Voraussetzungen besprochen worden sein. Günstig wäre es, wenn die Schüler Kenntnisse über die Kreuzzüge, die Reconquista und das Selbstverständnis der mittelalterlichen katholischen Kirche besäßen.

Den Ablauf des Spiels und das, was von den einzelnen Gruppen dabei erwartet wird, erklärt der Lehrer der ganzen Klasse. Zur Vorbereitung auf die Sitzung des Kronrates bilden die Schüler dann vier verschiedene Gruppen. Sollte die Klasse zu groß sein, können die Gruppen auch doppelt besetzt und das Spiel zweimal durchgeführt werden. Die Gruppen erhalten Materialien, mit deren Hilfe sie einen kleinen Vortrag vorbereiten müssen. In diesem sollen sie ihre Interessen formulieren, um die Könige in der Sitzung damit zu deren Unterstützung zu gewinnen. Die Gruppe, die das Spanische Königspaar spielt, ist angehalten, eine Eröffnungsrede auszuarbeiten, die die Erwartungen der Krone beinhaltet.

Die eigentliche Spielhandlung findet im Anschluss an die Gruppenarbeit statt. Die Beteiligten versammeln sich im „Thronsaal" und warten auf das Königspaar und seine engsten Berater. Die Ankunft der Könige wird vom „Herold" (Lehrer) gebührend gemeldet: „*Don Fernando und Doña Isabella, von Gottes Gnaden König und Königin von Kastilien, León, Aragón, Sizilien, Granada, Toledo, Valencia, Korsika, Murcia, Jaén, den Algarven, von Algeciras, Gibraltar, den Kanarischen Inseln, Grafen von Barcelona, Herren von Biskaya und Molina, Herzöge von Athen und Neopatria, Grafen von Rosselon und Cerdaña, Markgrafen von Oristano und Gothia.*"[221]

Wenn die Könige – eventuell etwas erhöht auf einem Podest – Platz genommen haben (alle anderen müssen stehen), verliest einer der Berater des Königspaars die Eröffnungsrede mit den Erwartungen der Krone. Die anderen Gruppen treten anschließend der Reihe nach vor das Königspaar und tragen ihre ausformulierten Reden vor. Nachfragen sind in der Regel nicht eingeplant, können bei fähigen Klassen aber durchaus ins Auge gefasst werden. Anschließend ziehen sich die Könige und ihre Ratgeber zur Beratung zurück und verkünden anschließend, wie sie sich die Zukunft der neuen Inseln und seiner Bewohner vorstellen und welche Rolle sie Kolumbus dabei zubilligen wollen. Unter Umständen gibt es noch einen zweiten Durchlauf mit einer weiteren Spielgruppe. Das ist insofern unproblematisch, da dieses Ergebnis sich durchaus von dem ersten unterscheiden darf.

Zum Schluss findet eine Reflexion der Spielergebnisse statt. Dabei sollte die königliche Verfügung zur Einführung der Encomienda vom

20.12.1503 (s.u. Material für die Auswertung) als Grundlage dienen, da man aus ihr am ehesten die Absichten der Könige erschließen kann, die mit den Entscheidungen der Spielgruppen verglichen werden können. Als Kontrast sollte ferner der Bericht von Las Casas über die Auswirkungen des Encomienda-Systems (s.u. Material für die Auswertung) hinzugezogen werden. Im Anschluss lässt sich in der Regel eine sehr fruchtbare und quellentechnisch fundierte Diskussion über die Probleme des Aufeinandertreffens zweier Kulturen führen. Leitfragen könnten zum Beispiel sein: „Wem gehört die Neue Welt?“, „Welche Alternativen hätten die Spanischen Könige gehabt?“, „Welche Gründe führten zu den Grausamkeiten der Spanier?“, „Aus welchen Gründen glaubten die Spanier, im Recht zu sein?“, „Unter welchen Voraussetzungen hätte es andere Möglichkeiten der Begegnung geben können?“

Material

Eine Sitzung des Spanischen Kronrates:

„Was soll mit den neuen Ländern und den dort lebenden Indios geschehen?“

Gruppe 1: **Das Spanische Königspaar und seine Ratgeber**

Quellen: M 1

Aufgabe: Arbeitet aus den Quellen die wichtigsten Punkte heraus und formuliert eine Eröffnungsrede für die Kronratssitzung. Macht vor allem deutlich, was ihr als Könige von Spanien für Erwartungen habt. Achtet dabei aber darauf, was die Könige lieber in andere Worte gekleidet hätten.

Gruppe 2: **Christoph Kolumbus und seine Mannschaft**

Quellen: M 2

Aufgabe: Ihr seid geladen worden, um vor dem Spanischen Königspaar zu sprechen. Die Könige erwarten von euch einen Bericht, in dem ihr anhand der Quellen eure Erfahrungen mit den Indios schildert. Arbeitet am Ende Formulierungen ein, aus denen hervorgeht, was Kolumbus für Absichten hat und welche Stellung er für sich selbst erhofft.

Gruppe 3: **Hofgeistliche der Könige**

Quellen: M 3

Aufgabe: Erstellt aus den Quellen einen Bericht, in dem ihr die Könige aus eurer Sicht darüber beratet, welche Entscheidung sie treffen sollen, was mit den neuen Ländern geschehen soll. Berücksichtigt dabei, dass ihr am Hof lebt und dieser die Grundlage eurer Existenz ist.

Gruppe 4: **Universitätsgelehrte**

Quellen: M 4
Aufgabe: Ihr seid Professoren der Universität Valencia. Die Könige erwarten von euch eine Beratung darüber, was mit den neuen Ländern geschehen soll. Dadurch dass ihr einigermaßen unabhängig seid, ist es euch erlaubt, dafür die „alten Schriften" zu befragen und daraus einen Bericht zu erstellen.

M 1: Das Spanische Königspaar und seine Berater

Kolumbus (Don Cristóbal Colón) hatte vor seiner Abreise Vollmachten der Könige erhalten, die in einer königlichen Bewilligung (Q 1) festgelegt waren. Aus dieser Bewilligung könnt ihr die Erwartungen der Könige entnehmen. In der zweiten Quelle (Q 2) findet ihr eine frühe Äußerung der Könige zur Behandlung der „Indianer". Auch in dieser Hinsicht erwartet ihr von den Anwesenden Beratung.

Q 1: Schutzbrief der Könige von Spanien, Ferdinand und Isabella, für Kolumbus vom 17. April 1492

Don Fernando und Doña Isabella, von Gottes Gnaden König und Königin von Kastilien, Leon, Aragón, Sizilien, Granada, Toledo, Valencia, Korsika, Murcia, Jaén, den Algarven, von Algeciras, Gibraltar, den Kanarischen Inseln, Grafen von Barcelona, Herren von Biskaya und Molina, Herzöge von Athen und Neopatria, Grafen von Rosselon und Cerdaña, Markgrafen von Oristano und Gothia. Wir haben einige Vertragsartikel gesehen, die mit Unserem Namen unterzeichnet, mit Unserem Siegel gesiegelt und in dieser Weise abgefasst sind.

Die erbetenen Titel und Rechte, welche Eure Hoheiten dem Don Cristóbal de [sic] Colón gewähren und verleihen als Belohnung für das, was er in den Ozeanischen Meeren entdeckt hat (...), und für die Reise, die er jetzt mit Gottes Hilfe im Dienste Eurer Hoheiten auf diesen Meeren unternehmen soll, sind jene, die im Folgenden ausgeführt werden:

Zum ersten ernennen Eure Hoheiten als Herrn über die genannten Ozeanischen Meere von heute an den genannten Don Cristóbal Colón zu ihrem Admiral über alle jene Inseln und Festlande, die von ihm und durch seine Bemühungen in den genannten Ozeanischen Meeren entdeckt und gewonnen werden, auf Lebenszeit, und nach seinem Tode seine Erben und Nachkommen auf ewig, von einem zum anderen fortlaufend, und mit allen jenen Vorrechten und Privilegien, die zu diesem Amt gehören und wie sie Don Alonso Enriquez, Euer Großadmiral von Kastilien, und dessen Vorgänger im genannten Amte in ihrem Amtsbereich innehatten. Ihre Hoheiten stimmen zu. Johan de Coloma.

Ferner ernennen Eure Hoheiten den genannten Don Cristóbal Colón zu ihrem Vizekönig und Generalgouverneur aller genannten Inseln und Festlande, und Inseln, die er, wie erwähnt, in den genannten Meeren entdeckt und gewinnt. Für die Verwaltung von allen und jeder einzelnen der Inseln und Festlande wird er für jedes Amt drei Personen vorschlagen, unter denen Eure Hoheiten diejenige Person auswählen werden, die für ihre Dienste am geeignetsten erscheint. So werden die Länder, die ihn Unser Herr zum Nutzen und Vorteil Eurer Hoheiten finden und gewinnen lässt, besser verwaltet werden. Ihre Hoheiten stimmen zu. Johan [sic] de Coloma.

Des weiteren wollen Eure Hoheiten, dass von allen und jedweden Waren, die gekauft, getauscht, gefunden, gewonnen oder vorgefunden werden innerhalb des Amtsbereichs der genannten Admiralität, welche Eure Hoheiten dem genannten Don Cristóbal Colón von heute an verleihen, dieser nach Abzug aller entstandenen Unkosten den zehnten Teil von allem für sich haben und einnehmen soll, ob es nun Perlen, Edelsteine, Gold, Silber, Spezereien oder irgendwelche anderen Dinge und Handelswaren welcher Art, Bezeichnung oder Gattung auch immer sind; in der Weise also, dass er von dem, was rein und unbelastet bleibt, den zehnten Teil haben und einnehmen und damit nach seinem Gutdünken verfahren soll, wobei die übrigen neun Teile für Eure Hoheiten bleiben. Ihre Hoheiten stimmen zu. Johan de Coloma.

Ferner, wenn wegen der Waren, die er von den Inseln und Festlanden, welche man, wie erwähnt, gewinnt und entdeckt, mitbringen wird, oder wegen der Waren, die im Tausch für jene hier von anderen Händlern erworben werden, an dem Ort, an welchem der genannte Handel und das Geschäft abgeschlossen wird, irgendein Rechtsstreit entsteht, so sollen Eure Hoheiten einverstanden sein und von heute an verfügen, dass in solch einem Verfahren von keinem anderen Richter als von ihm oder von seinem Vertreter ein Urteil gefällt wird, falls dies zu den Privilegien eines Admiralsamtes gehört. Ihre Hoheiten stimmen zu, falls dies zum Amte eines Admirals gehört, wie es der genannte Admiral Don Alonso Enriquez und seine Vorgänger in ihren Amtsbereichen besessen haben, und wenn es rechtens ist. Johan de Coloma.

Des weiteren soll der genannte Don Cristóbal Colón nach Wunsch den achten Teil der Kosten für Ausrüstung und Ladung bei allen Schiffen aufbringen dürfen, die für den genannten Handel und Verkehr eingesetzt werden, und zwar in jedem einzelnen Falle. Er soll auch den achten Teil des Nutzens haben und einnehmen, welcher sich dabei ergibt. Ihre Hoheiten stimmen zu. Johan [sic] Coloma.

Gegeben und ausgefertigt mit den Antworten Eurer Hoheiten am

Ende jeden Artikels in der Stadt Santa Fe de la Vega vor Granada am 17. April im tausendvierhundertundzweiundneunzigsten Jahr nach der Geburt Unseres Erlösers Jesus Christus.

Ich der König. Ich die Königin.

Im Auftrag des Königs und der Königin Johan de Coloma.

Registriert: Calcena

Zit. nach: Schmitt, Eberhard (Hrsg.), Dokumente zur Geschichte der europäischen Expansion, Bd. 2: Die großen Entdeckungen, hrsg. v. Matthias Meyn u.a., München 1984, S. 106-108

Q 2: König Ferdinand und Königin Isabella an den Bischof von Badajoz, 16. April 1495

Der Bischof von Badajoz war der Beauftragte der spanischen Regierung für die Kolonialfragen. Er hatte wenige Tage vorher die Ankunft von vier Schiffen mit gefangenen Indianern gemeldet, und das Königspaar hatte befohlen, sie als Sklaven zu verkaufen.

In Unserem letzten Brief hatten Wir Euch geschrieben, Ihr solltet die Indianer verkaufen lassen, die der Admiral Don Cristóbal Colón mit den soeben eingetroffenen Karavellen geschickt hat. Wir wollen Uns aber erst noch bei gelehrten Theologen und Kanonisten [Lehrern des geistlichen Rechtes] unterrichten, ob man diese Leute so einfach mit gutem Gewissen durch Euch verkaufen lassen kann oder nicht, und dies kann nicht geschehen, bevor Wir die Briefe des Admirals erhalten haben, um den Grund zu erfahren, warum er sie als Gefangene hierher geschickt hat ... Deshalb vereinbart inzwischen schon für eine kurze Zeit den Preis für diese zu verkaufenden Indianer, in dieser Zeit werden Wir erfahren, ob Wir sie verkaufen können oder nicht. Die Käufer sollen noch nichts bezahlen, sollen aber von dieser Angelegenheit auch nichts erfahren ...

Zit. nach: Lautemann, Wolfgang; Schlenke, Manfred (Hrsg.), Geschichte in Quellen, Bd. 3, Renaissance, Glaubenskämpfe, Absolutismus, bearb. v. Fritz Dickmann, München 1966, S. 67

M 2: Christoph Kolumbus und seine Mannschaft

Kolumbus hat sich unmittelbar vor seiner Rückkunft in Spanien Gedanken über die Zukunft der Neuen Welt gemacht. In einem Brief, den er noch auf See an seinen Förderer und Finanzier Luis de Santangel schrieb, finden sich folgende Einträge:

Q 3: Kolumbus beschreibt seine Erlebnisse in einem Brief an seinen Förderer Luis de Santangel 1493

La Española[1] ist wunderbar: Die Gebirge und die Berge und die Auen und die Fluren und der so schöne und fette Boden zum Pflanzen und Säen, zum Züchten von Vieh aller Art, zum Bauen von Städten und Orten. Die Häfen des Meeres – man glaubte es nicht, hätte man sie nicht gesehen – und die Flüsse, von denen es viele und große und wasserreiche gibt; die meisten von ihnen führen Gold. Die Bäume und Früchte und Kräuter unterscheiden sich sehr von denen der Insel Juana: Hier gibt es viele Gewürze und große Goldminen und andere Erzvorkommen. Die Menschen dieser Insel und aller anderen, die ich entdeckte, und von denen ich gehört habe, gehen alle nackt, Männer und Frauen, so wie ihre Mütter sie zur Welt gebracht haben, wiewohl einige Frauen sich eine einzige Stelle mit einem Blatt oder einem Tuch aus Baumwolle, welches sie dafür anfertigen, bedecken. Sie haben weder Eisen noch Stahl noch Waffen und taugen auch nicht dafür; nicht weil sie nicht kräftig genug und gut gebaut wären, sondern weil sie erstaunlich furchtsam sind. Sie haben keine anderen Waffen als die Waffen aus Rohr, wenn es Samen trägt; dorthinein stecken sie am oberen Ende einen spitzen Stock. Sie wagen nicht, sie zu benutzen, denn oft habe ich erlebt, dass ich zwei oder drei Männer zu Lande in ein Dorf schickte, um mit den Leuten zu sprechen, und dass diese in großer Anzahl herauskamen und dann, als sie sie nahen sahen, in wilder Flucht davonliefen. Und dies nicht, weil ihnen Böses zugefügt worden wäre: Eher habe ich ihnen überall, wo ich gewesen bin und mit ihnen habe sprechen können, von allem abgegeben, was ich hatte, sowohl Stoff wie viele andere Dinge, ohne dafür irgendetwas zu nehmen. Aber sie sind so heillos furchtsam. In Wahrheit sind sie, nachdem sie Sicherheit gewonnen und diese Angst verloren haben, so ohne Trug und so freigiebig mit dem, was sie haben, dass nur der es glaubt, der es gesehen hat. Niemals sagen sie nein, wenn man sie um etwas bittet, eher bieten sie es einem an und zeigen so viel Liebe, dass sie ihr Herz hergeben würden. Ob es sich nun um ein Ding von Wert oder um eines von niedrigem Preis handelt, sie sind mit jeglicher Kleinigkeit, die man ihnen dafür gibt, zufrieden. Ich verbot, dass man ihnen so läppische Dinge gäbe wie Scherben zerbrochener Schüsseln oder Glasscherben und Stücke von Gürtelschnallen, obwohl, wenn sie an diese Dinge herankommen konnten, sie ihnen als das beste Juwel der Welt erschienen. Ein Matrose erhandelte sich Gold im Gewicht von zweieinhalb castellanos[2] für eine Schnalle und andere [Mitglieder der Besatzung erhandelten] für Dinge von viel geringerem Wert viel mehr. Und gar für neue blancas[3] gaben sie alles, was sie hatten, wären es auch zwei oder drei castellanos oder eine oder zwei arrobas[4] Baumwollgarn. Selbst Stücke zerbrochener Reifen von Fässern nahmen sie und gaben dafür alles, was sie hatten, wie die Tölpel. Dies erschien mir schlecht und ich verbot es. Und ich gab tausend hübsche gute Dinge, die ich ihnen mitbrachte, damit sie zutraulich würden. Und darüber hinaus sollen sie Christen werden, die sich in Liebe und Dienstbarkeit gegenüber Ihren Hoheiten und der ganzen kastilischen Nation üben und versuchen, uns die Dinge zu geben, die sie im Überfluss haben, und die wir benötigen. Und sie kannten keine Sekte noch Götzendienst, außer demjenigen, dass alle glauben, dass die Macht und das Heil im Himmel seien, und sie glauben sehr fest, dass ich mit diesen Schiffen und Leuten aus dem Himmel gekommen sei, und in diesem Glauben empfingen sie mich überall, nachdem sie die Angst verloren hatten. Und dies geschieht nicht, weil sie unwissend wären, sondern sie sind sehr klug und Männer, die alle jene Meere befahren, und wunderbar ist die genaue Kenntnis, die sie von allem haben; nur haben sie niemals bekleidete Menschen gesehen noch solche Schiffe. [...]

Alle [Inseln] habe ich für ihre Hoheiten in Besitz genommen, damit sie über sie verfügen können so vollkommen wie über die Reiche von Kastilien. Auf dieser Insel Española, am geeignetsten Platz und in der besten Gegend für die Goldminen und jeglichen Handels sowohl mit dem Festland hier[5] wie mit jenem dort des Großkhans,[6] wo es großen Handel und Verdienst geben wird, habe ich Besitz ergriffen von einer großen Stadt, die ich die Villa de Navidad genannt habe, und dort habe ich Besatzung und ein Fort aufgestellt.

1 La Española (bei Kolumbus: La Spanola; in lateinischen Texten der Zeitgenossen: Hispaniola), das „kleine Spanien", ist die Insel Haiti.

2 Bei dem „castellano" handelt es sich um eine Goldmünze, die 4,6 g, d.h. ein Fünfzigstel einer Mark (230 g), wog. Ein „castellano" wurde 1493 mit 435 „maravedís", der spanischen Recheneinheit, bewertet.

3 Die „blanca" war eine Kupfermünze, die 1497 1,17 g wog; sie entsprach 0,5 „maravedís".

4 Eine „arroba" entspricht etwa 11,5 kg.

5 Die Bedeutung „Festland hier" meint wahrscheinlich Spanien.

6 Kolumbus glaubte, in China zu sein, dessen Herrscher Marco Polo bereits Großkhan nannte.

Zit. nach: Schmitt, Eberhard (Hrsg.), Dokumente zur Geschichte der europäischen Expansion, Bd. 3: Der Aufbau der Kolonialreiche, hrsg. v. Matthias Meyn u.a., München 1987, S. 24-26

M 3: Hofgeistliche der Könige

Der Kronjurist Palcios Rubios hat 1513 für den König ein Schriftstück verfasst, das den Indios von den Europäern bei deren Ankunft verlesen werden sollte. Am guten Willen des Königs zu zweifeln, wäre eine Art Gotteslästerung gewesen. Dieser Text ist erst etwa zwanzig Jahre nach der Wiederankunft des Kolumbus entstanden. Wir wollen aber so tun, als ob dieses Schriftstück die Grundlage der Hofgeistlichen wäre, die ihr bei unserer Sitzung spielen sollt.

Q 4: Ein Schriftstück des Hofjuristen Palacios Rubios zur Behandlung der Indios (1513)

Im Namen S. M.[1], Don N.[2], des Königs von Kastilien etc., gebe ich, N.[2], sein Diener, Bote und Hauptmann, euch, so gut ich vermag, kund und zu wissen, was folgt: Gott, unser Herr, der Einige und Ewige, schuf Himmel und Erde, einen Mann und eine Frau, von denen wir und ihr alle Menschen auf der Welt abstammen, wie auch alle, die künftig nach uns kommen werden. Aber wegen der Menge der Völker und Stämme, die aus ihnen seit Erschaffung der Welt vor 5000 und mehr Jahren hervorgingen, mußten sich die einen hier, die anderen dorthin wenden und in viele Reiche und Provinzen verteilen, da sie in einem Lande sich nicht alle ernähren und erhalten konnten. Unter allen diesen Menschen beauftragte Gott unser Herr einen, den heiligen Petrus, daß er über alle Menschen auf Erden Herr und Meister sei, dem alle zu gehorchen hätten, und machte ihn zum Oberhaupt des ganzen menschlichen Geschlechtes, wo immer Menschen leben und wohnen, welchem Gesetz, welcher Sekte und welchem Glauben sie auch angehören. Und er gab ihm die ganze Erde als sein Reich und Herrschaftsgebiet und befahl ihm, seinen Sitz in Rom aufzuschlagen als einem Ort, der besonders geeignet ist, die Welt zu beherrschen, stellte es ihm aber auch frei, seinen Sitz an jedem anderen Ort der Erde zu nehmen und alle Völker zu lenken und zu richten, Christen, Mauren, Juden, Heiden und Angehörige jeglicher Sekten oder Glaubensbekenntnisse. Den haben sie Papst genannt, das heißt verehrungswürdigen höchsten Vater und Bewahrer, denn er ist Vater und Herrscher über alle Menschen. Diesem Sankt Petrus haben die Menschen gehorcht und ihn als Herrn, König und Oberen der ganzen Welt anerkannt, und so auch alle anderen, die nach ihm zum Pontifex gewählt wurden. So hat man es bis heute gehalten und wird es halten bis zum Ende der Welt. Einer der letzten Päpste, die an seiner Stelle zu dieser Würde und auf diesen Thron gekommen sind, hat kraft seiner Herrschaft über die Welt diese Inseln und dieses ozeanische Festland den Katholischen Königen von Spanien, damals Don Fernando und Doña Ysabel glorreichen Angedenkens, und ihren Nachfolgern in diesen Königreichen, unseren Herren, mit allem, was darin ist, zum Geschenk gegeben, wie es in gewissen, darüber ausgestellten Urkunden geschrieben steht, die ihr einsehen könnt, so ihr wollt.

Nachdem nun S. M.[1] dank dieser Schenkung König und Herr dieser Inseln und Festlandsgebiete ist, und da einige Inseln mehr, ja fast alle, diesem solchermaßen installierten König und Herrn Gehorsam geleistet haben und ihm nun dienen, wie es Untertanen obliegt, mit gutem Willen, ohne Widerstand und das geringste Zögern, da sie ferner, instruiert durch alles vorher Gesagte, die zu ihrer Missionierung zu unserem heiligen Glauben gesandten Ordensbrüder aufnahmen und ihnen gehorchten, und das alles dankbar und aus freiem Willen, und sich ohne Belohnung oder sonstige Bedingungen zu Christen bekehrten und es noch sind, und S. M.[1] sie froh und wohlwollend annahm und sie dementsprechend wie die anderen Untertanen und Vasallen behandeln ließ, so seid ihr zu dem Gleichen gehalten und verpflichtet. Deswegen bitten und ersuchen wir euch nach bestem Vermögen, daß ihr auf unsere Rede hört und eine angemessene Weile darüber beratet, daß ihr die Kirche als Oberherrn der ganzen Welt und in ihrem Namen den Hohenpriester, Papst genannt, sowie an seiner Statt Seine Majestät als Herrn und König dieser Inseln und dieses Festlandes kraft der erwähnten Schenkung anerkennt und euch einverstanden erklärt, daß die hier anwesenden Ordensbrüder euch das Gesagte erklären und verkünden. Handelt ihr danach, dann tut ihr recht und erfüllt eure Pflicht; dann werden Seine Majestät und ich in Ihrem Namen euch mit Liebe und Güte behandeln, euch eure Frauen und Kinder frei und ohne Dienstbarkeit belassen, damit ihr über sie und über euch selbst nach eurem Belieben und Gutdünken verfügen könnt. Man wird euch in diesem Falle nicht zwingen, Christen zu werden; es sei denn, daß ihr, in der Wahrheit unterwiesen, selbst den Wunsch habt, euch zu unserem heiligen katholischen Glauben zu bekennen, wie es fast alle Bewohner der anderen Inseln getan haben. Darüber hinaus wird Seine Majestät euch viele Privilegien und Vergünstigungen geben und euch viele Gnaden erweisen.

Wenn ihr das aber nicht tut und böswillig zögert, dann werde ich, das versichern wir euch, mit Gottes Hilfe gewaltsam gegen euch vorgehen, euch überall und auf alle nur mögliche Art mit Krieg überziehen, euch unter das Joch und unter den Gehorsam der Kirche und Seiner Majestät beugen, eure Frauen und Kinder zu Sklaven machen, sie verkaufen und über sie nach dem Befehl Seiner Majestät verfügen. Wir werden euch euer Eigentum nehmen, euch schädigen und euch Übles antun, soviel wir nur können, und euch als Vasallen behandeln, die ihrem Herrn nicht gehorsam und ergeben, sondern widerspenstig und aufsässig sind. [...]

[1] Seine(r) Majestät.

[2] N. ist ein Platzhalter. Dieses Schriftstück sollte auch für spätere Zeiten und andere Herrscher bzw. andere Expeditionsanführer gelten.

Zit. nach: Schmitt, Eberhard (Hrsg.), Dokumente zur Geschichte der europäischen Expansion, Bd. 3: Der Aufbau der Kolonialreiche, hrsg. v. Matthias Meyn u.a., München 1987, S. 472 f.

M 4: Universitätsgelehrte

Der Theologieprofessor Francisco de Vitoria hielt 1538 Vorlesungen an seiner Universität, in denen er sich mit den Rechten der Spanier auf „Indien" beschäftigte. Die folgende Quelle ist ein Auszug aus einer Nachschrift dieser Vorlesung. Diese wurde erst 36 Jahre nach der Wiederankunft des Kolumbus gehalten. Wir wollen aber so tun, als ob auch die Universitätsgelehrten, die ihr spielen sollt, schon so gedacht haben.

Q 5: Franciscus de Vitoria über Spaniens Rechte an „Indien" (1538)

[...] Unbegründete Titel für die Unterwerfung der Eingeborenen der Neuen Welt durch Spanien:

[...] Es gibt sieben unbegründete und sieben oder acht begründete und rechtmäßige Titel, die man vorbringen könnte.

Der erste könnte lauten: Der Kaiser ist Herr der Welt. Der Kaiser ist aber nicht Herr der Welt. Beweis: Herrschaft kann nur auf natürlichem oder göttlichem oder menschlichem Recht beruhen, aber nach keinem dieser drei hat er Anspruch auf die Weltherrschaft. Selbst wenn er aber Herr der Welt wäre, könnte er deshalb doch nicht die Länder der Eingeborenen in Besitz nehmen, neue Herren einsetzen, alte absetzen oder Einkünfte beschlagnahmen. Beweis: Auch die dem Kaiser die Weltherrschaft zusprechen, behaupten nicht, daß er Herr über alles Eigentum sei, sondern nur, daß ihm die höchstrichterliche Gewalt (jurisdictio) zukomme. Die gibt ihm aber nicht das Recht, Länder zum eigenen Gebrauch einzuziehen, Städte nach Willkür zu verschenken oder gar Grundeigentum. Aus alledem ergibt sich, daß die Spanier unter diesem Rechtstitel jene Länder nicht beanspruchen können.

Der zweite Rechtstitel, auf den man sich beruft und den man mit besonderem Nachdruck verficht, um den rechtmäßigen Besitz jener Länder nachzuweisen, wird auf den Papst zurückgeführt. Man sagt nämlich, der Papst sei Herr der ganzen Welt auch in zeitlichen Dingen, infolgedessen habe er auch die spanischen Könige zu Fürsten der Eingeborenen einsetzen können, und so sei es dann geschehen [...]

Ich antworte hierauf ganz kurz mit folgenden Thesen: Erstens ist der Papst nicht weltlicher und zeitlicher Herr des Erdkreises, wenn man von Herrschaft und staatlicher Gewalt an und für sich spricht. [...] Zweitens: Gesetzt, der Papst hätte eine solche irdische Macht über den ganzen Erdkreis, so könnte er sie doch nicht an weltliche Fürsten weitergeben. Das ergibt sich daraus, daß sie ja mit dem päpstlichen Amt verknüpft wäre. Der Papst könnte sie gar nicht von dem Amt des Oberhirten abtrennen und seinen Nachfolger dieser Gewalt berauben, weil der Nachfolger am Papsttum nicht schlechter gestellt sein darf als sein Vorgänger. [...] Drittens hat der Papst zeitliche Gewalt nur zugunsten der geistlichen Dinge, d.h. soweit es zur Verwaltung der geistlichen Angelegenheiten erforderlich ist. [...]

Aus dem Gesagten wird klar, daß die Spanier bei ihrer ersten Fahrt in die Länder der Eingeborenen keinerlei Rechte besaßen, deren Gebiete in Besitz zu nehmen. Man könnte sich noch auf einen anderen Titel stützen, auf das Recht der Entdeckung, und dies war ursprünglich auch der einzige, auf den man sich berief. [...]

Aber über diesen dritten Titel brauchen wir nicht viele Worte zu verlieren, da, wie oben bewiesen, die Eingeborenen die rechtmäßigen Herren waren, nach öffentlichem wie nach privatem Recht. [...] Da diese Güter ihren Herrn hatten, fallen sie nicht unter den Titel, der für herrenlose Güter zutrifft. [...]

Als vierter Rechtstitel wird der Fall vorausgesetzt, daß die Eingeborenen den christlichen Glauben nicht annehmen wollen, selbst wenn er ihnen dargeboten wird und sie inständig ermahnt werden, ihn zu ergreifen. [...]

Antwort: 1. Ehe die Eingeborenen etwas über den christlichen Glauben gehört hatten, waren sie auch nicht wegen ihres Nichtglaubens an Christus der Sünde des Unglaubens verfallen. [...]

2. Die Eingeborenen sind nicht verpflichtet, sich schon auf die erste Kunde vom christlichen Glauben hin zu bekehren, so daß sie allein schon aus dem Grunde in die Todsünde des Unglaubens verfielen, weil sie nicht glaubten, als man ihnen mit dürren Worten ohne Wunder oder irgendeine andere Beglaubigung verkündete und sagte, die christliche Religion sei die einzig wahre und Christus sei der Erlöser und Erretter der Welt. [...]

5. Ich bin nicht hinreichend sicher, ob der christliche Glaube seither den Eingeborenen so vorgetragen und verkündet worden ist, daß sie bei Sündenstrafe zum Glauben verpflichtet wären [...] Ich habe jedenfalls

nichts von Zeichen und Wundern oder von Beispielen so frommen Lebenswandels gehört, dagegen viel von Ärgernis, wüsten Taten und vielfacher Ruchlosigkeit. Es scheint mir danach nicht, als sei die christliche Religion den Eingeborenen angemessen und fromm genug gepredigt worden, daß sie sich ihr beugen müßten ...

6. Selbst wenn der Glaube den Eingeborenen noch so oft mit einleuchtenden Gründen gepredigt wäre, und sie wollten ihn nicht annehmen, dürfte man sie doch nicht mit Krieg überziehen oder ihrer Güter berauben. [...] Das ist die allgemeine Ansicht der Lehrer des geistlichen und weltlichen Rechtes, und leuchtet auch ein, denn der Glaube ist freiwillig (credere est voluntatis). Furcht aber mindert das freie Wollen, und wer sich nur aus sklavischer Angst dem Kultus und den Sakramenten Christi zuwendet, begeht Gotteslästerung. [...]

3. Begründete Titel für die Unterwerfung der Eingeborenen durch Spanien: Als erster Rechtstitel könnte genannt werden die natürliche Gemeinschaft und der Verkehr unter den Menschen. Dazu läßt sich folgendes sagen: 1. Die Spanier haben das Recht, in die überseeischen Länder zu ziehen und sich dort aufzuhalten, allerdings ohne den Eingeborenen Schaden zuzufügen, und diese dürfen ihnen dabei nichts in den Weg legen. [...] 2. war es im Anfang der Welt, als alles allen gehörte, jedermann erlaubt, nach seinem Belieben überall hinzugehen. Dieses Recht ist aber durch Einführung des Privateigentums keineswegs beseitigt, denn es war niemals die Absicht der Völker, durch die Teilung der Güter auch den freien Verkehr der Menschen miteinander aufzuheben. [...]

Wenn die Eingeborenen den Spaniern verwehren wollten, was ihnen nach Völkerrecht zusteht, z.B. den Handel, dann müssen die Spanier zunächst mit Vernunftgründen und gutem Zureden den Anstoß zu beseitigen suchen und ihnen klar machen, daß sie nicht gekommen sind, um ihnen zu schaden, sondern um friedlichen Verkehr und Umgang mit ihnen zu pflegen, ohne Nachteil für die Eingebotenen. Dies müssen sie ihnen nicht allein mit Worten, sondern auch durch ihr Verhalten dartun. [...]

Zit. nach: Lautemann, Wolfgang; Schlenke, Manfred (Hrsg.), Geschichte in Quellen, Bd. 3, Renaissance, Glaubenskämpfe, Absolutismus, bearb. v. Fritz Dickmann, München 1966, S. 82-84

Material für die Auswertung

1503 erließ Königin Isabella eine Verfügung (Q 6), die eine Übergabe der Indios in die Dienstbarkeit der Spanier vorschrieb. Dieses System nannte man Encomienda. Die Auswirkungen des Encomienda-Systems (Q 7) beschrieb der Dominikanermönch Bartolomé de Las Casas (1474-1566), der selbst in Südamerika war und für die Rechte der Indios eintrat.

Aufgaben:

1. Welche Regelungen haben die Könige in eurem Spiel für die Behandlung der Indios und deren Land getroffen?
2. Vergleicht diese Regelungen mit denen, die tatsächlich getroffen wurden (Q 6).
3. Stellt Vermutungen auf, wie das in Q 6 beschriebene System der Encomienda in der Neuen Welt umgesetzt wurde.
4. Vergleicht eure Vermutungen mit dem Bericht von Las Casas (Q 7) und nennt Gründe für das Verhalten der Spanier.

Q 6: Die Einführung des Encomienda-Systems (1503)

Isabella, von Gottes Gnaden Königin von Kastilien und Leon etc.: Da der König, Mein Herr, und Ich durch die Instruktion, die Wir dem Don Nicolas de Ovando [Statthalter des Königs in Westindien] zur Zeit seiner Statthalterschaft auf den Inseln und dem Festland des Ozeans erteilen ließen, befohlen haben, daß die auf der Insel Española [Haiti] ansässigen Indianer freie Menschen und keiner Dienstbarkeit unterworfen sein sollten (wie das näher in der genannten Instruktion enthalten ist), Ich jetzt aber erfahren habe, daß die Indianer infolge der ihnen gegebenen reichlichen Freiheit die Christen fliehen, Gespräch und Umgang mit ihnen meiden, auch gegen Lohn nicht arbeiten wollen und sich müßig herumtreiben, geschweige denn sich dazu gewinnen lassen, belehrt und zu unserem heiligen katholischen Glauben bekehrt zu werden, daß deshalb die dort auf der Insel wohnenden Christen keine Arbeitskräfte für ihre Farmen und für die Goldgewinnung finden können, wodurch den einen wie den anderen Schaden erwächst.

Und weil Wir wünschen, daß die genannten Indianer sich zu unserem heiligen katholischen Glauben bekehren und darin unterrichtet werden, dies sich aber besser tun läßt, wenn die Indianer mit den auf der Insel wohnenden Christen in Berührung kommen, mit ihnen umgehen und zu tun haben, beide einander helfen und so die Insel kultiviert, bevölkert und ertragreich gemacht wird, auch Gold und andere Metalle gefördert werden und Meine Königreiche und deren Bewohner daraus Nutzen ziehen, so habe Ich diese Verfügung wie folgt ausfertigen lassen und befehle hiermit Euch, Unserem Gouverneur, daß Ihr von dem Tage an, wo Ihr diese Meine Verfügung erhaltet, künftig die Indianer nötigt und antreibt, mit den Christen der genannten Inseln Umgang zu pflegen, in ihren Häusern zu arbeiten, Gold und andere Metalle zu schürfen und

Landarbeit für die auf der Insel ansässigen Christen zu leisten, und daß Ihr jedem für den Arbeitstag Tagelohn und Unterhalt geben laßt, wie sie Euch nach der Beschaffenheit des Bodens, des Arbeiters und der Tätigkeit angemessen erscheinen, daß Ihr jedem Kaziken [Häuptling] auferlegt, eine bestimmte Anzahl Indianer bereitzuhalten, um sie jeweils da, wo es nötig ist, zur Arbeit einsetzen zu können, und damit sie sich an den Festtagen und wann es sonst erforderlich scheint zusammenfinden, um an den dafür bestimmten Orten über die Dinge des Glaubens zu hören und darin unterrichtet zu werden, daß jeder Kazike die von Euch jeweils vorgeschriebene Zahl von Indianern beibringt und an die von Euch benannten Personen zur Arbeit überläßt, gemäß näherer Anweisung dieser Personen und gegen einen von Euch festzusetzenden Tagelohn. Die genannten Verpflichtungen sollen sie als freie Personen leisten, die sie ja sind, nicht als Sklaven. Ihr habt dafür zu sorgen, daß diese Indianer gut behandelt werden, und zwar diejenigen unter ihnen, die Christen sind, besser als die anderen; Ihr dürft nicht dulden oder Anlaß geben, daß irgend jemand ihnen Leid oder Schaden zufügt oder sie ungebührlich behandelt; daß keiner sich irgend etwas der Art unterstehe, bei Meiner Ungnade und bei Geldstrafe von 10000 Maravedis [ca. 106 Gramm Gold] im Fall der Zuwiderhandlung [...]

Zit. nach: Lautemann, Wolfgang; Schlenke, Manfred (Hrsg.), Geschichte in Quellen, Bd. 3, Renaissance, Glaubenskämpfe, Absolutismus, bearb. v. Fritz Dickmann, München 1966, S. 68

Q 7: Bartolomé de Las Casas über die Auswirkungen des Encomienda-Systems

[...] Es ist ganz offenbar: Wenn die Königin die Beschaffenheit des Landes, die Gebrechlichkeit, Armut, Sanftmut und Gutartigkeit der Indianer, die überaus harte und schwere Arbeit, die Schwierigkeit des Goldschürfens und das daraus sich ergebende bittere, traurige, verzweifelte Dasein der Indianer, wenn sie schließlich das ihnen allen unausweichlich beschiedene Los, ohne Glauben und Sakramente zu leben und zu sterben, gekannt hätte, dann hätte sie niemals einen solchen Befehl und eine solche Vollmacht [gemeint ist der Inhalt von Q 6] erteilt und etwas gewährt, wozu sie sich selbst nicht befugt und ermächtigt glaubte. Und wenn sie hätte ahnen können, wie verderblich das von dem Statthalter befolgte Verfahren für die Indianer war, so hätte sie es zweifellos verabscheut und weit von sich gewiesen. [...] Es ist nun zu berichten, wie der Gouverneur die Verfügung auslegte oder vielleicht auch nicht auslegte, sondern wie er sie durchführte. Was die erste und wichtigste Sache betrifft, die die Königin sich zum Ziel gesetzt hatte und zu setzen verpflichtet war, nämlich die Erziehung, Belehrung und Bekehrung der Indianer, so habe ich schon oben gesagt und muß es hier der Wahrheit gemäß wiederholen, daß während der ganzen Zeit, wo der Ordensmeister [Ovando, Statthalter des Königs in Westindien] diese Insel regierte, etwa neun Jahre lang, der Missionierung und Bekehrung dieser Menschen nicht mehr Aufmerksamkeit und Mühe zugewendet, nicht mehr Nachdenken und Sorgfalt gewidmet wurde, als wenn die Indianer Klötze oder Steine, Katzen oder Hunde gewesen wären. Das gilt nicht nur von dem Gouverneur selber, sondern auch von denen, die die Indianer zur Dienstleistung zugewiesen erhielten. Allerdings nicht von den Franziskanermönchen, die mit ihm gekommen waren; das waren gute Menschen, die aber im übrigen nichts anderes taten und begehrten, als fromm in ihren Klöstern ... zu leben. Das einzige, was sie taten, war, daß sie um die Erlaubnis baten, in ihren Häusern einige Kinder, und zwar Häuptlingssöhne, zu haben (aber nur wenige, etwa zwei, drei oder vier), die sie lesen und schreiben lehrten. Ich weiß nicht, ob sie noch mehr taten, um ihnen christliche Lehre und gute Sitte zu vermitteln, außer daß sie ihnen ein sehr gutes Beispiel gaben, denn sie waren [in der Tat] wohlmeinende Menschen und führten ein gutes Leben.

Die zweite Vorschrift, daß jeder Kazike [Häuptling] eine bestimmte Anzahl von Leuten zu stellen habe, führte der Gouverneur so aus, daß er die zahlreiche Bevölkerung dieser Insel vernichtete; er übergab nämlich jedem Spanier, der den Wunsch dazu äußerte, dem einen 50, dem anderen 100 Indianer, anderen auch mehr oder weniger, je nach der Gunst, die einer bei ihm erlangte, darunter Kinder und Greise, schwangere Frauen und Wöchnerinnen, Hohe und Niedere, ja selbst die Herren und angestammten Könige dieser Völker und dieses Landes. Diese Art der Verteilung der eingeborenen und ansässigen Indianer nannte er und nannte man allgemein Repartimiento. Auch dem König gab er an jedem Ort sein Repartimiento wie einem Einheimischen, der seine Landgüter und Besitzungen bewirtschaftet, auch ließ er für den König Gold graben. Und da jeder Indianerstamm viele Repartimientos ergab (da man, wie gesagt, jedem Spanier eine bestimmte Anzahl gab), ließ er einem dieser Repartimientos auch den Kaziken zuteilen, und den gab er dann einem Spanier, den er besonders ehren und begünstigen wollte. Den Spaniern stellte er eine Bescheinigung über ihr Repartimiento in der nachstehenden Art aus: „Euch, N. N., werden hiermit vermittels des Kaziken N. N. 50 (oder 100) Indianer zugewiesen, damit Ihr Euch ihrer bedient und sie im katholischen Glauben unterweisen laßt."

Zit. nach: Lautemann, Wolfgang; Schlenke, Manfred (Hrsg.), Geschichte in Quellen, Bd. 3, Renaissance, Glaubenskämpfe, Absolutismus, bearb. v. Fritz Dickmann, München 1966, S. 69

5.5 Historiografische Rezeption mit Spielelementen

5.5.1 Die didaktische Funktion der historiografischen Rezeption

Der Geschichtslehrer steht oft vor dem Problem, Schülerinnen und Schülern das „Verstehen" von historischen Prozessen im elementaren Sinn zu ermöglichen. Dazu bedarf es einer Begegnung: „Wer etwas verstehen will, muß sich das zu Verstehende vor Augen stellen, sich in es hineinversetzen." (Wolfgang Hug) Die hier beschriebenen Unterrichtseinheiten sind Versuche, solche Begegnungen herbeizuführen.

Wie oben (Kap. 4.1) bereits erwähnt wurde, kann man gewisse projektartige Aktivitäten ebenfalls als etwas Spielerisches auffassen. Gleichwohl liegen hier nicht Spiele im Sinne der Phänomenologie vor, sondern es geht eher darum, dass Schüler in der kreativen, handelnden Auseinandersetzung mit dem „ernsten" Gegenstand sich teilweise spielerisch verhalten. Das heißt, man nutzt in der Selbstorganisation des Lernprozesses die Fähigkeit der Schüler, sich in die „Scheinhaftigkeit" (Kap. 2) eines Spiels zu versetzen. Man tut so, *als ob* man dieser oder jener andere sei. Oder ein Schultisch wird zur Verkaufstheke einer römischen Garküche. Unter diesen Voraussetzungen nähert sich die Aktivität dem Spiel. Herbert Spencer etwa charakterisiert Spiele als „simulated actions in place of real actions".[222] In der „handelnden Auseinandersetzung mit realen Gegenständen" wird eine „Quasi-Realität" geschaffen, in der Spannung entstehen kann. Hier liegt das kreative Potenzial des Spielerischen. Es bewirkt eine Pendelbewegung zwischen Spielwirklichkeit und Alltagswirklichkeit: „In dem Maße, wie Kinder das Gewöhnliche und Festgelegte außer Kraft setzen und neue Bedeutungen finden, erweitern sie ihre Vorstellungen von der Welt." „Spiel und Lebenswelt stehen insgesamt ... in einem produktiv-reproduktiven Verhältnis zueinander."[223]

In dem Prozess der Auseinandersetzung mit den historischen Quellen entsteht als Ergebnis ein so genanntes historiografisches Rezeptionsdokument, das in ganz unterschiedlichen Formen Gestalt annehmen kann. Die Schüler können ihre Arbeitsergebnisse zum Beispiel als Videofilm, als Hörspiel oder als szenisches Spiel präsentieren. Ebenso geeignet sind Mischformen. Das Spielerische wird so Teil der historischen Imagination,[224] die jede Rezeption von Geschichte begleitet. Für den Geschichtsunterricht kommt es entscheidend darauf an, dass diese Imagination mit einer Fülle von Sachinformationen oder zumindest von Informationsangeboten unterstützt wird. Um bei dem eben genannten Beispiel zu bleiben, müssen die Schüler in der Lage sein, sich umfänglich über römische Garküchen und deren Umfeld zu informieren, bevor sie spielerisch in Aktion treten. Ansonsten würden sie im Spiel alle Aspekte, über die sie ungenügende Informationen besitzen, mit eigenen Vorstellungen der Gegenwartswelt ersetzen. Um es klar zu sagen: Kein Spiel kann frei von Anachronismen sein. Man sollte diesen Punkt aber nicht überbewerten. Zum einen lässt sich mit einer durchdachten Vorbereitung vieles im Vorfeld entschärfen. Zum anderen sind auch wissenschaftliche Verstehensmodelle nicht vor Anachronismen geschützt, nur weil sie „ernsthaft" zustande gekommen sind.[225]

Vieles hängt von der Methode der Durchführung ab. Unabdingbar ist eine reflektierende Betrachtung der Ergebnisse, da naturgemäß Etliches wenig „historisch" sein wird. Bei der Reflexion sollte man jedoch darauf achten, nicht das ganze Produkt zu sezieren und jede Kleinigkeit auf ihre adäquate historische Passform zu untersuchen. Man sollte sich damit begnügen, nur grobe Verfälschungen und Anachronismen aufzudecken. Das ist zwar fachlich einigermaßen gewagt, aber man hinterlässt nicht bei den Schülern den Eindruck, man hätte sie zuerst zu Kreativität aufgefordert, um sie anschließend genau deswegen zu kritisieren.

In jedem Fall bewirken kreative Verfahren dieser Art bei den Schülern in der Regel ein hohes Maß an Ausdauer und die Bereitschaft, sich auch mit Details sachgerecht auseinander zu setzen. Die Qualität der Rezeptionsdokumente wächst nämlich durch den gewitzten Umgang mit den vorgegebenen Quellen. Und ohne dass Konkurrenz bei der Präsentation gefordert wird, versuchen die Schüler zumeist – weniger den Lehrer als die Mitschüler- durch besonders raffinierte Ideen zu beeindrucken. Gerade das Gelingen solcher Ideen setzt eine ganz intensive Beschäftigung mit der Quellengrundlage voraus.

D.h., historisches Lernen findet hier nicht so sehr während der Präsentation der Ergebnisse statt, sondern bereits im Vorfeld, während sich die Schüler mit den Quellen beschäftigen. Im Gegensatz zu anderen eher lehrerzentrierten Verfahren kann sich der Lehrer hierbei in eine beratende Rolle begeben und den Schülern Verständnishilfen, Tipps für die Auswertung oder auch Hinweise zur weiteren Informationsbeschaffung geben.

5.5.2 Beispiele

Die Festung des Königs fällt! Top-News vom 14. Juli 1789 [226]
Eine fiktive Nachrichtensendung aus dem Klassenzimmer zum Sturm auf die Bastille.

„Guten Abend, meine Damen und Herren! Paris. Heute ist geschehen, was viele Beobachter in den vergangenen Wochen bereits befürchtet hatten. Tausende von aufgebrachten Pariser Bürgerinnen und Bürgern haben in den heutigen Morgenstunden die Bastille, die Festung des Königs, gestürmt und damit das ihnen verhasste Symbol der Willkürherrschaft erobert ..."

So oder ähnlich beginnt die Nachrichtensendung vom 14. Juli 1789, die über das Top-Ereignis des Tages berichtet. Im Laufe der Sendung wird gekonnt hin- und hergeschaltet, um die Dramatik der Ereignisse einzufangen. Da kommt der Auslandskorrespondent Jean-Luc Picard zu Wort, der direkt vor der Zugbrücke der Bastille seine Eindrücke von den Ereignissen schildert. Da gibt es ein kurzes Interview mit dem Handwerker François. Da versucht ein Kamerateam zum König vorzudringen, um eine Stellungnahme zu ergattern. Nichts zu machen! Zumindest den Herzog von Liancourt erwischt man, der gerade vom König kommt, und kann ihn zu einem kurzen Statement bewegen.

Dann wieder zurück ins Studio. Der Moderator fasst das Wesentliche kurz zusammen und überlässt das Wort dem Journalisten Harry Hastig, der einen Kommentar zu den Ursachen der Erstürmung der Bastille gibt. Auch der Wetterbericht wird nicht vergessen, in dem für die folgenden Tage stürmische Tiefausläufer angekündigt werden, die über Frankreich hinwegfegen. In Deutschland herrscht hingegen noch sommerliches Wetter, doch türmen sich westlich des Rheins bereits drohende Gewitterwolken auf.

Der gestandene Historiker, dem bei dieser Ansammlung von Anachronismen die Haare zu Berge stehen, sollte von einer solchen „Rezeption" der revolutionären Ereignisse des 14. Juli 1789 Abstand nehmen. Jene Fachkollegen hingegen, die bereit sind, Anachronismen zunächst in Kauf zu nehmen, um damit eine Steigerung der affektiven Unterrichtskomponenten zu erreichen, sollten dieses Unterrichtskonzept ausprobieren.

Prinzipiell handelt es sich bei der vorgestellten Unterrichtssequenz zur Französischen Revolution um Textarbeit mit Quellen und Sekundärliteratur. Die Grundidee bei dieser Art der Rezeption von Texten ist, eine „subjektiv sich im der Textlektüre einstellende spontane Reaktion des aktuellen Lesers ... zu einem eigenständigen Produkt"[227] zu konkretisieren. Das didaktische Vorgehen ist darauf gerichtet, den Schülerinnen und Schülern die Möglichkeit einer eigenen Bewertung der revolutionären Ereignisse und einer Beurteilung der Ursachen der Revolution zu geben, die den gängigen Rahmen der üblichen Textarbeit sprengt. Mit diesem Verfahren können kreativ Grundsätze der historischen Interpretation eingeübt werden, ohne den beschwerlichen Weg der lehrerzentrierten Textarbeit gehen zu müssen. Gleichwohl hängt der Erfolg wesentlich davon ab, dass man immer auch die Ernsthaftigkeit des Vorhabens vermittelt. In diesem Zusammenhang ist eine Reflexion der Arbeitsergebnisse unverzichtbar.

Grundsätzlich ist die Unterrichtseinheit in beiden Sekundarstufen durchführbar, wobei in der Mittelstufe die Arbeitsaufträge enger formuliert werden sollten.

Zum Ablauf des Unterrichts

Die Unterrichtssequenz ist in drei Abschnitte gegliedert:

- Erarbeitung der politischen, sozialen und wirtschaftlichen Voraussetzungen der Revolution (3-4 Stunden).
- Vorbereitung und Durchführung der Nachrichtensendung zum 14. Juli 1789. Verlauf des Sturms auf die Bastille und Kommentierung der Ursachen (2-3 Stunden).
- Auswertung der Ergebnisse. Nachbereitung der Nachrichtensendung (1 Stunde).

Um die Schüler in die Lage zu versetzen, eine eigenständige Beurteilung der Ereignisse des 14. Juli 1789 abgeben zu können, sind Kenntnisse über die Situation im vorrevolutionären Frankreich erforderlich. Diese können mit nahezu jedem Geschichtsbuch erarbeitet werden. Den Schülern soll bewusst werden, dass im revolutionären Prozess ganz unterschiedlich motivierte Forderungen einzelner Bevölkerungsgruppen zusammengeflossen sind, die aus den jeweils andersartigen Belastungen dieser Gruppen durch das „ancien régime" resultierten. Die soziale „Schieflage" innerhalb der Gesellschaft ließ die Widersprüche zwischen den Ständen immer stärker zu Tage treten. Die hier vertretene – didaktisch reduzierte – Auffassung von der französischen Revolution ist die, dass es aufgrund dieser unerträglich scheinenden politischen, wirtschaftlichen und sozialen Widersprüche zu einer gewaltsamen Änderung der politischen Ordnung und des gesellschaftlichen Systems in Frankreich gekommen ist.

Notwendig ist, dass als Ergebnis der vorbereitenden Erarbeitungsstunden den Schülern sowohl die Unterschiede zwischen den Ständen, als auch die Heterogenität innerhalb der Stände beziehungsweise sogar innerhalb einzelner sozialer Gruppen klar ist. Ferner bedarf es gründlicher Kenntnisse über die Krise des französischen Königtums und über das finanzielle Desaster des Staatshaushalts. Schon während dieser Phase sollte Gruppenarbeit als Sozialform gewählt werden, so dass man in den nächsten Stunden auf diese Erfahrungen zurückgreifen kann.

Vorbereitung der Nachrichtensendung

Die Nachrichtensendung besteht aus drei verschiedenen Abschnitten:

- aus der Nachricht über das Ereignis,
- aus einem oder mehreren Interviews oder Live-Berichten und
- aus einer Kommentierung der Ursachen des Bastille-Sturms.

Die Schüler werden zunächst in Gruppen eingeteilt, die nicht mehr als je vier Mitglieder haben sollten. Auf den Materialseiten sind Quellen, Sekundärtexte, Bilder und Karikaturen zusammengestellt, mit deren Hilfe die Nachrichtensendung vorbereitet wird. Die Aufgaben sind so formuliert, dass den Schülern ein gewisser Freiraum bei der Gestaltung der Sendung bleibt. Der historische Bericht und das zeitgenössische Gemälde (M 1 und 2) dienen als Grundlage für die Nachricht. Mithilfe der Quellentexte und der Statistik (M 3-6) können die Schüler einen Interview-Partner „erfinden" und einen fiktiven Dialog erstellen. Die Bilder und die Angaben zum Staatshaushalt (M 7-9) sollen dazu anregen, einen Kommentar zu den Ursachen der Revolution zu erstellen. Dabei sollte man darauf hinweisen, dass die Schülerinnen und Schüler auch die zuvor erarbeiteten Ergebnisse zur wirtschaftlichen, sozialen und politischen Lage im vorrevolutionären Frankreich berücksichtigen.

Durchführung der Nachrichtensendung und Auswertung der Ergebnisse

Die Schülerinnen und Schüler führen der Reihe nach ihre „Sendungen" vor. Dabei braucht man nicht zu befürchten, dass sich bestimmte Dinge wiederholen, da die Vortragenden erfahrungsgemäß darauf achten, möglichst originell zu sein.

Die Darbietungen haben bisweilen ein erstaunlich hohes Niveau und einen Sprachwitz, den man sonst eher selten beobachtet. Den Schülern bieten sich genug Möglichkeiten, in ihnen gemäße Rollen zu schlüpfen. Die Palette reicht von der empörten Marktfrau zur pikierten Baronesse, vom schlagfertigen Fabrikarbeiter bis zum sophistischen Intellektuellen. Ganz selten gab es Ratlosigkeit oder Unlust in den Gruppen. Fast immer wurden mit großer Kreativität Drehbücher geschrieben, Handlungsabläufe festgelegt, Interviews geprobt und Materialien für die Vorführung angefertigt.

In einem Oberstufenkurs ist sogar einmal der König in Französisch mit einer Simultan-Übersetzung interviewt worden. Man kann Folien, Stadtpläne von Paris und ähnliches anfertigen lassen, um eine möglichst realistische „Studioatmosphäre" herzustellen. Verkleidungen, Video-Aufnahmen und weitere Details hängen natürlich vom veranschlagten Zeitaufwand ab. In Klassen der Sekundarstufe I wird man indessen bei der Kommentierung der Ereignisse nicht allzu viel erwarten dürfen. Hier kann das Auswertungsgespräch hilfreich sein. Während dieser Phase unter der Fragestellung, welche der vorgestellten Szenen in dieser Weise wohl nicht stattgefunden haben kann, sollte der Lehrer in einem abschließenden Tafelbild die wichtigsten Ursachen des Bastille-Sturms festhalten.

Material:

Aufgabe:

Stellt euch vor, es hätte 1789 bereits das Fernsehen gegeben. Erstellt in eurer Gruppe einen Bericht für die „Tagesschau" vom 14.7.1789. Bringt dabei mithilfe von M 1 und M 2 die **Nachricht** über das Ereignis, einen **Live-Bericht oder ein Interview** anhand von M 3 bis M 6 und einen **Kommentar**. In dem Kommentar sollt Ihr auf die Ursachen der Revolution eingehen, wobei ihr euch auf M 7 bis M 9 stützen könnt.

Material für die Nachricht (M 1 und 2):

M 1: Die Festung des Königs fällt.

Ein Historiker, dessen Bericht von euch als eine Meldung von einer Nachrichtenagentur aufzufassen ist, schreibt über die Ereignisse des 14. Juli 1789:

„Man drang in Klöster ein, und Büchsenmacher, Waffenschmiede und Sattler wurden in verschiedenen Teilen der Hauptstadt überfallen ...

Am Morgen des 14. Juli wurde ein aufsehenerregender Überfall auf das Hôtel des Invalides [Kaserne mit altgedienten, z.T. verwundeten Soldaten] am rechten Seine-Ufer gemacht. Dem sächsischen Gesandten Salmour zufolge, der Zeuge des Unternehmens war, nahmen 7000 oder 8000 Bürger daran teil; viele wurden ... im Gedränge erdrückt. Der Gouverneur [der Befehlshaber dieser Kaserne] sah sich von seinen Truppen verlassen und musste die Tore öffnen. Er erstattete später Bericht über das Verschwinden von mehr als 30 000 Gewehren, von denen mindestens 12 000 ‚in gefährliche Hände' gefallen waren. Inzwischen hatte sich der Ruf ‚zur Bastille!' erhoben ...

Der unmittelbare Zweck [zur königlichen Festung Bastille zu ziehen] war nicht, die Gefangenen zu befreien, sondern das Pulver zu finden, das, wie man wusste, vor kurzem aus dem Arsenal dorthin gebracht worden war. Auch andere Motive spielten zweifellos eine Rolle. Man hielt die Festung für stark bemannt: ihre Kanonen ... hätten in den übervölkerten Wohnvierteln schreckliches Unheil anrichten können überdies war die Bastille in der Bevölkerung als ein Symbol des Despotismus [der Willkürherrschaft] ... verhasst.

Der Gouverneur weigerte sich, die Festung zu übergeben, er habe jedoch die Kanonen zurückgezogen und die Zusicherung gegeben, dass er nicht schießen werde, falls er nicht angegriffen würde. Bis dahin war die Volksmenge, die aus der Rue Saint-Antoine in die Festung geströmt war, erst in den äußeren der beiden Höfe eingedrungen, von dem aus man zur großen Zugbrücke und zum Haupttor der Bastille kam. Der äußere Hof war wie immer unbewacht. [Als der Gouverneur glaubte], es würde nun ein frontaler Angriff erfolgen, ließ er schießen. In dem nun folgenden Gefecht erlitten die Belagerer Verluste von 98 Toten und 73 Verwundeten; von den Verteidigern wurde nur einer getroffen ...

Der Gouverneur wollte sich [nach einiger Zeit] ergeben, unter der Bedingung, dass die Garnison [die Soldaten in der Festung] verschont bliebe; doch die wütende Menge wollte von Bedingungen nichts wissen, und die Belagerung wurde fortgesetzt. Nun scheint [der Gouverneur] den Kopf verloren zu haben: Er drohte, die Festung in die Luft zu sprengen. Seine Leute hielten ihn jedoch davon ab, und in der Verzweiflung gab er den Befehl, die große Zugbrücke herabzulassen. So fiel die Bastille. Die ‚Sieger der Bastille', wie sie schließlich genannt wurden, zählten 800 bis 900 Personen ...

Drei Fabrikanten sind [in der Liste der ‚Sieger'] angegeben, vier Kaufleute, der Brauer Santerre [Name], drei Marineoffiziere ... Der Rest besteht aus Kleinhändlern, Handwerkern und Angestellten. Von diesen sind ungefähr zwei Drittel kleine Werkstatteigentümer, Handwerker und Gesellen aus ungefähr 30 kleinen Gewerben ... Eine Frau war darunter, eine Wäscherin ..."

Rudé, G., Die Massen in der französischen Revolution, München 1961, S. 74 ff., zit. nach: Hug, W. (Hrsg.), Unsere Geschichte, Bd. 2, Frankfurt/M. 1985, S. 151

M 2 (Abb. 27): Die Erstürmung der Bastille am 14. Juli 1789. Zeitgenössisches Gemälde (AKG Berlin)

Material für Live-Berichte und Interviews (M 3-6):

M 3: Gespräch des Herzogs von Liancourt mit dem König in der Nacht vom 14./15. Juli

„Am Abend hörte der König in Versailles die ersten dunklen Nachrichten von Unruhen in Paris, nichts Genaues, keine Einzelheiten; das Schlimmste weiß er noch nicht. In sein Tagebuch, das er an keinem Abend vergisst, trägt er ein: ‚Nichts. Necker abgereist.' Nichts, das bedeutet seine Empfindung über das, was sein Inneres ganz erfüllt. Er hatte nichts auf der Jagd geschossen ...

Aber in der Nacht prescht ein Reiter von Paris nach Versailles. Der Herzog von Liancourt [Großmeister der Garderobe] lässt gegen alle Etikette den König wecken und meldet ihm alle schrecklichen Ereignisse des Tages. Der König hört den Bericht an. Fassungslos stößt er hervor: ‚Aber das ist ja eine Revolte.' ‚Nein, Majestät', erwidert der Herzog, ‚das ist die Revolution'."

Zit. nach: Sethe, Paul, Die großen Tage, Frankfurt/M. 1953, S. 49, zit. nach: Schmid, F., Fragen an die Geschichte, Bd. 3, Frankfurt/M. 1981, S. 153

M 4: Forderungen des Adels vor 1789

„Die Garantie der persönlichen Steuerfreiheit und der Auszeichnungen, die der Adel zu allen Zeiten genossen hat, sind Eigenschaften, die den Adel besonders hervorheben und die nur dann angegriffen und zerstört werden können, wenn die Auflösung der allgemeinen Ordnung erstrebt wird ... Der Adel von Amont fordert also, dass die Ordnung, an der er teilhat, mit allen persönlichen Vorrechten erhalten werde."

Zit. nach: Schmid, H. D., Fragen an die Geschichte, Bd. 3, Frankfurt/M. 1981, S. 147

M 5: Beschwerden der Bauern und Handwerker (1789)

Auf eine Aufforderung des Königs hin sollten Beschwerdehefte von den Untertanen verfasst werden.

M 5.1:

Die Bauern des Dorfes Guyancourt, unweit von Versailles, forderten unter anderem:

„1. dass alle Steuern von den drei Ständen ohne irgendwelche Ausnahmen gezahlt werden, von jedem Stand gemäß seinen Kräften;
2. das gleiche Gesetz und Recht im ganzen Königreich;
3. die völlige Aufhebung der Sondersteuern und der Salzsteuer; ...
5. die völlige Beseitigung jeglicher Art von Zehnten in Naturalien,
8. dass die Eigentumsrechte heilig und unverletzlich sind;
9. dass rascher und weniger Parteilichkeit Recht gesprochen wird;
10. dass alle Frondienste, welcher Art sie auch sein mögen, beseitigt werden;

11. dass die Einziehung zum Heeresdienst nur in dringenden Fällen erfolgt und dass in diesem Fall alle Stände ohne irgendwelche Ausnahme oder Befreiung hierzu beitragen."

Zit. nach: Hartig, I. und P., Die französische Revolution, Tempora, Quellen zur Geschichte und Politik, Stuttgart 1984, S. 34 f.

M 5.2:

Die Handwerker von Pont-l'Abbé in der Bretagne forderten unter anderem:

„Art. 9. Wir möchten Ihrer Majestät darlegen, dass die Bevölkerung der Bretagne, sowohl in den Städten als auch auf dem Lande, von den Adligen und der hohen Geistlichkeit wie Sklaven behandelt wird. Sie zwingen und verpflichten die Angehörigen des Dritten Standes dazu, in ihren Mühlen und in ihren Zwangsöfen backen zu lassen, damit sie dort von den unehrlichen Müllern, die unser Korn verderben, ungestraft bestohlen werden. Die Bäcker verderben uns unseren Teig durch schlechtes Backen. Möge es uns von nun an gestattet sein, in den Mühlen zu mahlen und in den Öfen backen zu lassen, die nicht den Grundherren gehören, deren Müller und Bäcker ihr bestes für uns tun, ohne dass wir von irgendeiner Seite daran gehindert werden, damit es so in dieser Hinsicht in der Bretagne keine Sklaven mehr gibt und jeder frei ist."

Zit. nach: Hartig, I. und P., Die französische Revolution, Tempora, Quellen zur Geschichte und Politik, Stuttgart 1984, S. 35 f.

M 6: Zur Lage der Pariser Handwerker und Lohnarbeiter vor 1789

M 6.1: *Ein Historiker beschreibt die Situation in Paris:*

„Am zahlreichsten war die Gruppe der lohnabhängigen Handwerker. Sie arbeiteten zu einem von den Händlern festgesetzten Tarif. In den meisten Pariser Handwerksbetrieben wurde sechzehn Stunden gearbeitet ... Die Lehrlinge und Gesellen wohnten meistens unter dem Dach des Meisters und lebten von seinem ‚Brot, Herd, Bett und Haus'. Anders als die Handwerker, die in Zünften organisiert waren, erhielten die Arbeiter in den Manufakturen Arbeitslöhne. Die Lohnempfänger ohne feste Anstellung umfassten Tagelöhner, Gärtner, Laufburschen, Wasser- und Holzträger ... Hinzu kam das Hauspersonal, das in bestimmten Vierteln von Paris besonders zahlreich war. Die Existenzbedingungen der städtischen Volksmassen verschlechterten sich im 18. Jahrhundert. Der Bevölkerungszuwachs in den Städten führte zusammen mit den Preissteigerungen zu einem Ungleichgewicht von Löhnen und Lebenshaltungskosten. In der zweiten Hälfte des Jahrhunderts nahm die Verarmung der städtischen Volksklassen immer mehr zu."

Zit. nach: Soboul, Albert, Die Große Französische Revolution, Bd. 1, Frankfurt/M. 1973, S. 28-35

M 6.2: Löhne und Preise in Paris (1789)

Preise im Juni 1789:

1 Laib Brot zu 4 Pfund	14 1/2 sous
0,5 Liter Wein	5 sous
1/2 Pfund Fleisch	5 sous
Miete täglich	3 sous

Löhne im Juni 1789:

Beruf	Lohn pro Arbeitstag	Tatsächliches Einkommen pro Tag
Arbeiter i. d. Fabrik Réveillons	25 sous	15 sous
Bauarbeiter	30 sous	18 sous
Maurergeselle	40 sous	24 sous
Schlosser-, Schreinergeselle	50 sous	30 sous
Bildhauer, Goldschmied	100 sous	60 sous

Der Unterschied zwischen Tagelohn und tatsächlichem täglichen Einkommen erklärt sich aus der hohen Zahl unbezahlter Feiertage.

Zit. nach: Hug, Wolfgang (Hrsg.), Unsere Geschichte, Bd. 2, Frankfurt/M. 1985, S. 147

Material für den Kommentar (M 7-9):

M 7 (Abb. 28): Eine Karikatur über die Zustände in Frankreich vor 1789 (AKG Berlin)

Dargestellt sind die drei Stände, wobei der Bauer für den Dritten Stand steht. Die Hasen, die er nicht jagen darf, fressen seinen Kohl, die Vögel fressen sein Korn.

M 8 (Abb. 29): Eine Karikatur aus dem Jahr 1789 (AKG Berlin)

Der Bauer reitet nunmehr auf den beiden anderen Ständen. Er selbst folgt dem Ziel von „Frieden und Eintracht“ und damit dem Vorbild König Heinrichs IV. (Medaillon an der Jacke). Die früher Privilegierten tragen die Waage der Gerechtigkeit mit „Gleichheit, Freiheit und Entlastung des Volkes“. Alle drei tragen die Kokarde, welche die patriotische Eintracht versinnbildlicht.

M 9: Aus dem Rechenschaftsbericht des Finanzministers (1788)

Zur Sanierung des hochverschuldeten Staates wollte der König 1789 erneut die Steuern erhöhen und Adel und Klerus zu einer finanziellen Beteiligung bewegen. Diese lehnten jedoch ab.

Einnahmen (direkte/indirekte Steuern)	503 Mio. Livres
Ausgaben	629 Mio. Livres
davon:	
Zivile Ausgaben	145 Mio. Livres
(u.a. Bildung und Fürsorge	12 Mio.
Hofhaltung	36 Mio.
Pensionen für Adlige	28 Mio.)
Militärische Ausgaben	165 Mio. Livres
(u.a. Offiziersgehälter	46 Mio.)
Schuldendienst für Zins und Tilgung der Staatsschulden 318 Mio. Livres	

Zit. nach: Schmid, Heinz Dieter, Fragen an die Geschichte, Bd. 3, Frankfurt/M. 1981, S. 146

Eine Talkshow zum Thema: „Warum wir in den Krieg eingetreten sind."
Ein Spiel für die gymnasiale Oberstufe [228]

Die wichtigste Arbeitsform des Geschichtsunterrichts der gymnasialen Oberstufe ist die Arbeit mit schriftlichen Quellen und die Auseinandersetzung mit unterschiedlichen wissenschaftlichen Positionen. Dieser Spielvorschlag zeigt eine Möglichkeit, die damit verbundene Textarbeit auf eine unkonventionelle Art durchzuführen. Das Thema der Talkshow ist die – auch wissenschaftlich noch bedeutsame – Frage nach den Motiven des Eintritts in den Ersten Weltkrieg der wichtigsten europäischen Staaten. Thematisch gehört der Vorschlag in das Umfeld Imperialismus und Erster Weltkrieg. Unabdingbar für die Durchführung des Spiels ist die Behandlung der Voraussetzungen, Motive und Ziele sowie der Ideologie des Imperialismus. Ferner müssen die aus den imperialistischen Interessenkonflikten herrührenden weltpolitischen Krisen zwischen den europäischen Mächten und die Herausbildung eines neuen Bündnissystems nach 1890 thematisiert worden sein.

Zur unmittelbaren Vorbereitung des Spiels dient die Beschäftigung mit der verfassungsrechtlichen Stellung und der charakterlichen Verfassung des Deutschen Kaisers Wilhelm II., mit den Ereignissen während der Julikrise, dem Schlieffen-Plan und mit dem so genannten „Blanko-Scheck" des deutschen Kaisers an Österreich-Ungarn, der ein Vorgehen der Österreicher gegen Serbien bündnispolitisch absicherte.

Die große Verantwortung des Deutschen Reiches für den Ausbruch des Ersten Weltkriegs wird seit dem berühmten Buch „Griff nach der

Weltmacht“ von Fritz Fischer in der gegenwärtigen Diskussion nicht mehr ernsthaft bestritten, wenngleich kein Historiker der überspitzten Argumentation Fischers gänzlich folgen möchte.[229] Der Reichskanzler Bethmann Hollweg steuerte keineswegs „kriegslüstern“ auf den Krieg zu, jedoch nahm seine Strategie des „kalkulierten Risikos“ den Kriegseintritt Englands und damit die Ausweitung eines „begrenzten Krieges“ zum Flächenbrand bewusst in Kauf.

Vor der Behandlung der Fischer-Kontroverse, die am Ende zur Reflexion der Spielhandlung dient, soll durch das Spiel ein quellengestützter Zugang zum Kriegsausbruch 1914 und zur Verantwortung der einzelnen beteiligten Großmächte in der Julikrise gefunden werden. Dazu werden Auszüge aus Reden (Material s.u.) herangezogen, die vier maßgebliche Poltiker Anfang August 1914 vor ihren jeweiligen Parlamenten hielten, in denen sie die Entscheidung ihrer Regierung zum Kriegseintritt begründeten:

- der deutsche Reichskanzler Theodor von Bethmann Hollweg (1856-1921; M 2.1),
- der französische Ministerpräsident René Viviani (1862-1925; M 2.2),
- der britische Außenminister Edward Grey (1862-1933; M 2.3) und
- der russische Außenminister Sergej Dimitrijewitsch Sasonow (1860-1927; M 2.4).

Abb. 30: Theobald von Bethmann Hollweg (The Literary Digest History of the World War, New York, London 1920)

Abb. 31: René Viviani (The Literary Digest History of the World War, New York, London 1920)

Abb. 32: Sir Edward Grey
(Collier's Photographic History of the European War, New York 1916)

Abb. 33: Sergej Sasonow
(Collier's Photographic History of the European War, New York 1916)

Diese Reden vermitteln einen unmittelbaren Eindruck von der Sichtweise führender Politiker der am Krieg beteiligen Mächte und verdeutlichen aus jeweils subjektiver Perspektive den „Automatismus der Mobilmachungen" (W. J. Mommsen), der nach der russischen Generalmobilmachung am 30. Juli 1914 in Gang gesetzt wurde.[230] Die Kriegsbereitschaft war in allen Ländern sehr groß, aber die beteiligten Politiker versuchten den Eindruck zu erwecken, sie hätten bis zur letzten Sekunde versucht, den Frieden zu retten. Sie seien im Grunde durch das Verhalten der anderen Mächte zu ihren jeweiligen Entscheidungen gezwungen worden.

Hierin liegt die didaktische Relevanz des Vorschlags. Die Schüler erhalten die Möglichkeit, sich im Sinne von Multiperspektivität anhand der Reden in verschiedene subjektive Sichtweisen und Rechtfertigungen hineinzudenken und die aufgeheizte Stimmung zwischen den Großmächten, die durch nationale Ehre und militärische Überlegenheitsgefühle genährt wurde, in einem argumentativen Schlagabtausch gewissermaßen nachzuempfinden. Auf diese Weise können sie ein Gespür für die Wirkung von politischer Rhetorik entwickeln. Phrasen wie „gewaltiges Schicksal", „friedliche Arbeit" (Bethmann Hollweg), „das friedliebende und starke Frankreich", „gehässige Ungerechtigkeit" (Viviani), „Erhaltung des Friedens ganz Europas", „moralisches Ansehen" (Grey) und „friedliche Beilegung des Konflikts", „ehrlich bis zuletzt" (Sasonow) entfalten ihre Wirkung erst im Gebrauch, wenn sie dazu dienen, taktisches Kalkül zu kaschieren. In der Reflexion können die Argumentationsmuster der Politiker, die in der Talkshow deutlich werden, kritisch hinterfragt und vor dem Hintergrund der Ergebnisse der Geschichtswissenschaft analysiert werden.

Zur Vorbereitung der Talkshow[231] bilden die Schüler vier Gruppen, denen neben der entsprechenden Rede ein Arbeitsblatt vorliegt, auf dem die Aufgaben und das Ziel der Gruppenarbeit erläutert sind. Für den gesamten Ablauf der Arbeit bietet sich eine Doppelstunde an. Bei schwächeren Gruppen kann die Rede bereits in der Hausaufgabe vorbereitet sein. Eine wichtige Aufgabe der Gruppen besteht darin, aus ihrer Mitte einen Gruppensprecher zu wählen, der in der Talkshow den entsprechenden Politiker darstellt.

Die Methode des Streitgesprächs hat gegenüber der herkömmlichen Quellenbesprechung den Vorteil, dass die Schüler sich in eine bestimmte Position hineindenken, ihre Argumentation nachvollziehen und sie in möglichst überzeugender Weise vortragen müssen. Der Lehrer kann gegenüber den Schüleräußerungen zurücktreten und sich auf die Rolle des Moderators beschränken. Didaktisch bedeutsam wird diese Art der Auseinandersetzung, weil deutlich wird, dass Geschichte ein „Deutungs- und Konstruktionsgeschäft“[232] ist, das heißt, dass Quellen die Vergangenheit nicht an sich wiedergeben, sondern dass Geschichte die Konstruktion des Vergangenen durch die Geschichtswissenschaft ist.

Ein gewisses methodisches Problem liegt beim „Publikum“, das nur bedingt in die Talkshow eingebunden ist. Unter Umständen ist es möglich, einige „Zuschauer“ zu provokativen Fragen zu bewegen, die sie an die „Staatsmänner“ richten können. Diese könnten ebenfalls während der Gruppenarbeitsphase vorbereitet werden. Ansonsten bietet es sich an, die Schüler aufzufordern, sich Notizen zu machen, um im Anschluss an die Talkshow in der Reflexion die Argumente kritisch überprüfen zu können. An dieser Stelle können auch Texte der Geschichtswissenschaft vorgelegt werden, die hier allerdings nicht eigens abgedruckt werden.

Die Aufgabe des Lehrers als „Moderator“ besteht darin, sich vorab zielgerichtete Fragen an die Protagonisten zu überlegen, die diese in ihrer Eigenschaft als jeweiliger „Staatsmann“ beantworten müssen. Es kommen etwa folgende Fragen in Betracht:

- „Herr ..., bitte erläutern Sie doch einmal unserem Publikum, was Ihre Regierung zum Kriegseintritt bewegt hat.“
- „Welche Rolle haben Ihre Bündnisverpflichtungen bei Ihrer Entscheidung gespielt?“
- „Wen trifft Ihrer Ansicht nach die Hauptverantwortung am Ausbruch des Krieges?“
- „Welche Möglichkeiten, den Frieden zu bewahren, haben Sie genutzt?“

- „Wie konnte aus dem lokalen Konflikt um Serbien dieser europäische Krieg entstehen?“

Zu diesen Fragen sollten sich alle Protagonisten äußern können. Bei Kursen, die sich sehr intensiv mit den Ursachen des Ersten Weltkriegs beschäftigt haben, können auch Fragen gestellt werden, die über die Texte hinausgehen, zum Beispiel nach den Gründen für die „Blanko-Vollmacht“ und nach den französischen Motiven für die „uneingeschränkte Bündnistreue“ gegenüber Russland.

Das spezifisch Spielerische wird hier durch den „So-tun-als-ob“-Effekt erreicht. Deshalb ist es wichtig, ein ansprechendes Ambiente für die Talkshow herzustellen. Der Phantasie sind hier keine Grenzen gesetzt. Der Mindeststandard umfasst die Herstellung eines Podiums oder einer Sitzrunde im Halbkreis und die Aufstellung von Namensschildern oder Fähnchen, die die entsprechenden Nationen symbolisieren. Fotografien der Politiker, die es im Internet gibt, können vergrößert hinter den Diskussionsteilnehmern aufgehängt werden, selbst eine Verkleidung kann man in Erwägung ziehen. Je mehr Accessoires herangezogen werden, desto aufmerksamer werden die Schüler der Sache folgen.

Materialien

M 1: Arbeitsblatt zur Talkshow: „Warum wir in den Krieg eingetreten sind.“

Stellen Sie sich vor, im Jahr 1914 hätte es bereits das Fernsehen und die Moderatorin Sabine Christbaumsen gegeben. Hätte es im August 1914 eine spektakulärere Talkrunde geben können, als die führenden Politiker der am soeben begonnenen Krieg beteiligten Großmächte zusammenzubringen? Unserer Moderatorin ist dies gelungen! Ihre Gäste am Abend des 7. August 1914 sind der deutsche Reichskanzler Theodor von Bethmann Hollweg, der französische Ministerpräsident René Viviani und die Außenminister aus Großbritannien und Russland, Sir Edward Grey und Sergej Dimitrijewitsch Sasonow.

In dieser Talkshow, die in der zweiten Stunde stattfinden soll, werden vier von Ihnen die Rollen der Politiker übernehmen. Sie müssen gewappnet sein, bohrende Fragen unserer Moderatorin zur Rolle ihrer Regierung beim Kriegsausbruch zu beantworten. Bilden Sie vier Gruppen und wählen eine(n) aus Ihrer Mitte, der die Rolle übernehmen soll.

Die Quellen für die Gruppenarbeit sind Auszüge aus den Reden, die der deutsche Reichskanzler, der französische Ministerpräsident sowie die Außenminister von Russland und England Anfang August

1914 vor ihren jeweiligen Parlamenten zur Begründung des Kriegseintritts ihres Landes hielten.

Aufgaben:

1. Lesen Sie die Texte genau, unterstreichen Sie wichtige Passagen und formulieren Sie Fragen zu unklaren Stellen.
2. Klären Sie die unklaren Stellen innerhalb der Gruppe oder mit ihrer/m Lehrer/in.
3. Halten Sie in Stichpunkten Gründe fest, die nach Ansicht des Redners zum Kriegseintritt seines Landes geführt haben.
4. Entwickeln Sie aus den Stichpunkten eine Skizze zum Gang der Argumentation, den der Redner verfolgt.
5. Arbeiten Sie heraus, wem die Schuld am Ausbruch des Krieges zugewiesen wird.

M 2.1: Theobald von Bethmann Hollweg, Reichskanzler des Deutschen Reiches, am 4. August 1914:

„Ein gewaltiges Schicksal bricht über Europa herein. seit wir uns das Deutsche Reich und Ansehen in der Welt erkämpften, haben wir 44 Jahre lang in Frieden gelebt und den Frieden Europas beschirmt. In friedlicher Arbeit sind wir stark und mächtig geworden und darum geneidet. Mit zäher Geduld haben wir es ertragen, wie unter dem Vorwande, daß Deutschland kriegslüstern sei, in Ost und West Feindschaften genährt und Fesseln gegen uns geschmiedet wurden. Der Wind, der da gesät wurde, geht jetzt als Sturm auf. Wir wollten in friedlicher Arbeit weiterleben und wie ein unausgesprochenes Gelübde ging es vom Kaiser bis zum jüngsten Soldaten: Nur zur Verteidigung einer gerechten Sache soll unser Schwert aus der Scheide fliegen. *(Starker Beifall)* Der Tag, da wir es ziehen müssen, ist erschienen, gegen unseren Willen, gegen unser redliches Bemühen. Rußland hat die Brandfackel an das Haus gelegt. *(Lebhafte Rufe: Sehr richtig! Sehr wahr!)* Wir stehen in einem gezwungenen Kriege mit Rußland und Frankreich!

Lassen Sie mich die Tatsachen herausheben, die unsere Haltung kennzeichnen. Vom ersten Augenblick des österreichisch-serbischen Konflikts an erklären und arbeiten wir dahin, daß dieser Händel auf Österreich-Ungarn und Serbien beschränkt bleiben müsse. Alle Kabinette, insonderheit England, vertreten denselben Standpunkt. Nur Rußland erklärt, daß es bei Austragung dieses Konfliktes mitreden müsse. Damit erhebt die Gefahr europäischer Verwickelung ihr Haupt. *(Lebhaftes Sehr richtig! und Bewegung)* Sobald die ersten bestimmten Nachrichten über russische militärische Vorbereitungen vorliegen, lassen wir in Petersburg freundschaftlich, aber ernst mitteilen, daß kriegerische Maßnahmen gegen Österreich-Ungarn uns auf der Seite unseres Bundesgenossen finden und daß militärische Vorbereitungen gegen uns zu entsprechenden Gegenmaßregeln zwingen würden. Mobilmachung aber wäre nahe dem Kriege. *(Sehr richtig!)* Rußland beteuert uns in feierlichster Weise seinen Friedenswunsch und daß es keinerlei militärische Vorbereitungen gegen uns treffen werde. Inzwischen sucht England zwischen Wien und Petersburg zu vermitteln, was wir warm unterstützen. Am 28. Juli bittet der Kaiser telegraphisch den Zaren, er möge bedenken, daß Österreich-Ungarn das Recht und die Pflicht habe, sich gegen die großserbischen Umtriebe zu schützen, die seine Existenz unterwühlten. Der Kaiser erinnert an die solidarischen monarchischen Interessen gegenüber dem Mord von Sarajewo und hofft, daß der Zar ihn unterstützen werde, die Gegensätze zwischen Rußland und Österreich zu beseitigen. Ungefähr zu derselben Stunde und vor Empfang dieses Telegramms bittet der Zar inständigst den Kaiser um seine Hilfe, er wolle doch in Wien zur Mäßigung raten. Der Kaiser übernimmt die Vermittlerrolle. Aber kaum ist die von ihm angeordnete Aktion im Gange, so mobilisiert Rußland alle seine gegen Österreich-Ungarn gerichteten Streitkräfte. *(Allgemeine Bewegung. Pfuirufe)* Österreich-Ungarn selbst hatte nur gegen Serbien mobilisiert, gegen Norden zu nur zwei Armeekorps, aber fern von der russischen Grenze.

Die russische Mobilisierung war grundsätzlich schon beschlossen, bevor sich der Zar an den Kaiser wandte. *(Bewegung)* Der Kaiser wies sofort den Zaren darauf hin, daß sein Vermittleramt durch diese allgemeine Mobilmachung gegen Österreich erschwert, wenn nicht ganz vereitelt würde. Trotzdem setzten wir in Wien unsere Vermittlungen fort, und zwar in Formen, die bis an die äußerste Grenze dessen gehen, was sich mit unserem Bundesverhältnis vereinbaren läßt. Während der Zeit erneuert Rußland spontan seine Versicherungen, daß es gegen uns keine militärischen Vorbereitungen treffe.

Es kommt der 31. Juli. In Wien soll die Entscheidung fallen. Unsere Vermittlung hat schon insofern Erfolg gehabt, als Wien auf unser Drängen in direkte Besprechung mit Petersburg wieder eingetreten ist. Noch bevor die Entscheidung in Wien fällt, kommt die Nachricht, daß Rußland seine gesamte Wehrmacht, also auch gegen uns mobilisiert. *(Ungeheure Bewegung. Rufe: Unerhört!)* Die russische Regierung, die aus unseren wiederholten Vorstellungen wußte, was die Mobilmachung gegen uns bedeutet, modifiziert sie uns nicht, gibt uns zu ihr keinerlei erklärenden Aufschluß. *(Hört, hört!)* Erst am Nachmittag trifft ein Telegramm des Zaren beim Kaiser ein, in dem er sich dafür verbürgt, daß seine Armee keine provokatorische Haltung gegen uns einnehmen werde. Aber die russische Mobilmachung an unserer Grenze ist schon seit der Nacht vom 30. zum 31. Juli in vollem Gange. *(Bewegung)* Während wir auf russisches Bitten in Wien vermitteln, erhebt sich die russische Wehrmacht an unserer langen, fast ganz offenen Grenze, und Frankreich mobilisiert zwar noch nicht, aber trifft doch, wie es zugibt, militärische Vorbereitungen.

Und wir – wir hatten absichtlich bis dahin keinen Reservisten zu den Fahnen gerufen, dem Frieden Europas zuliebe. *(Bewegung)* Sollten wir geduldig warten, bis etwa die Mächte, zwischen denen wir eingekeilt sind, den Zeitpunkt zum Losschlagen wählten. *(Lebhafte Zurufe: Nein, nein. Stürmischer Beifall)* Dieser Gefahr Deutschland auszusetzen, wäre ein Verbrechen gewesen. *(Allgemeine begeisterte Zustimmung)* Darum fordern wir noch am 31. Juli von Rußland die Demobilisierung als die einzige Maßregel, welche noch den europäischen Frieden erhalten könne. Der Kaiserliche Botschafter in Petersburg erhält ferner den Auftrag, der russischen Regierung zu erklären, daß wir im Falle der Ablehnung unserer Forderung den Kriegszustand als eingetreten betrachten müssen. Der Kaiserliche Botschafter hat diesen Auftrag ausgeführt. Wie Rußlands Antwort auf unsere Forderung lautet, wissen wir heute noch nicht. *(Allgemeine Bewegung und Rufe: Ungerecht)* Telegraphische Meldungen aus Petersburg darüber sind nicht bis an uns gelangt, obwohl der Telegraph weit unwichtigere Meldungen noch übermittelte.

So sah sich, als die gestellte Frist längst verstrichen war, der Kaiser am 1. August, nachmittags 5 Uhr, genötigt, unsere Wehrmacht mobil zu machen. Sogleich mußten wir uns versichern, wie sich Frankreich stellen würde. Auf unsere bestimmte Frage, ob es in einem deutsch-russischen Kriege neutral bleibe, hat es uns geantwortet, es werde tun, was ihm seine Interessen gebieten. *(Bewegung und Lachen)* Das war ein Ausweichen auf unsere Frage, wenn nicht ihre Verneinung. Trotzdem gab der Kaiser den Befehl, daß die französische Grenze unbedingt zu respektieren sei. Dieser Befehl wurde strengstens befolgt, bis auf eine einzige Ausnahme. Frankreich, das zu derselben Stunde, wie wir mobil machte, erklärte uns, es werde eine Zone von 10 Kilometern an der Grenze respektieren. Und was geschah in Wirklichkeit? Bombenwerfende Flieger, Kavalleriepatrouillen, auf reichsländisches Gebiet eingebrochene Kompagnien! Damit hat Frankreich, obwohl der Kriegszustand noch nicht eingetreten war, den Frieden gebrochen und tatsächlich angegriffen."

Zit. nach: Peter, Karl Heinrich (Hrsg.), Reden, die die Welt bewegten, Stuttgart u.a. 1959, S. 201-203

M 2.2: René Viviani, Ministerpräsident von Frankreich, am 4. August 1914:

„Meine Herren!

Der deutsche Botschafter hat gestern Paris verlassen, nachdem er uns den Kriegszustand angekündigt hatte.

Die Regierung schuldet dem Parlamente den wahrheitsgetreuen Bericht über die Begebenheiten, die in weniger als zehn Tagen den europäischen Krieg entfesselt und das friedliebende und starke Frankreich gezwungen haben, seine Grenzen gegen einen Überfall zu verteidigen, dessen wohl berechnete Plötzlichkeit die gehässige Ungerechtigkeit unterstreicht. [...]

Am Mittwoch, den 29., verfügte die russische Regierung, nachdem sie das fortdauernde Scheitern ihrer Bemühungen festgestellt hatte, angesichts der Mobilisierung und der Kriegserklärung Österreichs, in Befürchtung einer militärischen Vernichtung Serbiens, als Vorsichtsmaßregel die Mobilisierung von Truppen aus vier Militärbezirken, d.h. ausschließlich von längs der österreichisch-ungarischen Grenze staffelweise aufgestellten Formationen. Gleichzeitig war sie darauf bedacht, die deutsche Regierung zu benachrichtigen, daß diese Maßnahmen, Österreich gegenüber begrenzt und ohne offensiven Charakter, in keiner Weise gegen Deutschland gerichtet seien. [...] Es war dies eine beunruhigende Situation, die das Vorhandensein gewisser Hintergedanken in Berlin wahrscheinlich erscheinen ließ. Einige Stunden später sollten sich diese Vermutungen und Befürchtungen in Gewißheit umsetzen.

In der Tat verwandelte sich Deutschlands ablehnende Haltung sechsunddreißig Stunden später in geradezu bedrohliche Entschließungen: am 31. Juli schnitt Deutschland durch die Verkündigung des >Kriegsgefahrzustandes< die Verbindungen zwischen sich und dem übrigen Europa ab und verschaffte sich dadurch alle Freiheit, seine Kriegsvorbereitungen gegen Frankreich in aller Heimlichkeit fortzusetzen, die, wie Sie gesehen haben, nichts zu rechtfertigen vermochte. Schon seit mehreren Tagen und unter schwer zu erklärenden Umständen hatte Deutschland den Übergang seiner Armee vom Friedens- auf den Kriegsfuß vorbereitet. [...]

So war die Lage, als am Abend des 31. Juli die deutsche Regierung, die seit dem 24. durch keine positive Handlung au den Vermittlungsbemühungen des Dreiverbandes[1] teilgenommen hatte, unter dem Vorwande, Rußland habe die allgemeine Mobilisierung seiner Armeen angeordnet, an die russische Regierung ein Ultimatum richtete und inner halb einer Frist von zwölf Stunden die Einstellung der Mobilisierung verlangte.

Diese Forderung, die um so verletzender in ihrer Form war, als Kaiser Nikolaus II. einige Stunden vorher in einer Anwandlung spontanen Vertrauens den deutschen Kaiser um Vermittlung angerufen hatte, wurde in dem Augenblick gestellt, wo auf Ersuchen Englands und mit Wissen Deutschlands die russische Regierung eine Formel annahm, die geeignet war, eine friedliche Beilegung des österreichisch-serbischen Konfliktes und der österreichisch-russischen Schwierigkeiten durch die gleichzeitige Einstellung der militärischen Operationen und Vorbereitungen in die Wege zu leiten.

An demselben Tage gesellten sich zu diesem wenig freundschaftlichen Schritt gegenüber Rußland ausgesprochen feindselige Vorbereitungen gegen Frankreich: Abbruch des Straßen-, Eisenbahn-, Telegraph- und Telephonverkehrs, Beschlagnahme der französischen Lokomotiven bei ihrer Ankunft an der Grenze, Aufstellung von Maschinengewehren auf dem Schienenstrang, der zuvor abgeschnitten war, Zusammenziehung der Truppen an dieser Grenze.

Von diesem Augenblick an war es uns nicht mehr erlaubt, an die Aufrichtigkeit der Friedensbeteuerungen zu glauben, mit denen uns Deutschlands Vertreter fortwährend überschüttete. Wir wußten, daß Deutschland im Schutze des verkündeten >Kriegsgefahrzustandes< mobilisierte.

Wir erfuhren, daß sechs Reservistenklassen einberufen worden waren und daß die Konzentrationstransporte selbst für in beträchtlicher Entfernung von der Grenze liegende Armeekorps fortgesetzt wurden.

In dem Maße, wie sich diese Begebenheiten abspielten, traf die achtsame und umsichtige Regierung von Tag zu Tag und selbst von Stunde zu Stunde die Verteidigungsmaßnahmen, die die Lage erforderte. Die allgemeine Mobilisierung unserer Armeen zu Land und zu Wasser wurde angeordnet.

An demselben Abend, ½ 8 Uhr, erklärte Deutschland Rußland den Krieg, ohne sich durch die von dem Petersburger Kabinett erfolgte Annahme des englischen Vorschlages, von dem ich weiter oben gesprochen habe, davon abhalten zu lassen.

Tags darauf, Sonntag, den 2. August, überschritten die deutschen Truppen, ohne Rücksicht auf die außerordentliche Mäßigung Frankreichs, im Widerspruch mit den friedlichen Erklärungen des deutschen Botschafters in Paris, ungeachtet der Vorschriften des Völkerrechts, an drei verschiedenen Punkten unsere Grenze."

[1] Dreiverband: Triple Entente, Bündnis zwischen Großbritannien, Frankreich und Russland

Zit. nach: Peter, Karl Heinrich (Hrsg.), Reden, die die Welt bewegten, Stuttgart u.a. 1959, S. 219-223

M 2.3: Sir Edward Grey, Außenminister Großbritanniens, am 5. August 1914:

„Letzte Woche habe ich erklärt, daß wir nicht nur für den Frieden dieses Landes, sondern für die Erhaltung des Friedens ganz Europas arbeiten. Heute überstürzen sich die Ereignisse derart, daß es ungemein schwer ist, mit einiger technischer Genauigkeit die augenblickliche Lage festzustellen. Das eine aber ist klar, daß der Friede Europas nicht mehr zu retten ist. Rußland und Deutschland jedenfalls haben sich gegenseitig den Krieg erklärt. [...] Als die Mobilmachung begann, begriff ich, daß diese Frage [die belgische Neutralität] in unserer Politik eine große Rolle spielen und einen wichtigen Gegenstand der Beratungen des Unterhauses bilden werde. Sofort telegraphierte ich gleichzeitig identische Noten nach Paris und Berlin, des Inhaltes, daß es für uns wesentlich wäre, zu wissen, ob die beiden Regierungen bereit wären, die Verpflichtung einzugehen, Belgiens Neutralität respektieren zu wollen. Darauf kamen folgende Antworten.

Von der französischen Regierung erhielt ich die Antwort: >Die französische Regierung ist entschlossen, die Neutralität Belgiens zu respektieren, nur im Falle der Verletzung dieser Neutralität durch eine andere Macht könnte sich Frankreich zur Verteidigung seiner eigenen Sicherheit gezwungen sehen, anders zu handeln. Diese Zusicherung ist bereits öfters gegeben worden. Der Präsident der Republik sprach davon mit dem König der Belgier, und der französische Gesandte in Brüssel hat dem belgischen Minister des Äußern heute spontan eine gleiche Zusicherung abgegeben.<

Der deutschen Regierung Antwort war: >Der Staatssekretär des Auswärtigen Amtes kann unmöglich eine Antwort geben, bevor er mit dem Kaiser und dem Reichskanzler darüber gesprochen hat.< Sir Edward Goschen[1], dem ich gesagt hatte, es käme sehr auf eine baldige Antwort an, teilte mir mit, er hoffe, daß die Antwort nicht lange auf sich warten lassen würde. Der deutsche Außenminister gab dann Sir Edward Goschen[1] zu verstehen, er bezweifle, daß sie überhaupt antworten könnten, da eine Antwort im Kriegsfalle den unerwünschten Effekt haben könnte, ihren Feldzugsplan wenigstens teilweise zu enthüllen. Aus Nachrichten, die ich heute erhalten habe – sie sind mir erst vor ganz kurzem zugekommen, und ich bin noch nicht ganz sicher, ob sie mir auch ganz genau übermittelt worden sind –, ging hervor, daß Deutschland Belgien ein Ultimatum habe zukommen lassen, in dem es Belgien freundschaftliche Beziehungen anbietet, falls dies den Durchmarsch deutscher Truppen durch sein Gebiet gewährleiste. Wohlan, meine Herren, bevor diese Dinge nicht ganz genau festgelegt sind, möchte ich bis zum letzten Momente nicht alles sagen, was ich zu sagen verleitet wäre, wenn ich dem Hause vollkommen beglaubigte, lückenlose Berichte über den Fall vorlegen könnte. Man hat uns im Laufe der letzten Woche sondiert, ob wir uns mit einem Garantieversprechen zufriedengeben würden, daß Belgiens Integrität nach dem Kriege gewahrt werden würde. Worauf wir antworteten, wir könnten über unsere mit Belgiens Neutralität verknüpften Interessen oder Pflichten nicht schachern.

Nein, meine Herren, wenn es der Fall ist, daß Belgien irgendeine Art von Ultimatum gestellt worden ist, welches das Ansinnen enthält, es solle seine Neutralität opfern oder brechen, und das geschähe wirklich, dann wäre es mit seiner Unabhängigkeit aus, was immer ihm auch dafür geboten würde. Und wenn Belgiens Unabhängigkeit dahin ist, dann folgt die Unabhängigkeit Hollands. Ich ersuche das Haus, vom Gesichtspunkte britischer Interessen aus zu beurteilen, was da auf dem Spiele steht. Wenn Frankreich geschlagen würde, wenn es besiegt auf seinen Knien läge, seine Großmachtstellung verloren hätte und zum Knechte eines Größeren und Mächtigeren geworden wäre – ich setze das nicht voraus, weil ich gewiß bin, daß Frankreich die Macht besitzt, sich mit Energie, Geschicklichkeit und Vaterlandsliebe zu verteidigen, die es schon so oft bewiesen hat –, wenn das alles aber dennoch geschähe und Belgien, Holland und Dänemark nacheinander dem Einfluß derselben Macht verfielen, würde dann nicht Gladstones[2] Wort wahr werden, daß wir einem gemeinsamen Interesse an der Verhinderung des übermäßigen Anwachsens einer einzelnen Macht gegenüberständen? [...]

Ich kann nicht einen Augenblick lang glauben, daß wir zu Ende dieses Krieges, wenn wir auch beiseite stünden und nicht hineingezogen werden würden, in der Lage, nämlich in der materiellen Lage wären, unsere Macht entscheidend zu gebrauchen, um ungeschehen zu machen, was der Krieg bewirkt hat, und, im Falle die Entscheidung so gefallen wäre, zu verhindern, daß das ganze uns gegenüberliegende Westeuropa unter die Herrschaft einer einzigen Macht geriete. Dagegen bin ich vollkommen überzeugt, daß wir in diesem Falle unser ganzes moralisches Ansehen eingebüßt haben würden. Ich will nur noch sagen, daß ich die belgische Frage etwas hypothetisch behandelt habe, weil ich noch nicht alle Tatsachen genau kenne. Wenn aber die bisherigen Mitteilungen den Tatsachen entsprechen, so ist es ganz klar, daß dem Lande die Pflicht erwächst, sein Äußerstes zu tun, um die Folgen abzuwenden, zu denen diese Tatsachen führen müßten, wenn sie unbestritten blieben."

1 Edward Goschen: Britischer Botschafter in Berlin

2 William Gladstone (1809-1898): englischer Politiker, mehrfach Premierminister

Zit. nach: Peter, Karl Heinrich (Hrsg.), Reden, die die Welt bewegten, Stuttgart u.a. 1959, S. 205-216

M 2.4: Sergej Dimitrijewitsch Sasonow, Außenminister Russlands, am 6. August 1914:

„In den schwierigen Stunden verantwortungsvoller Entscheidungen schöpfte die Regierung ihre Kraft aus dem Gefühl ihrer vollkommenen Übereinstimmung mit der Meinung des Volkes. [...]

Sie kennen den Anlaß zum Kriege. Durch innere Unruhen zerrissen, suchte Österreich einen Schlag zu führen, der gleichzeitig seine Kraft beweisen und uns demütigen sollte. Dafür mußte Serbien herhalten, dieses Serbien, mit dem uns die Bande der Geschichte sowie gemeinsame Abstammung und Glauben vereinigen.

Sie kennen die Umstände, unter welchen das Ultimatum an Serbien gerichtet wurde. Hätte sich Serbien diesen Bedingungen unterzogen, so wäre es Österreichs Vasall geworden. Ein gleichgültiges Verhalten unsererseits hätte die Aufgabe unserer Jahrhunderte alten Rolle als Beschützer der Balkanstaaten bedeutet. Gleichzeitig hätten wir damit zugegeben, daß der Wille Österreichs und des hinter ihm stehenden Deutschlands für Europa Gesetz wäre; weder wir, noch Frankreich, noch England konnten es geschehen lassen.

Ebenso wie wir bemühten sich unsere tapferen Verbündeten, mit aller Kraft den Frieden zu erhalten. Unsere Feinde täuschten sich, als sie diese Bemühungen für einen Beweis der Schwäche ansahen. Sogar nach Österreichs Herausforderung lehnte Rußland keinen Versuch zur friedlichen Beilegung des Konflikts ab. In diesem Sinne waren alle Bemühungen, die von uns und unseren Verbündeten gemacht werden konnten, ehrlich bis zuletzt. Sie werden sich davon überzeugen, wenn Sie die Dokumente, die wir veröffentlichen werden, kennen und die sich auf den Lauf der Verhandlungen beziehen. Nur eine Bedingung hielten wir fest aufrecht: bereit, jeden Kompromiß, der von Österreich genehmigt werden konnte, ohne sein Ansehen zu verletzen, anzunehmen, schlossen wir alles das aus, was der Souveränität und der Unabhängigkeit Serbiens Eintrag bringen konnte.

Von Anfang an haben wir Deutschland unsere Ansicht darüber nicht verhehlt. Es steht außer Zweifel, daß das Berliner Kabinett, wenn es gewollt hätte, seinen Verbündeten durch ein Machtwort hätte zurückhalten können, wie es dies während der Balkankrise getan hatte. Aber in Wirklichkeit stieß Deutschland, obwohl es noch bis in die letzten Tage ständig den Wunsch wiederholt hatte, seinen Einfluß auf Wien geltend zu machen, die gemachten Vorschläge, einen nach dem andern, zurück, wobei es seinerseits nur leere Versicherungen gab. Die Zeit verging; die Verhandlungen schritten nicht vorwärts. Österreich bombardierte Belgrad mit Erbitterung. Es war ein von der Regierung organisierter Pogrom, eine natürliche Fortsetzung jener nach dem Verbrechen von Sarajewo gegen die wehrlose serbische Bevölkerung gerichteten Hetzen. Der augenscheinliche Zweck war, durch Verhandlungen Zeit zu gewinnen und Europa und uns vor die vollendete Tatsache zu stellen: Die Demütigung und Vernichtung des serbischen Staates.

Unter diesen Umständen konnten wir nicht anders, als natürliche Vorsichtsmaßregeln treffen, um so mehr, als Österreich schon die Hälfte seiner Armee mobilisiert hatte. Als die Mobilisierung in Rußland angeordnet wurde, gab unser Kaiser dem deutschen Kaiser sein kaiserliches Wort, daß Rußland nicht von den Waffen Gebrauch machen werde, solange noch Hoffnung auf eine friedliche Lösung war unter den oben angegebenen gemäßigten Bedingungen.

Diese Stimme wurde nicht gehört. Deutschland erklärte erst uns, dann unserm Verbündeten den Krieg. Jede Herrschaft über sich verlierend, trat es die geheiligten Rechte zweier Staaten mit Füßen, deren Neutralität es im Verein mit ändern Mächten feierlich durch seine Unterschrift garantiert hatte.

Man kann sich nur beugen vor dem Heroismus des belgischen Volkes, das sich nicht gefürchtet hat, gegen die ungeheure deutsche Armee zu kämpfen. Das Verfahren Deutschlands hat in der ganzen zivilisierten Welt und vor allem im ritterlichen Frankreich, das sich mit uns zur Verteidigung des Rechts und der Gerechtigkeit erhoben hat, die tiefste Entrüstung erregt. Ist es nötig, hinzuzufügen, daß England von den gleichen Gefühlen beseelt ist? Es wallte auf und sah die Notwendigkeit ein, Deutschlands Anmaßung, ganz Europa seine drückende Herrschaft aufzuzwingen, zu zerbrechen.

Das Ereignis, das die Ursache des Konflikts war, rückt von nun an in den Hintergrund; und die Angelegenheit nimmt für einen jeden von uns und für unsere Verbündeten eine eigene Bedeutung an. Deutschland hat uns den Krieg am 1. August erklärt, Österreich fünf Tage später, indem es seinen Entschluß damit begründete, daß wir in den österreichisch-serbischen Konflikt eingegriffen und die Feindseligkeiten gegen Deutschland eröffnet hatten, das, behauptet es, hätte es veranlaßt, uns zu bekriegen.

Der Feind ist auf unseren Boden eingedrungen. Wir kämpfen für unser Vaterland. Wir kämpfen für sein Ansehen und seine Stellung als Großmacht. Wir wollen das Joch Deutschlands und seines Verbündeten über Europa nicht annehmen. Dieselben Beweggründe leiten unsere Verbündeten. Wir suchen keinen eitlen Ruhm. Wir wissen, daß sich harte Prüfungen auf unserm Wege finden können. Jetzt schon zählen unsere Feinde darauf. Da sie Rußland nicht kennen und seine Vergangenheit mißachten, glauben sie an eine mögliche Feigheit unsererseits. Aber Gott, der Rußland nicht in den tragischsten Augenblicken seiner Geschichte verlassen hat, wird es nicht in der jetzigen Stunde im Stich lassen, wo es sich in einmütiger Liebe und Selbstverleugnung um seinen Herrscher schart."

Zit. nach: Peter, Karl Heinrich (Hrsg.), Reden, die die Welt bewegten, Stuttgart u.a. 1959, S. 229-232

Schreibt mal einen Lebenslauf!

Kreatives Schreiben zu sozialer Erfahrung und politischer Identität von Abgeordneten der Frankfurter Paulskirche [233]

Geschichtliches Denken entwickelt sich an der Beurteilung von menschlichem Handeln in der jeweiligen Gesellschaft, an vergangener sozialer Realität. Gleichwohl zeigt uns die tägliche Unterrichtserfahrung, dass Schüler über dieses Denken zunächst nicht verfügen. Neben grundsätzlichen entwicklungspsychologischen Gesichtspunkten liegt das auch daran, dass die Menschen, deren Handeln man beurteilen soll, in den Geschichtsbüchern oft blass bleiben und den Schülern ein persönlicher Bezug zu diesen meist gesichts- und geschichtslosen „Geschichtsbuch-Zombies" fehlt. Dieser Vorschlag zeigt eine Anregung, der geschilderten Beziehungslosigkeit entgegenzuwirken.

Ein Problem – Das Verständnis der Nationalversammlung von 1848/49

Vermutlich hat jeder Geschichtslehrer schon die Erfahrung gemacht, dass Schüler Abschnitte in der Art des folgenden meist nicht „verstehen" können: „Die Abgeordneten der Nationalversammlung, die am 18. Mai 1848 in der Frankfurter Paulskirche zusammentrat, waren als Persönlichkeiten nach ihrem Ansehen und Vertrauen, das sie in der Öffentlichkeit besaßen, gewählt worden. Ihrer politischen Richtung nach lassen sie sich in folgende drei Gruppen einteilen: Die Linke [Republikaner] mit der äußersten Linken [Radikale], das Zentrum [konstitutionelle Liberale] und die Rechte [Konservative]. Es gab keine geschlossenen Parteien, sondern nur Gruppen, denen die Abgeordneten beitraten, solange sie mit deren Absichten einverstanden waren."[234]

Dieser Abschnitt enthält zahlreiche Informationen, die der direkten Erfahrungswelt von Schülern nicht zuzuordnen sind. Bereits der Begriff „Persönlichkeiten" stellt sie in diesem Zusammenhang vor hohe Hürden. Der Autor deutet damit an, dass die Wahl zur Nationalversammlung von 1848 keine Parteienwahl im modernen Sinn war, sondern dass die Wahlberechtigten in der Regel den ortsbekannten Honoratioren, zumeist Vertretern des Bildungsbürgertums, ihre Stimme gaben. Nur – können die Schüler den Unterschied zu heute erkennen?

Ebenfalls verwirrend sind die genannten Zuordnungen im politischen Spektrum. Meiner persönlichen Erfahrung nach sind bestenfalls Schüler der Oberstufe in der Lage, diese Kategorien inhaltlich zu verarbeiten. So wie die politischen Gruppierungen aufgeführt sind, bieten sie für Schüler nur die Aufzählung von abstrakten Wertbegriffen, die sie, wenn überhaupt, mit modernen Inhalten füllen. Dabei können sie oft dies nicht einmal rational begründen. Die Ursache für solche Zu- und Einordnungsprobleme liegt sicher in dem hohen Maß an Abstraktion. Man muss Begriffe wie „Radikale“ oder „Konservative“ jetzt mit weiteren Schlagworten wie „Republik“, „Volksbewaffnung“, „soziale Reformen“ und „allgemeines Wahlrecht“ beziehungsweise „konstitutionelle Monarchie“, „Föderalismus“ und „eingeschränktes Wahlrecht“ verdeutlichen. Dennoch würde dies für Schüler nicht sehr viel ändern. Es bleiben Fakten, die sie erlernen, zu denen ihnen aber eine Beziehung fehlt.

Ein Ausweg – Politiker statt Politik

Um für Schüler einen Bezug zu der Problematik der Nationalversammlung von 1848 zu schaffen, bietet es sich an, auf einzelne Abgeordnete näher einzugehen. Politische Richtungen und Ideen verbinden sich so mit Lebensläufen, was sie für Schüler anschaulicher, durchschaubarer und einprägsamer macht. Die „gesichtslose“ Geschichte bekommt eine konkrete, weil mit Individuen beschriebene, Gestalt.[235] Dabei hat ein solches Vorgehen nicht nur seine Berechtigung wegen der möglichen besseren Rezeption für Schüler. Der Stoff fordert geradezu eine solche Herangehensweise. Politisches und soziales Engagement wurde 1848 kaum durch Parteien und Organisationen getragen, sondern Privatpersonen traten aus unterschiedlichen Motiven heraus an die Öffentlichkeit. Redebeiträge der Abgeordneten in der Nationalversammlung können daher nicht als Widerspiegelung eines vom breiten Wählerwillen unterstützten Standpunktes gesehen werden. Sie sind vielmehr vor allem Ausdruck einer in der jeweiligen persönlichen Sozialisation gewonnenen Erfahrung und des Zeitgeistes. Die Abgeordneten diskutierten und entschieden noch ohne die heute gewohnte Parteiräson. Um gesellschaftliche Entwicklungen Anfang und Mitte des 19. Jahrhunderts und speziell die Arbeit der Nationalversammlung zu verstehen, darf der Blick auf das Individuum nicht vernachlässigt werden.

Die Politik der Nationalversammlung drückt sich in den Redebeiträgen der einzelnen Abgeordneten aus. Die vertretenen Meinungen muss man im Zusammenhang mit den jeweiligen Abgeordnetenbiografien sehen. Die Schülerin und der Schüler können also zu einem Zeitverständnis kommen, wenn sie die politischen Ansichten von Abgeordneten mit deren biografischem Hintergrund verknüpfen. Um dieses Zusammenspiel aufzuzeigen, bietet sich die in der Nationalversammlung kontrovers geführte Debatte zum Wahlrecht an. Hier zeigen sich besonders deutlich die Einstellungen der Abgeordneten gegenüber Individuum und Gesellschaft. Ihre Redebeiträge enthalten zum Teil ganz unverblümte soziale Vorurteile und Ideologien, wie sie sonst in der deutschen Parlamentsgeschichte kaum zu finden sind.

Methodisches – Lebensläufe anhand politischer Ansichten von Abgeordneten

„Soll es nicht die Bildung sein, die die Geschicke des Vaterlandes bestimmt; sollen nicht die Gebildeten es sein, die in den künftigen Parlamenten votieren?“, fragte der Abgeordnete Friedrich Daniel Bassermann während der Verfassungsdebatte. „Wie kann man denn zu solch einer Ansicht gelangen?“, wundert sich der heutige – demokratische – Leser. An dieser Nahtstelle zwischen Mensch und Gesellschaft wird die historische Neugier geweckt. Man fragt sich, was für ein Mensch dieser Bassermann war: Sicher hat er wenig mit den „unteren Schichten“ der Bevölkerung zu tun gehabt. Er muss wohl aus einer reichen Familie stammen und eine gute Schulbildung erhalten haben. Bestimmt hat er studiert. Vermutungen dieser Art werden sich bei historisch interessierten Lesern bald einstellen.

Ziel sollte es sein, bei Schülern einen ähnlichen kreativen Prozess in Gang zu setzen. Dazu werden die Schüler mit Redebeiträgen von Abgeordneten konfrontiert (Arbeitsblatt 1). Die Ausschnitte sind so ausgewählt, dass sie verschiedene politische Richtungen und damit soziale Erfahrungsmuster repräsentieren. Schüler werden aber kaum von sich aus Vermutungen zur Herkunft der Redner anstellen. Daher sollte der Lehrer sie indirekt auf die richtige Spur bringen. Er kann ihre Fantasie durch das Verfassen von fiktiven Lebensläufen ansprechen. In Gruppen von drei bis vier Schülern soll jeweils ein Redebeitrag nach dem vertretenen Menschenbild untersucht werden. Anschließend verfassen die Schüler gemeinsam einen entsprechenden Lebenslauf für den Abgeordneten in der Ich-Form, in dem sie seine Haltung zu erklären versuchen. Sie müssen dafür Punkte wie soziale Herkunft, Bildungsgrad und Beruf berücksichtigen. Zur „Ausmalung“ der jeweiligen Persönlichkeit mit weiteren möglichen prägenden Erlebnissen sollte man die Schüler aber auch auffordern. Darin liegt ein wesentlicher Faktor ihrer

Kreativität. Auch über die Kleidung und Ähnliches sollen sie sich Gedanken machen. Je nachdem welche Präsentationsform man wählt, erhalten die Schüler entsprechend Zeit für die Vorbereitung. Falls nur eine schriftliche Erarbeitung mit anschließendem Vortrag geplant ist, genügt bereits eine halbe Stunde Zeit, bevor sie die Lebensläufe (unter Umständen auf Overhead-Folie geschrieben) in der Klasse vorstellen. Diese Vorgehensweise scheint besonders für Schüler der Sekundarstufe II geeignet. Sie verfügen am ehesten über die Fähigkeit, Verbindungen zwischen abstrakten Begriffen und konkreten Erfahrungen kritisch herzustellen. Man kann aber auch eine szenische Vorstellung der entsprechenden Person mit Requisiten beabsichtigen. In diesem Fall müsste den Schülern eine längere Vorbereitungszeit eingeräumt werden.

Die von den Schülern verfassten fiktiven Lebensläufe bieten sich zuerst dazu an, über Interpretationskriterien ins Gespräch zu kommen. Man kann beispielsweise bei mehrfach zur Bearbeitung vergebenen Redebeiträgen die Unterschiede und Gemeinsamkeiten besprechen. Die Autoren der Lebensläufe müssen begründen, aufgrund welcher Überlegung sie zu dieser oder jener Einschätzung gelangt sind. Dass hier bereits zahlreiche Anknüpfungspunkte für weitergehende Fragen vorhanden sind, liegt auf der Hand: Gab es vor 1848 eine Schulpflicht? Wie lebten reiche und arme Kinder im Vormärz? Wer durfte studieren? Welche Berufe konnte man ergreifen? Gab es keine Frauen in der Nationalversammlung? Aus diesen Fragen lässt sich unter Umständen eine Unterrichtseinheit zur Sozialgeschichte des Vormärz konstruieren.

In einem zweiten Schritt, in einer Art Verifizierungsphase, sollen die fiktiven Lebensläufe soweit möglich mit den echten verglichen werden (Arbeitsblatt 2). Naturgemäß kann das nur wichtige soziale und keine ereignisgeschichtlichen Abschnitte im Leben des Abgeordneten betreffen. Mögliche Vergleichspunkte sind: Welchen Beruf übte der Vater aus? Lebte die Familie in einer großen oder kleinen Stadt oder gar auf dem Land? Welche Schule hat er besucht? Welche Berufsausbildung hat er durchlaufen? Hat er studiert? Welchen Beruf hat er schließlich ausgeübt?

So kann man beispielsweise aus dem Beitrag des Abgeordneten Löwe schließen, dass er mit den Nöten der einfachen Bevölkerung vertraut war. Das lässt sich durchaus aus seiner eher bescheidenen Herkunft und seiner Tätigkeit als Soldaten- und Stadtarzt erklären. Demgegenüber begründet Bassermanns wohlhabende Herkunft und seine spätere Kaufmannstätigkeit sein Gesellschaftsbild: Staat und Gesellschaft sah er als „rationales System, als ein produktiv und effizient arbeitendes Gesamtgefüge nach Art eines gut geplanten und gut funktionierenden wirtschaftlichen Betriebes.“[236]

Nach dieser zweiten Phase kann man weitere Spezifika der Sozialgeschichte des Vormärz erarbeiten. Wer konnte sich überhaupt Politik „leisten“? Wie und warum wurde man in die Nationalversammlung gewählt? Warum konnte die Meinung entstehen, die Paulskirche sei ein weltfremdes, unbeholfenes „Professorenparlament“?

Vor- und Nachteile der Herangehensweise

Man sollte sich bei der Wahl dieser Methode im Klaren sein, dass exakte Ergebnisse kaum zu erwarten sind und vieles spekulativ bleiben wird. Darin liegt durchaus eine Schwäche des Konzepts. Auf der anderen Seite sei ausdrücklich betont, dass es hier um einen kreativen Prozess geht, um eine aktive Auseinandersetzung mit historischen Quellen, die zu einer Begegnung mit der historischen Person führen kann. Die Urteilskriterien sollten demnach nicht „richtig oder falsch“, sondern „plausibel oder unplausibel“ sein. Die wichtigste Erkenntnis aus der gesamten Betrachtung ist jedoch, dass politische Einstellungen – damals wie heute – offensichtlich aus dem Zusammenspiel von sozialer Herkunft, von elterlicher Erziehung und subjektiver Erfahrung entstehen.

Arbeitsblatt 1

Zwischen Oktober 1848 und März 1849 fanden in der Nationalversammlung die Beratungen über das Regierungssystem des künftigen Deutschen Reiches statt. Besonders umstritten war das Wahlrecht zum Parlament. Während die demokratisch gesinnten Abgeordneten (nach ihrem Versammlungsort zum Beispiel „Deutscher Hof“ und „Württemberger Hof“) für das allgemeine, gleiche, direkte und geheime Wahlrecht (für Männer) plädierten, favorisierten viele Liberale (zum Beispiel „Casino“) die Idee, das Wahlrecht an die Bedingung der Selbständigkeit zu knüpfen. Neben den Frauen, die ohnehin nicht zur Debatte standen, sollten Empfänger von Armenunterstützung, Dienstboten, Handwerksgehilfen, Fabrikarbeiter und Tagelöhner vom Wahlrecht ausgeschlossen werden. Folgende Redebeiträge sind Teil der Debatte um das Wahlrecht in der Nationalversammlung.

Aufgaben:

1. Lest Euch die Redebeiträge der Abgeordneten genau durch und erarbeitet in der Gruppe, welches Menschenbild die einzelnen Abgeordneten haben.
2. Erfindet mögliche Lebensläufe für die einzelnen Abgeordneten. Stellt Euch dabei unter anderem die Fragen: Aus welcher Familie kann jemand kommen, welche Erfahrungen kann jemand ge-

macht haben, welchen Beruf wird jemand möglicherweise ausüben, der ein solches Menschenbild vertritt. Der Lebenslauf soll in der Ich-Form geschrieben werden.
3. Präsentiert Euren Abgeordnetem in einer kleinen Spielszene, in der einer von Euch (evtl. mit Requisiten) sich als diese Person mit dem erfundenen Lebenslauf in der Klasse vorstellt.

Georg Waitz (Casino) * 1813:

„Den Besitzenden und Besitzlosen, den selbständig Wirkenden und den Gehilfen oder Diener wird man nie vollständig gleichstellen. Man wird sie für die Verhältnisse des öffentlichen Lebens ebensowenig gleichbehandeln können wie im Hause, wo sie zusammenwohnen, in der Gemeinde, wo sie nebeneinanderstehen, wo aber Lasten und Pflichten verschieden sind. [...] Das Beste der Gesamtheit muß bestimmen, wer geeignet ist, als Träger dieses [Wahl-] Rechtes zu erscheinen. [...] Keine Staatsordnung, möge sie sein, welche sie wolle, monarchisch oder republikanisch, wird bestehen oder doch zu irgendwelcher Stetigkeit gelangen können, wenn die Entscheidung aller politischen Fragen in die Hände der großen Masse, die sich nur zu oft willenlos leiten läßt oder launenhaft dem einem oder anderen Führer folgt, gelegt wird.

[...] Die eigentlichen Arbeiter, mögen sie auf Tagelohn oder Wochenlohn angenommen oder ausnahmsweise stückweise bezahlt werden, mögen sie, was seltener ist, ganz oder teilweise die Wohnung und Kost von dem Fabrikherren empfangen, oder, wie es regelmäßig der Fall ist, auf eigene Hand mit eigenem Haushalt leben, stehen fast jederzeit in unmittelbarer Abhängigkeit von demjenigen, für den sie arbeiten. [...] Die zahlreichen Fabrikarbeiter sind in der Regel doch nur eben so viele Stimmen in der Hand des reichen Besitzers, der sie beschäftigt."

Wilhelm Löwe (Deutscher Hof) * 1814:

„Sie, meine Herren, würden, Wenn sie den Ausschußbericht annehmen, diesen feindlichen Gegensatz zwischen Kapital und Arbeit legalisieren [gesetzlich erlauben], [...] statt daß wir uns bemühen sollten diesem Kampf seine Erbitterung möglichst zu nehmen und Versöhnung herbeizuführen. [...] Sie machen die Arbeit zur Schande, die Arbeit, von der die ganze Zukunft unseres Vaterlandes abhängen soll. Sie wissen alle, daß ein Volk nur durch Arbeit reich wird. Es ist das unser Unglück, daß wir uns immer noch zu sehr in Stände abpferchen. [...] Aber ich sage, dieser Gesetzesvorschlag ist unausführbar und der Versuch höchst gefährlich für die Freiheit des Volkes aus einem anderen Grunde. Wir haben das Assoziationsrecht [Recht Vereine zu gründen]. Sie schließen nun eine ganze große Klasse von dem Rechte zur Wahl aus. Meine Herren! Diese Klasse hat das Assoziationsrecht, sie steht als gesonderte Klasse da, Sie haben sie ausgeschlossen, sie hat keinen Teil am Staate, sie wird ein Staat im Staate, und dieser Staat im Staate wird ihnen sehr gefährlich werden. Sie werden das wohl fühlen und einsehen und werden sagen: wegen dieser großen Gefahr können wir dieses Assoziationsrecht nicht lassen. [...] Es ist dieses der Weg, eine der wichtigsten Freiheiten, die wir erobert haben, zu vernichten."

Friedrich Bassermann (Casino) * 1811:
„Wenn ich ... immer wieder von der Arbeit reden höre ..., welche von Handwerksgehilfen und Tagelöhnern verrichtet wird, dann, meine Herren, überfällt mich eine gewisse Trauer. [...] Wenn man solche Sätze aufstellen hört, so sollte man glauben, der Handwerksmeister, der denjenigen, welchen sie Arbeiter nennen, beschäftigt, der durch Talent, Fleiß, Sorgsamkeit für seine Kundschaft Leben und Erwerb in seine Gemeinde bringt, der sei kein Arbeiter! Dann sollte man glauben, der Industrielle, welcher durch Verpflanzung von Maschinen aus fremden Ländern, durch glückliche Spekulation und durchdachte Kombinationen neue Industriezweige in sein Vaterland bringt, und damit viele Familien ernährt, er sei kein Arbeiter! [...] Was sie Arbeit nennen ist ja immer das gehässige Gegenüberstellen von der rohen Handarbeit der Tagelöhner und Handwerksgehilfen gegen alle edlere geistige Arbeit des Kaufmanns, Fabrikherrn, der Professoren und Staatsbeamten. [...] Meine Herren, die Weltordnung wird nicht anders, und es wird eben, wenn man nicht das verschweigen will, was ein jeder weiß, doch immer verschiedene Schichten in der menschlichen Gesellschaft geben. Und solche wird es geben müssen, die das Banner der Intelligenz vorantragen und die Führung haben. [...] Wenn sie aber in die Volksvertretung diejenigen Klassen rufen, welche ohne alles Besitztum, kein Interesse der Familienfortdauer, kein Interesse an der Zukunft haben, vielmehr sich den sozialistischen Lehren des bloß tierischen, augenblicklichen Genießens hingeben, dann, meine Herren, stürzen sie auch den Staat um."

(Geschichte in Quellen, Bd. 5: Das bürgerliche Zeitalter, München 1980, S. 205-211)

Arbeitsblatt 2

Aufgaben:

1) Vergleicht die von euch erfundenen mit den echten Lebensläufen. Stellt Übereinstimmungen fest.
2) Erklärt die politische Einstellung des Abgeordneten zum Wahlrecht mit Fakten seines Lebenslaufs.
3) Welcher Lebensabschnitt erscheint Euch für die spätere politische Einstellung am prägendsten? Nehmt begründet Stellung!

Georg Waitz

W. wurde am 9. Oktober 1813 in Flensburg im Herzogtum Schleswig geboren. Er entstammte einer alten Kaufmannsfamilie. Sein Vater war einer von zehn in Norwegen geborenen Brüdern, der sich in Flensburg als Kaufmann niederließ. Die kriegerischen Ereignisse nach 1800 hatten das Vermögen der ursprünglich wohlhabenden Familie aufgefressen, so dass W.s Vater immer wieder andere Tätigkeiten an unterschiedlichen Orten annehmen musste. W. wurde deshalb fast nur von seiner Mutter erzogen. Trotz der Geldnot konnte er zuerst die Bürgerschule, seit Ostern 1826 auch das Gymnasium besuchen, wofür natürlich Schulgeld zu entrichten war. 1832 begann W. in Kiel Rechtswissenschaft zu studieren. 1833 ging er nach Berlin. Nach einem Aufenthalt in Kopenhagen, wohin seine Eltern übersiedelt waren, kehrte er 1835 nach Berlin zurück, wo er nunmehr begann, Geschichte zu studieren. 1836 beendete er dieses Studium mit einer Doktorprüfung. Nach dieser Prüfung arbeitete er als Historiker in Hannover und gab mittelalterliche Geschichtsquellen heraus. In Hannover knüpfte er Kontakte zu liberalen Professoren in Göttingen. 1842 wurde er Professor in Kiel und heiratete Clara Schelling, die zweite Tochter des Berliner Philosophie-Professors. Dort trat er für die Loslösung seiner Heimat Schleswig von Dänemark ein. Zwischen März und Mai 1848 war er Mitarbeiter der provisorischen schleswig-holsteinischen Regierung. Seit Mai 1848 nahm er sein Mandat als Abgeordneter der Nationalversammlung wahr.

(Allgemeine Deutsche Biographie, Bd. 40, S. 602-629; Best, Heinrich; Weege, Wilhelm, Biographisches Handbuch der Abgeordneten der Frankfurter Nationalversammlung 1848/48, Düsseldorf 1996)

Wilhelm Löwe

L. stammt aus Olvenstedt, einem Dorf bei Magdeburg, wo er am 14. November 1814 geboren wurde. Sein Vater war der dortige Schullehrer. Über seine Schulbildung ist nichts weiter bekannt, jedoch kann man davon ausgehen, dass er auch von seinem Vater unterrichtet wurde. Zur Berufsausbildung besuchte er bis 1834 die Medizinisch-Chirurgische Lehranstalt in Magdeburg, wo er zum Chirurg ausgebildet wurde, was noch ohne Medizinstudium möglich war. Zwischen 1834 und 1838 arbeitete L. als Kompanie-Chirurg bei der preußischen Armee in Minden. 1838 bis 1842 war er Medizinstudent in Halle, 1841 wurde er zum Dr. med. promoviert. 1842 kehrte L. nach Calbe an der Saale, in die Nähe seiner Heimat zurück, wo er bis 1851 als praktischer Arzt arbeitete. Calbe war der Wahlort für das 7. Mandat der preußischen Provinz Sachsen. Dort wurde L. als Abgeordneter in die Nationalversammlung gewählt.

(Best, Heinrich; Weege, Wilhelm, Biographisches Handbuch der Abgeordneten der Frankfurter Nationalversammlung 1848/48, Düsseldorf 1996, S. 225 f.)

Friedrich Daniel Bassermann

B. entstammte einer sehr reichen und angesehenen Kaufmannsfamilie in Mannheim. Er wurde dort am 24. Februar 1811 als Sohn eines Kaufmanns und Bankiers geboren. Nach dem Besuch der kirchlichen Elementarschule und des bekannten Mannheimer Lyzeums machte er zwischen 1826 und 1829 in der Eisenhandlung seines Onkels eine kaufmännische Lehre, die ihn auch nach Le Havre und Paris führte. Zur Vervollkommnung der allgemeinen Bildung, was B. nahezu als Pflicht des Bürgers auffasste, studierte er von 1829 bis 1831 Mathematik, Naturwissenschaften und Geschichte in Heidelberg. Nach dem Studium arbeitete er zur weiteren praktischen Ausbildung bis 1832 als Handlungsgehilfe in einem Drogengeschäft in Nürnberg. Der Begriff Drogen meinte damals neben Apothekerwaren auch Farben, Spirituosen, Südfrüchte und vor allem ausländische Weine. Bis 1834 machte er weitere Ausbildungsreisen nach Italien und England. Schließlich wurde er 1834 selbst Besitzer eines Drogenhandels in Mannheim. Im gleichen Jahr heiratete er die Mannheimer Pfarrerstochter Emilie Karbach. Seit den 1830er Jahren begann er auch in zahlreichen Bürgervereinen politisch aktiv zu werden. 1841 wurde B. in den badischen Landtag gewählt. Im Jahr seiner Wahl verkaufte er sein Drogengeschäft, um sich intensiver den politischen Geschäften widmen zu können. Zwischen 1843 und 1855 war er Teilhaber einer Verlagsbuchhandlung in Mannheim. B. war bereits Mitglied des Vorparlaments und wurde 1848 in die Nationalversammlung gewählt.

(Best, Heinrich; Weege, Wilhelm, Biographisches Handbuch der Abgeordneten der Frankfurter Nationalversammlung 1848/48, Düsseldorf 1996, S. 89 f.; Gall, Lothar, Bürgertum in Deutschland, Berlin 1989, S. 230 u. passim)

5.6 Computerspiele

Computerspiele mit historischen Themen sind grundsätzlich in drei Kategorien zu unterteilen:

- Lernspiele,
- kommerzielle Spiele und
- didaktische Spiele.

Auf computergestützte Lernspiele ist bereits in Kapitel 5.1 verwiesen worden. Sie sind nichts anderes als die dort beschriebenen Spielformen im technischen Gewand. Ein wichtiger Unterschied zu den „klassischen" Lernspielen besteht darin, dass Computer in der Regel als Einzelarbeitsplätze dienen und so der kommunikative Aspekt des Spiels entfällt. Das mag einerseits ein Nachteil sein. Der Vorteil dieser Art besteht jedoch zweifellos darin, dass die Überprüfung der Ergebnisse vom Computer und nicht vom Lehrer übernommen wird. Es ist jedoch zu beobachten, dass der Aufforderungscharakter solcher Spiele zumeist nicht einmal eine Schulstunde anhält, gerade weil das System häufig schnell durchschaut wird und das Spannungsniveau in der Wettbewerbssituation durchweg höher ist.

Zu besprechen sind hier die beiden anderen Gruppen, kommerzielle Spiele mit historischen Themen und didaktische Spiele, die eigens für den Unterricht hergestellt worden sind. Schon aus der Bezeichnung kann man die Zielsetzung dieser Spiele ablesen. Während die einen unter Vernachlässigung der historischen Richtigkeit und unter Betonung des Spielerischen eine möglichst große Käuferzahl im Auge haben, bedienen die anderen eher Lehrer oder besorgte Eltern, die den als „Schund" empfundenen kommerziellen Spielen etwas „Vernünftiges" entgegensetzen wollen. Dabei ist diese Unterscheidung nicht so einfach zu fällen, wie es hier scheint.

Kommerzielle Spiele mit historischen Themen sind im wesentlichen als Strategie- oder Simulationsspiele (s. Kap. 5.4) aufgebaut. Innerhalb der Spiele lassen sich aber auch Aspekte des Rollenspiels (s. Kap. 5.3) ausmachen. Das bedeutet, sie bilden nicht durch ihren Spielbegriff, sondern durch ihre technischen Möglichkeiten ein eigenes Genre. Die Zahl dieser Computerspiele ist fast unüberschaubar. Nahezu jede Woche kommen neue Spiele auf den Markt oder neue Versionen von erfolgreichen Verkaufshits, deren Spielideen an die gewachsenen Kapazitäten der Computertechnologie angepasst worden sind.

Diese Feststellung hat insofern Folgen für diese Darstellung, dass die hier beschriebenen Spiele zum Zeitpunkt der Veröffentlichung des Textes bereits veraltet sein können. Das ist jedoch keine schwerwiegende Beeinträchtigung, da die zugrunde liegenden Ideen für Computerspiele ausgereizt zu sein scheinen, weil seit einiger Zeit nur noch Neuauflagen oder Varianten bereits vorhandener Spiele auf den Markt kommen.

Didaktische Spiele mit historischen Inhalten sind demgegenüber nicht so häufig zu finden. In der Regel werden sie von Schulbuchverlagen angeboten. Es gibt aber auch Angebote von öffentlichen Bildungsträgern, die solche Spiele im Internet präsentieren. Inhaltlich bemühen sich die Autoren dieser Spiele, sie mit gesättigten historischen Informationen zu versehen, so dass der Spielcharakter häufig schnell in den Hintergrund tritt und die „Bildungsabsicht" das Spielerische überlagert.

5.6.1. Kommerzielle Spiele (von Ulrich Jungbluth)

Wer Computerspiele im Geschichtsunterricht verwenden will, der begibt sich auf eine Gratwanderung: Zum einen darf die Spielhandlung nicht allzu viel Zeit in Anspruch nehmen, da in der Regel nur wenige Stunden für die Bearbeitung eines Themas zur Verfügung stehen, zum anderen wird sich der Lehrer fragen müssen, ob der mögliche Lerneffekt den Einsatz von Computerspielen im Unterricht rechtfertigt.

Das Problem bei den meisten Computerspielen ist nicht die fehlende Motivation seitens der Schüler. Diese können durch das Medium Computer in vielen Fällen dazu motiviert werden, eigenständig und ausdauernd die gestellte Thematik zu bearbeiten.[237] Für den Geschichtsunterricht lässt sich wohl für nahezu jede zu behandelnde Epoche irgendwo ein Computerspiel finden, doch was ist der Nutzen dieser Spiele für den Geschichtsunterricht? „Zugunsten des Unterhaltungswertes bleiben die auf den historischen Hintergrund bezogenen Sachinformationen meistens allenfalls oberflächlich."[238] Diese Aussage trifft mehr oder weniger auf alle Computerspiele zu, die auf dem Markt zu finden sind.[239] Zudem lassen sich „Bedenken auf der inhaltlichen Seite" nicht von der Hand weisen, da „die Historie oftmals nur den Aufhänger spielt."[240] Die Vergangenheit dient dabei „nur als eine Art Handlungsanweisung, als Musterbuch für ‚erlaubte' Handlungsmuster."[241]

Trotz aller Ungenauigkeiten und Probleme kann jedoch konstatiert werden: Computerspiele können zum Verständnis vergangener Zeiten und Welten beitragen. Besonders erfolgreich in diesem Zusammenhang „ist das ‚Sich-Hineinversetzen' in Entscheidungsnöte ferner Zeiten"[242] oder in bedeutende Persönlichkeiten.[243] „Das fördert die Motivation, sich mit den Fakten auseinanderzusetzen, um sie zu durchschauen. [...] Dadurch weitet er (der Spieler) im Spiel den Horizont der persönlichen Erfahrungen."[244]

Dabei bleibt allerdings unberücksichtigt, dass oft nicht historische Zusammenhänge nachvollzogen werden, sondern lediglich die Sicht, die der Programmierer von dargestellten Zusammenhängen hatte. Es wird das „Regelsystem des ‚Autors'" gelernt, „seine Vorstellung von Abläufen und Inhalten der ‚Geschichte'."[245] Gerade das ist ein großes Problem, weil die meisten Spiele das meist naive Geschichtsbild des Autors widerspiegeln.

Es bleibt zu hoffen, dass sich Historiker in der Zukunft vermehrt damit beschäftigen, unterrichtstaugliche Computerspiele mitzugestalten. Ein erster Schritt wäre, Computerspiele überhaupt als Medien der Geschichtsvermittlung zu erkennen. „Es wäre wünschenswert, wenn zumindest die Drehbücher auch von Fachhistorikern gelesen würden. [...] Gerade angesichts solcher Möglichkeiten sollten die Chancen und Risiken solcher Wiederbelebungen der Vergangenheit unter Historikern intensiv diskutiert werden, damit nicht die Software-Firmen allein darüber befinden, ‚wie es gewesen ist'."[246]

Für den Geschichtsunterricht ergibt sich allerdings aus dem zuvor Gesagten und dem derzeitigen Stand ein eindeutiges Votum: So schön die Spiele auch gemacht sind, so gering ist ihr Nutzen für den Unterricht. Bei den meisten Spielen steht ein hoher Zeitaufwand einem eher geringen historischen Lerneffekt entgegen. Zwar werden historische Fakten oder Sachverhalte erwähnt, aber meistens bleibt es bei der bloßen Erwähnung. Dabei fällt eine Einordnung und ein Vergleich mit dem realen Geschichtsverlauf häufig weg, um gar nicht davon zu reden, dass einige Computerspiele sachliche Fehler enthalten. Zudem wird der Eindruck erweckt, „als hätten die Menschen" der Vergangenheit „ebenso gedacht und gehandelt wie wir heute",[247] was aus geschichtsdidaktischer Sicht ein höchst problematischer Befund ist.

Für den privaten Gebrauch scheinen Computerspiele mit geschichtlichem Hintergrund allerdings eine sinnvolle Alternative zu Computerspielen anderer Genres zu bieten. In historische Sachverhalte wird spielerisch eingeführt und der Aufforderungscharakter der „neuen Medien" lässt die (lernenden) Spieler mit Spaß und Ausdauer mit der Geschichte experimentieren. Computerspiele mit historischem Hintergrund sind bei Schülern in der Regel sehr beliebt und bekannt, so dass deren Werturteile von historischen Prozessen häufig unbewusst in den Unterricht einfließen können. Im Folgenden findet der Leser deshalb eine breite Aufstellung relativ gängiger Spiele.[248] Hier ergeben sich für den Lehrer Problematisierungsansätze.

5.6.1.1 Beispiele

a) Civilization
b) Colonization
c) Siedler
d) Hanse
e) Die Fugger
f) Der Patrizier
g) Diplomacy
h) Kaiser
i) Age of Empires

a) Civilization[249]

In diesem Spiele-Klassiker von Sid Meier schlüpft der Spieler in die Rolle eines Herrschers, dessen Aufgabe es ist, die Geschicke seines Volkes zu bestimmen. Dabei werden mehrere Tausend Jahre im „Zeitraffer" durchspielt. Die Spieler agieren hier nacheinander. Ein Spieler erteilt den eigenen Einheiten Befehle, die diese sofort ausführen (Echtzeit-Modus). Danach sind die Gegner (wahlweise bis zu sieben menschliche oder computergesteuerte) an der Reihe. Pro Spielzug werden zunächst noch große Zeitschritte gemacht. Im Spielverlauf werden die Schritte dann kleiner. Daraus ergibt sich, dass zu Beginn des Spiels die Zeit schneller voranschreitet als zum Ende des Spiels. Das Spiel endet entweder damit, dass man am Ende des Zeitstrahls ankommt oder als erstes Volk ein bemanntes Raumschiff zu einem anderen Planeten schickt.

Die Aufgabe des Spielers besteht während des Spiels darin, eine florierende Wirtschaft aufzubauen, das eigene Volk durch Militär zu schützen oder zu expandieren und obendrein noch die Forschung nach neuen Erkenntnissen voranzutreiben. Zu diesem Zweck können Ressourcen für ein bestimmtes „Betätigungsfeld" verwendet werden: Jede gebaute Siedlung verfügt über eigene Rohstoffe, die je nach Benutzung den Handel, die Ernährung der Bevölkerung oder die Wissenschaft fördern. Dazu können in der Stadtansicht regionale Gegebenheiten zur Gewinnung der wichtigen Rohstoffe genutzt werden.

Das Militär ist nicht nur zum Schutz der eigenen Siedlungen zu gebrauchen. Es kann auch andere Nationen angreifen, Siedlungen erobern und das eigene Reich durch Expansion erweitern. Die Rohstoffe eroberter Siedlungen können dann natürlich dazu eingesetzt werden, die eigenen Interessen weiter voranzubringen.

Die Weiterentwicklung der Wissenschaft ist wichtig, weil durch Forschung neue technische Errungenschaften wie das Rad oder Seefahrt ermöglicht werden. Diese führen dann dazu, dass sich neue Einheiten oder Gebäude aufbauen lassen. Nach Erfindung des Rades kann ein schneller Kampfwagen gebaut werden, der das Militär schlagkräftiger macht. Nach Erforschung der Spiritualität und Bestattungsmethoden ist der Bau von Kirchen und später Kathedralen möglich. Dies senkt in der Bevölkerung mögliche Unzufriedenheit und wirkt Unruhen entgegen.

Aus diesem kurzen Beispiel wird deutlich, dass das Spiel sehr komplex ist. Damit kann vielleicht auch der Erfolg erklärt werden, den das Spiel auch heute noch – mittlerweile in der dritten Version (‚Civilization 3 – Call to Power') – hat. Als speziellen „Bonus" hat der Spieler die Möglichkeit, vorprogrammierte Szenarien zu laden, die sich mit einer bestimmten Ausgangslage (z.B. Zweiter Weltkrieg) beschäftigen. Dutzende Szenarien finden sich im Internet.

Obwohl sich die Macher bemüht haben, Geschichte ansprechend darzustellen, ist der Nutzen dieses Spiels für den Geschichtsunterricht anzuzweifeln. Zwar lernt der Spieler Namen berühmter Führer der jeweiligen Völker und es werden auch authentische Ortsnamen im Spiel verwendet, aber eine Einordnung in Epochen findet nicht statt. Berühmte Inka-Siedlungen können in einem Spiel neben Moskau erbaut werden, Ramses zieht in den Krieg gegen Friedrich den Großen oder ein Bomberangriff legt das klassische Rom in Schutt und Asche.

Gleichwohl kann der Nutzer in dem Spiel erfahren, dass bestimmte Kulturleistungen (Erfindung der Schrift, des Rades, Nutzung der Dampfkraft) für die jeweiligen Völker einen zivilisatorischen Fortschritt bedeuteten, der sich unter anderem im Ansteigen der Produktion oder der Bevölkerungszahl äußerte.

b) Colonization[250]

Auch dieses Spiel stammt von Sid Meier. Die Spielidee und auch die Spieloberfläche sind dem Klassiker „Civilization" sehr ähnlich. War man beim Klassiker noch Herrscher über eine große Zeitspanne und mehrere Epochen, so hat sich „Colonization" der Erschließung der Neuen Welt verschrieben. Man tritt also in die Fußstapfen der amerikanischen Gründungsväter und hat als Aufgabe die Besiedlung Nordamerikas. Dabei trifft man auf Ureinwohner, die als Gegner auftreten können, genauso wie auf englische, französische und holländische Siedler, die ebenfalls ihren Anspruch auf das Land anmelden.

Wie im klassischen Vorbild hat auch in diesem Spiel jede Siedlung eigene Ressourcen, die sinnvoll einzusetzen sind, um Wohlstand durch Handel zu erreichen, aber gleichfalls die Ernährung der Bevölkerung sicherzustellen. Bei der auffallenden Ähnlichkeit zum Klassiker ist es nicht weiter verwunderlich, wenn auch hier das Urteil ähnlich ausfällt: Eine nette Idee, aber für den Unterricht eher nicht zu gebrauchen.

Zwar lässt die Einordnung in nur eine Epoche gar zu grobe Unstimmigkeiten nicht auftreten, aber mit dem „wirklichen" Verlauf der Geschehnisse hat auch dieses Spiel nichts gemeinsam.

c) Siedler[251]

Bei dem grafisch schön gestalteten Spiel geht es für den Spieler darum, eine funktionierende Infrastruktur aufzubauen und gestellte Aufgaben (Bau eines bestimmten Gebäudes, Sieg über gegnerische Truppen, Verteidigung der eigenen Grenzen u.a.) zu erfüllen. Um dies zu erreichen, hat der Spieler eine bestimmte Anzahl niedlicher Arbeiter, die verschiedene Jobs übernehmen können. Zuerst hat man Holzfäller, die Holz für die Gebäude heranbringen. Danach werden einige zu Bauern, Müllern, Wirten, Soldaten – je nachdem, welche Posten sie vom Spieler zugeteilt bekommen. Sie produzieren dann Waren, die andere benötigen. So bildet sich eine komplexe Infrastruktur, die der Spieler so regeln muss, dass sie auch funktioniert.

Das Spiel läuft in Echtzeit ab, alle Aktionen werden sofort ausgeführt und die Gegner (vom Computer gesteuert) handeln zur gleichen Zeit. Eine spielbedingte Wartezeit (durch Runden) entfällt. Dadurch wird das Spiel sehr flüssig und wirkt schneller als rundenbasierte Aufbaustrategiespiele. Allerdings geht auch die Möglichkeit des längeren Nachdenkens verloren.

Ähnlich wie „Civilization" hat auch dieses Spiel einen durchschlagenden Erfolg – nicht umsonst gibt es schon vier Teile. Auch hier findet der Spieler eine eher komplexe Spielumgebung vor. Zwar ist das Spiel sehr schön gestaltet und die niedlichen Spielfiguren tragen ihren Teil zum Spielspaß bei, aber ein spezifisch historischer Lerneffekt ist nur schwer auszumachen. Eine Möglichkeit besteht aber darin, die allgemeinen Konstruktionsprinzipien des Spiels zu nutzen und damit den Schülern die Problematik des Aufbaus einer funktionierenden Infrastruktur klarzumachen. Der Verlauf des Spiels könnte schließlich mit der Besiedlungsgeschichte Nordamerikas durch Europäer verglichen werden.[252]

d) Hanse[253]

Beim Spiel „Hanse" schlüpft der Spieler (wahlweise können auch mehrere Spieler teilnehmen) in die Rolle eines Reeders zur Zeit der Hanse. Mit einer Kogge ausgestattet muss der Spieler auf dem Weg zu Reichtum und Ansehen versuchen, sein Handelsimperium zu vergrößern. Beladen mit Salz schickt man seine Schiffe vom Hauptsitz in Lübeck in bekannte Handelsstädte. Jede Stadt hat bestimmte Waren, die dort im Tausch gegen das Salz erhältlich sind. In Bremen kann die Fracht Gewinn bringend verkauft werden. Das hört sich ganz einfach an, wäre da nicht das Wetter. Je bewegter das Meer bei der Überfahrt war, umso mehr Einheiten der kostbaren Fracht gehen dabei verloren und können nicht mehr verkauft werden. Außerdem können dem Spieler andere Mitspieler oder gar vom Computer generierte Ereignisse das Leben als aufstrebender Kaufmann schwer machen. Plötzlich überfällt eine Kaperflotte die Schiffe, ein fremder König belagert Städte und macht so einen Handel unmöglich oder aber Piraten greifen die Kontore an und zerstören dabei teure Gebäude, Schiffe oder auch Kanonen.

Um in der Lage zu sein, immer genügend Salz zur Hand zu haben oder Waren günstiger zu bekommen, kann man auch in anderen Hansestädten Kontore errichten. Dazu können ein bis maximal fünf Speicher in einer Stadt errichtet werden. Dort sind die Waren dann trocken und günstig verwahrt. Wären da nicht die schon erwähnten Piraten oder die bösen Mitspieler. Vielleicht können eigene Kanonen den Angreifern auch zuvorkommen und damit eine Zerstörung abwenden?

Um den Reichtum positiv zu beeinflussen, kann der Spieler in Aktien der eigenen Reederei oder der Mitspieler investieren. Mehrt sich langsam das Geld auf dem Konto, sollte man daran denken, die eigene Flotte zu vergrößern. Mehr Schiffe können schließlich mehr Waren transportieren. Hat man viel Geld in der Kasse, so kann man überlegen, einer Bruderschaft beizutreten oder für den Dombau zu spenden. Beides lässt das Ansehen des Spielers steigen und verhilft so zum eigentlichen Ziel: Bürgermeister der Stadt Lübeck zu werden.

Wartete das Spiel auf dem C64 noch mit einer dürftigen Grafik auf, baut die aktuelle Version für PC auf schöne Grafiken und lässt das vorgestellte Flair der damalige Welt in Ansätzen greifbar erscheinen. Leider geht die Darstellung mittelalterlichen Lebens nicht so in die Tiefe, dass man eine detaillierte Lernperspektive für den Geschichtsunterricht darin sehen könnte. Dennoch werden zumindest einige wichtige kaufmännische Aspekte der Hanse dargestellt, die nicht zuletzt Interesse für die historischen Gegebenheiten wecken können.

e) Die Fugger[254]

Dem Handelshaus der Fugger gelang es im 16. Jahrhundert, ein enormes Vermögen anzuhäufen und durch Finanzierung des Kaisers auch ein gewaltiges Machtpotenzial aufzubauen. Im Spiel „Die Fugger" geht es für den Spieler darum, in die Fußstapfen Jacob Fuggers zu treten.

Um Reichtum zu erlangen, ist man zu Beginn des Spiels mit einem Karren ausgestattet, der Bier vom Hauptsitz Einbeck in andere Städte transportiert, wo man unterschiedliche Waren dafür erhält. Diese Waren werden dann in Einbeck wieder mit Gewinn verkauft. Vom Spielprinzip und der Aufmachung her gesehen lehnt sich „Die Fugger" stark an das oben beschriebene Spiel „Hanse" an.

Es geht auch in diesem Spiel darum, durch clevere Investitionen in Handelshäuser und den Fuhrpark das eigene Vermögen zu vermehren. Dabei kommen dem Spieler aber Räuber, Mitspieler oder das Wetter in die Quere. Trotz Rückschlägen sollte der Spieler immer sein Ziel fest im Blick behalten, auf der sozialen Leiter der Mächtigsten im Reich emporzusteigen. Um dieses Vorhaben schneller realisieren zu können, sollte man sich als zuverlässiger Partner des Kaisers und als finanzkräftiger Geldgeber beim Adel unverzichtbar machen. Der Aufstieg in höhere Ränge ist dann (fast) nicht mehr aufzuhalten.

Da eine Generation nicht ausreicht, um das hochgesteckte Ziel zu erreichen, sollte man schon frühzeitig über die Familienplanung nachdenken und heiraten. Kinder übernehmen nach dem Tod der Eltern das Handelshaus und man kann auf bereits errungenen Erfolgen (oder Titeln) aufbauen.

Was bereits für „Hanse" gesagt wurde, trifft auch auf dieses Spiel in vollem Umfang zu. Leider geht die Darstellung der Ereignisse oder Lebensumstände nicht so ins Detail, dass man von nennenswerten Lerneffekten sprechen könnte. Jedoch bilden gewisse Konstruktionsprinzipien die Grundlage des Spiels, die sich im Unterricht unter Umstände auf ihre Tauglichkeit als Modell für frühkapitalistischen Handel hin befragen lassen.

f) Der Patrizier[255]

Mit diesem Spiel liegt eine grafisch schön gestaltete und neuere Version des Spiels „Hanse" vor. Zwar kommt das Spiel mit etwas anderer Aufmachung und aus einen anderen Programmierhaus daher, aber die Wurzeln des Spiels sind deutlich erkennbar. Auch in „Der Patrizier" geht es für den Spieler darum, durch Handel mit Waren eine größere Flotte aufzubauen und im Ansehen der Mitbürger aufzusteigen.

Das bekannte Spielprinzip ist dabei um einige zusätzliche „Bonbons" erweitert. Waren bei „Hanse" die Angestellten noch weitgehend loyal, kann es dem Spieler in „Der Patrizier" passieren, dass der Buchhalter mitsamt der Kasse durchbrennt und nicht mehr gesehen wird. Vielleicht wird der Dieb aber auch gefasst. Sollte es dazu kommen, kann der Spieler entscheiden, ob er den Prozess wirklich anstrengen will oder die Sache lieber auf sich beruhen lässt. Zwar will man sein Geld natürlich wiederhaben und Gerechtigkeit walten lassen. Aber mit etwas Pech wird der Angeklagte freigesprochen und das Geld bleibt verschollen. Zu dumm, dass dann der bereits betrogene Spieler zusätzlich die Prozesskosten zu tragen hat. Neben der Arbeit sollte in diesem Spiel das Privatleben nicht zurückstehen. Es gilt eine Familie zu gründen, um den Weiterbestand des eigenen Imperiums zu sichern. Denn die Kinder treten im Falle des Todes der Eltern die Nachfolge an.

Ähnlich wie bei „Hanse" haben die Programmierer sich eines historischen Themas bedient, um den Teppich für ihr Spiel zu weben. Allerdings sind die Maschen dieses thematischen Netzes so grob gewebt, dass sich nicht alle Fakten und Informationen auch darin fangen. Es ist nicht sinnvoll, dieses Spiel für den Geschichtsunterricht zu verwenden, da wie bereits bei „Hanse" zu wenig übrigbleibt, um es im Unterricht zu verwenden. Von der benötigten Zeit, um das Spielziel zu erreichen, einmal ganz abgesehen.

g) Diplomacy[256]

War der Erste Weltkrieg zu verhindern? Diese Frage würden die Macher dieses Spiels sicherlich mit einem deutlichen „Nein" beantworten. Denn unter dem Deckmantel der „Diplomatie" (so auch der deutsche Titel des gleichnamigen Brettspiels) ist er bereits in vollem Gange. Daraus wird deutlich, in welcher Zeit das Spiel angesiedelt ist: Es umfasst die Zeit von 1900 bis etwa 1925.

Der Spieler schlüpft in die Rolle eines von sieben Staatsoberhäuptern und bestimmt das Verhalten seiner Nation gegenüber den anderen Mächten. Soll Deutschland seine Flotte aufbauen, um England die Stirn zu bieten? Oder ist Frankreich dem Ansturm der italienischen Truppen gewachsen? Welche Rolle spielt die Türkei bei der (Neu-) Verteilung der Territorien? „Diplomacy" wird rundenweise gespielt. Dabei wird jeweils ein Jahr in zwei Züge geteilt (Herbst und Frühjahr). Man gibt seine Befehle für einen Zug ein und wartet das Verhalten der Gegner ab.

Im Vordergrund des Spiels steht zwar der Aufbau und die Verteilung von Truppen, aber es würde sicher nicht diesen Titel tragen, würde die Diplomatie keine Rolle spielen. Der Spieler hat die Möglichkeit, nach jedem Zug mit allen Gegnern am Verhandlungstisch Strategien abzusprechen oder Pakte zu schmieden. Allerdings besteht keine Garantie, dass sich Verhandlungspartner auch wirklich an alle Abmachungen halten. Schließlich ist sich jede Nation doch selbst die nächste. Für die eigenen Interessen kann es aber hilfreich sein, sich in der Sicherheit zu wiegen, starke Verbündete an seiner Seite zu wissen. Man sollte sich aber auch in andere Richtungen abgesichert haben, um nicht plötzlich völlig isoliert dazustehen.

Zu Beginn des Spiels können verschiedene Spielregeln oder Szenarien gewählt werden, um das Spiel interessanter zu gestalten. Die Macher des Spiels haben versucht zu zeigen, dass es in der Politik auch die Option des Verhandelns gibt. Allerdings wird im Spielverlauf schnell klar, dass die Diplomatie (häufig) lediglich zum Erreichen der eigenen Interessen benutzt und dadurch unterstützendes Mittel zum Krieg wird.

Für den Geschichtsunterricht findet sich auch in diesem Spiel das eine oder andere Bemerkenswerte, aber es sind nur Brosamen. Es treten historische Personen auf, die im damaligen Umfeld Hauptakteure waren. Die Landkarte mit wichtigen Städten entspricht weitgehend den damaligen Verhältnissen, wenn auch einige Ländergrenzen nicht korrekt sind.

Das Spiel wird spätestens dann schwer verwendbar, wenn sich ein Spieler anders entscheidet als sein historischer Vorgänger: Es entwickelt sich eine Eigendynamik, die nichts mehr mit den damaligen Geschehnissen zu tun hat. Es ist also möglich, dass Deutschland ohne weiteres alle anderen Nationen schlägt und den Krieg gewinnt. Gleichwohl bietet der Vergleich mit der Julikrise ähnlich wie bei dem beschriebenen Simulationsspiel (s. Kap. 5.4.3) Möglichkeiten zum historischen Lernen.

h) Kaiser[257]

Ein weiterer Klassiker verbirgt sich hinter dem Namen „Kaiser". Ziel des Spiels ist es, Kaiser des Heiligen Römischen Reiches zu werden. Dazu beginnt man als einfacher Adliger und versucht durch kluge Verwaltung seiner Ressourcen, ein florierendes Territorium aufzubauen. Um dies zu erreichen, muss man auf seinem Land Getreide ernten und an die Untertanen verteilen. Dabei kann man zwischen verschiedenen Maßen der Großzügigkeit wählen. Je großzügiger der Spieler als Herrscher ist, desto zufriedener wird seine Bevölkerung sein und es kommen sogar Zuwanderer aus anderen Ländern. Aber natürlich werden die Kornrücklagen für härtere Zeiten entsprechend bescheidener ausfallen. Umgekehrt werden Teile der Bevölkerung dem Land den Rücken kehren, wenn der Spieler zu geizig ist.

Kommt es zu einer Hungersnot, weil die Ernte nur gering ausfiel, muss der Spieler auch aus den Rücklagen Getreide verteilen. War der Spieler zu großzügig, werden die Speicher nahezu leer sein. Dann muss er Korn zukaufen. Auf dem Markt ist dies zu Beginn jeder Runde möglich, allerdings bestimmt die Nachfrage den Preis.

Um Zukäufe tätigen zu können, benötigt der Spieler natürlich Geld. Dies wird von seinen Mühlen und Märkten erwirtschaftet. Diese kann er nach und nach kaufen und auf seinem Land verteilen. Daher muss der Spieler im Laufe des Spiels daran denken, sein Territorium durch Landkauf zu vergrößern.

Auf einem größeren Eigenbesitz können dann Bauten wie ein Palast oder gar eine Kathedrale errichtet werden. Ein Palast ist unerlässlich, um einen höheren Rang zu erreichen. So kann erst König werden, wer schon einen kompletten Palast sein Eigen nennt. In der Kathedrale schließlich wird der König zum Kaiser gekrönt: Wer Kaiser werden will braucht also eine Kathedrale.

Da Kaiser auch mit mehreren Spielern gespielt werden kann, ist es zudem möglich, Militär aufzustellen, um sich entweder vor Aggressoren zu schützen oder selber als Angreifer einen Krieg zu beginnen. Allerdings spielt man nicht nur mit dem Leben seiner Soldaten, sondern läuft zugleich Gefahr, Land, Bevölkerung oder wichtige Gebäude zu verlieren. Es will also gut überlegt werden, ob sich ein Krieg überhaupt auszahlt.

Zwar kann man im Verlaufe des Spiels die deutschen Adelstitel kennen lernen. Vielleicht erkennt man, welchen Stellenwert ein Landgraf oder Kurfürst in der Adelshierarchie hatte. Dennoch ist der Spielverlauf vollkommen ahistorisch und hat mit mittelalterlicherKaisergeschichte überhaupt nichts zu tun. Vielmehr sieht man hier besonders deutlich, wie eine moderne Denkweise das Mitttelalterbild bestimmt.

i) Age of Empires[258]

Seit einiger Zeit bereits erfreut sich dieses Spiel größerer Beliebtheit. Beim Spiel „Age of Empires" geht es für den Spieler darum, ein Volk in eine bessere Zukunft zu führen. Um dieses hoch gesteckte Ziel zu erreichen, ist es unbedingt nötig, Holz und Steine für den Bau neuer Gebäude oder Einheiten zu beschaffen. Zu diesem Zweck müssen Arbeiter eingeteilt werden, die als Holzfäller oder Jäger diese Rohstoffe abbauen und ins eigene Lager bringen.

Mit diesen Materialien ist es dem Spieler möglich, neue Gebäude zu errichten, die dem ehrgeizigen Führer weitere Möglichkeiten eröffnen. Dabei steht zuerst im Vordergrund eine mehr oder weniger schlagkräftige Verteidigung aufzubauen. Schließlich gibt es auch andere Völker, die wie der Spieler selbst die besten Siedlungsplätze und Rohstoffe haben wollen.

Hat der Spieler eine halbwegs funktionierende Infrastruktur geschaffen, kommen bald erstaunliche technische Fortschritte hinzu. Es gilt die

Seefahrt zu benutzen, um neue Nahrungsmittelquellen zu erschließen, aber auch um die eigene Armee durch Schiffe aufzustocken und schlagkräftiger zu machen. Zu jeder Einheit gibt es spezielle Verbesserungen, die im Laufe des Spiels zugänglich werden. Aus einem Kämpfer mit Keule wird im Laufe der Zeit ein Streitaxtkämpfer, später ein Schwertkämpfer mit Kurzschwert.

Um die Möglichkeiten des eigenen Volkes zu steigern, hat der Spieler die Möglichkeit, sich auf das nächste Entwicklungslevel, die nächste historische Stufe „zu kaufen". Dazu sind bestimmte Bedingungen, wie die Erlangung einer festgelegten Anzahl eines Rohstoffes oder der Bau vorher benannter Gebäude, zu erfüllen. Dann steht einer „kulturellen Revolution" nichts mehr im Wege. Neue bis dahin ungeahnte Möglichkeiten eröffnen sich dem Spieler bei fortschreitender Spieldauer. In bereitgestellten Szenarien stellt sich die Ausgangslage verändert dar, und der Spieler muss seine Taktik entsprechend anpassen. Dazu gehört auch die kulturelle Entwicklung eines Volkes. Dabei wird zwischen den Levels ein historischer Begleittext zur Erläuterung gezeigt.

Zwar ist das Spiel schön animiert und wartet mit kleinen spaßigen Einlagen auf, aber für den historischen Lernprozess sind bestenfalls die Zusatzinformationen interessant, die zur Entwicklung der jeweiligen Zivilisation gegeben werden. Zwar kann man die Entwicklung (s)eines Volkes durch verschiedene Menschheitsepochen beobachten und kontrollieren, aber wirklich fundiertes Wissen und Verständnis lässt sich daraus nicht ableiten. Da helfen auch nicht die oben erwähnten Szenarien, die sich an historische Situationen oder Ausgangslagen anlehnen. Die Zwischentexte sind teilweise mit interessanten Aspekten und historischen Fakten gespickt. Hier liegt eine Möglichkeit, historisches Wissen zu erlesen. Das Lesen hält jedoch den Spielfluss auf und fällt mit einiger Sicherheit bald dem Drang weiterzuspielen zum Opfer.

5.6.2 Didaktische Spiele

Die Autoren von didaktischen Spielen versuchen, ein umfangreiches, durch die Ergebnisse der Geschichtsforschung gesichertes Informationsmaterial zu einem bestimmten Thema mit den Wesensmerkmalen eines Spiels zu kombinieren. Dieses Verfahren ist von der Reformpädagogik als „Spielerische Einkleidung" (vgl. Kap. 3.2) bezeichnet worden. Im Gegensatz zu den kommerziellen Spielen, bei denen die Geschichte nur das atmosphärische und immer anachronistische Ambiente abgibt, steht hier das Bemühen im Vordergrund, den Schülern etwas beizubringen. Das sind allerdings in der Regel nicht funktionale

Zusammenhänge, sondern mehr oder weniger Handbuch-Wissen zu einzelnen Bereichen des gewählten Themas. Man kann diese „Spiele“ deshalb auch als multimediale Handbücher bezeichnen, deren Qualität auf ihrer gewitzten Aufmachung beruht.

Der „Spieler“ ist nicht wie der Leser eines Buches streng an die Erzählvorgabe des Autors gebunden, der durch seine Gliederung die Abfolge bestimmter Informationen vorgegeben hat, sondern er besitzt eine gewisse Freiheit bei der Informationsaufnahme. Die angebotenen Texte, Bilder und Karten sind häufig nur optional und ihre Kenntnisnahme ist für den spielerischen Teil, der zumeist eine mehr oder weniger fiktive Geschichte beinhaltet, nicht zwingend. Keineswegs handelt es sich hier um eine geschichtsdidaktische Allzweckwaffe, sondern um ein Medium mit Stärken und Schwächen.

Die Anfänge dieser Dokumentationen mit spielerischen Elementen waren noch sehr schwerfällig und erinnerten an Ausstellungen, die den Betrachter mit Informationstexten erschlagen. Inzwischen sind aber Produkte auf dem Markt, die sowohl von der technischen als auch von der didaktischen Qualität akzeptabel sind.[259] Im Folgenden wird nur eine kleine Auswahl beschrieben, weil alle Produkte in gewisser Weise ähnlich strukturiert sind.

5.6.2.1 Beispiele

a) **Ritter Arthaud**[260]

Arthaud, Vasall des französischen Königs Philipp August, erhält nach dreijähriger Gefangenschaft, die er aufgrund einer Verfehlung gegenüber seinem Lehnsherrn begangen hatte, seine Freiheit unter der Bedingung wieder, dass er ins Heilige Land reist und dort versucht, Reliquien des Heiligen Kreuzes zu entwenden und diese nach Frankreich zu bringen.

In einer aufwändig animierten Umgebung reist der Spieler als Ritter Arthaud an verschiedene „mittelalterliche“ Schauplätze, die auch durch Videosequenzen von Schauspielern mit Leben erfüllt werden. Um diese Schauplätze herum ist eine Geschichte gesponnen, während der vom Spieler 26 Rätsel gelöst werden müssen, die unmittelbar den historischen Lernstoff enthalten. Dabei müssen unter anderem Informationen zu den Kreuzzügen zusammengetragen und richtig angewandt werden. Dafür sorgen die Dialoge der Schauspieler und die dazugehörigen Szenen, aber auch ein in die Handlung integriertes Archiv. Mit zahlreichen Texten, interaktiven Bildern und historischen Karten vermittelt das Archiv eine Fülle von Informationen aus Politik, Gesellschaft, Kultur, Wirtschaft, Wissenschaft und Technik der Welt des ausgehenden 12. Jahrhunderts und der Epoche der Kreuzzüge.

Der Anspruch der Rätsel ist nicht sonderlich groß. Lässt man sich allerdings auf die eigentliche Intention des Spieles ein, nämlich auf einprägsame Weise spielend einiges über die Kreuzzüge zu lernen, kann dieses Spiel hilfreich sein. Wer zum Beispiel wissen möchte, warum der Tempelberg in Jerusalem für Moslems und Juden bedeutend ist, was das Geheimnis eines Golems ist, wie man das griechische Feuer herstellt oder eine Burg belagert, erhält in dem Spiel die nötigen Informationen darüber.

Mit dieser Bemerkung beginnt auch die Kritik an dem Spiel. Die Details, die vermittelt werden, sind in der Regel sehr speziell und damit für den um Zuspitzung bemühten Unterricht kaum geeignet. Zudem dauert das ganze Spiel viel zu lange[261] und kann bestenfalls zu einer zielgerichteten Fragestellung eingesetzt werden. Eine weitere Möglichkeit besteht darin, Schülern bei der Ausarbeitung eines Referats über die Kreuzzüge eine Version des Spiels zu geben.

b) Die Stadt im Mittelalter[262]

Ganz ähnlich strukturiert ist die Multimedia-CD-ROM „Die Stadt im Mittelalter". Sie stellt ein audiovisuelles Lernmedium zu zentralen Stationen des mittelalterlichen Lebens dar. In 37 Themensequenzen, die nicht ereignis-, sondern sozialgeschichtlich gegliedert sind, werden die wesentlichen Facetten des mittelalterlichen Stadtlebens vermittelt. Thematisch bietet die CD-ROM einerseits das, was auch in Schulbüchern inzwischen zum Standard gehört: Stadtherrschaft, Marktrecht, Kaufleute, Handwerker, Unterschichten, Randgruppen. Andererseits gibt es auch spezielle Themen, die in Schulbüchern nicht so detailliert dargestellt werden: Abfallentsorgung, Holzverbrauch, Medizin, Feiern, Strafvollzug und vieles mehr.

Drei verschiedene Zugangsmöglichkeiten ermöglichen eine unterrichtliche Verwendung, da man die CD-ROM mithilfe eines Index nach bestimmten Stichworten durchsuchen lassen kann. Drei Panoramabilder zu den Großthemen Markt, Stadt und Haus laden demgegenüber eher zum Stöbern ein. Innerhalb dieses Menüs ist es möglich, eine Bibliothek anzusteuern, in der man vielerlei Informationen erhalten kann. Mithilfe von Arbeitsmaterialien, die zusätzlich erschienen sind, wird die unterrichtliche Einbindung vereinfacht.

Zusätzlich enthält „Die Stadt im Mittelalter" ein Rätsel, das den spielerischen Teil des Mediums ausmacht. Der Spieler wird vom Rat der Stadt beauftragt, den rätselhaften Mord am Bürgermeister der Stadt aufzuklären. Dabei gerät er immer tiefer in die Intrigen und Machenschaften der kaufmännischen Oberschicht. Wer die Antworten der befragten Personen aufmerksam liest, ist in der Lage, den Fall zu lösen.

Kritisch anzumerken sind ähnliche Dinge wie bei „Ritter Arthaud", vor allem die epische Breite, mit der das Thema angelegt ist, widerstrebt einer Einpassung in den „normalen" Schulalltag. Gleichwohl dürfte es für dieses Grundproblem kaum eine Lösung geben, da der Käufer der CD mit Recht fundierte Informationen zum Thema erwartet. Ein Spiel im eigentlichen Sinn ist diese CD-ROM nicht, sondern sie fällt in den Bereich der Anwendungen, die allgemein als „Edutainment" bezeichnet werden. Eine Verwendung für den Unterricht ergibt sich aus den verschiedenen Zugangsweisen. Gruppen könnten mit unterschiedlichen Fragestellungen bestimmte Aspekte des Lebens in einer mittelalterlichen Stadt bearbeiten. Gegenüber Büchern zeigt sich sogar eine gewisse Überlegenheit, da durch Verweise schnelle Referenzinformationen zu allen möglichen Bereichen der mittelalterlichen Stadt zu erhalten sind.

c) 1944 – Operation Teddybär[263]

Der ungewöhnliche Titel ist der Name einer multimedialen Comic-Geschichte um den 12jährigen Franzosen Paul, der mit seinem Teddybären in die Kriegswirren nach der Landung der Alliierten in der Normandie gerät, ohne zu wissen, dass in seinem Teddy wichtige Dokumente für den Widerstand stecken. Um den Helden ist eine kleine Geschichte gesponnen, die als Comic erzählt wird und welche die Suche Pauls nach seiner Mutter zum Inhalt hat. Währen dieser Suche sieht Paul allerhand Schreckliches und kommt mit unterschiedlichen Personen in Kontakt, mit einem deutschen und einem britischen Offizier und mit einem amerikanischen Soldaten. Deutlich wird dabei, dass im Krieg die Grenzen zwischen Gut und Böse schnell verschwimmen. Gerade die Darstellung des deutschen Leutnants, der Paul in seinem Motorrad mitnimmt, ist interessant, weil er einmal nicht den bekannten Hollywood-SS-Offizier mit der Nickelbrille und dem bösen Blick abgibt.

Die Geschichte verläuft zwar als lineare Erzählung, doch der Anwender muss thematisch relevante Objekte oder Personen anklicken, um weiterzukommen. Dabei erhält der Betrachter einen Einblick in die militärischen Operationen und den Alltag der Zivilbevölkerung. Karten, Zeittafeln, historische Dokumente und Fotos geben umfassende Informationen zu den Ereignissen rund um die Invasion der Alliierten. Das Thema wird dabei in der Regel ohne Verkürzungen und Vereinfachungen dargestellt.

Die Eingangspräsentation der Geschichte bildet ein Radio im Design der vierziger Jahre, dem Musik unterlegt ist, die eine leicht bedrohliche und beklemmende Atmosphäre schafft. Das Radio bildet mit seinen Knöpfen das Steuerinstrument der Anwendung. Außer dem Einstieg in die Comic-Geschichte kann man sich mithilfe verschiedener Knöpfe Informationen zu zahlreichen relevanten Themen verschaffen, die unter Oberthemen subsumiert sind: Personen und Ereignisse, Schauplätze der Operationen, Streitkräfte und Waffenausrüstung und Zivilisten im Krieg. Darüber hinaus gibt es einen Abschnitt mit Karten.

Dabei wird das System der deutschen Konzentrationslager genauso erläutert wie die Kollaboration in Frankreich, die Cabarets im besetzten Paris und die Waffentechnik aller beteiligten Armeen. Das Karten- und Bildmaterial ist durchdacht eingesetzt, um etwa die Strategie der Alliierten bei der Landung in der Normandie zu verdeutlichen oder vom Überlebenskampf der französischen Bevölkerung zu erzählen.[264]

In diesem Produkt ist die Verbindung zwischen Spiel und Informationen am besten gelungen, weil die fiktive Geschichte plausibel und nicht gravierend unhistorisch ist. Gleichwohl dürfte auch hier das Zeitargument zu bedenken sein, da das Spiel unter drei Zeitstunden nicht durchzuführen ist. Wie bei den anderen Anwendungen sperrt sich das Format gegen den gängigen Unterricht im 45-Minuten-Takt. Das muss jedoch kein Hinderungsgrund für den Einsatz in der Schule sein. In jedem Fall bietet „Operation Teddybär“ dem innovationsfreudigen Lehrer die Möglichkeit, ausgetretene Pfade zu verlassen und auf außergewöhnliche Weise eine wichtige Phase der Geschichte zu vermitteln. Dabei ist es – von der Kernthemen abgesehen – den Schülern weitgehend selbst überlassen, welche Informationen sie zu dem Thema aufnehmen wollen.

6. Zusammenfassung und Ausblick

Spielen ist eine Unterrichtsmethode, die im Geschichtsunterricht inzwischen ihren festen Platz gefunden hat. Bei allen Vorbehalten hinsichtlich der historischen Genauigkeit leisten Spiele spezifische Dienste zur Übung und zur erfahrungsbezogenen Erkenntnis, wie es andere Methoden nicht vermögen. Vor allem bringen Spiele eine Menge Spaß in den von Schülern häufig als eintönig empfundenen Schulalltag. Mit gut angestellten didaktischen Überlegungen im Vorfeld der Durchführung eines Spiels eröffnen sich zudem erhebliche Chancen zum historischen Lernen. Vor allem Simulationsspiele können durch ihren Modellcharakter eine wichtige Hilfe zur Beurteilung von politischem Handeln sein. Erst in der persönlichen und handelnden Auseinandersetzung werden Zwänge und Nöte von historischen Entscheidungen erfahrbar, die sich durch ausschließliches Quellenstudium durch Schüler kaum entschlüsseln lassen, da ihnen entsprechende Lebenserfahrungen in der Regel fehlen. Gleichwohl kommt man ohne eine Verifizierung des Spielverlaufs anhand des historischen Prozesses nicht zu befriedigenden Ergebnissen.

Rollenspiele sind demgegenüber geschichtsdidaktisch mit gehöriger Skepsis zu betrachten, da die Gefahr, nur eigene Projektionen auf die historische Rolle zu übertragen, kaum zu vermeiden ist. Dazu kommt, dass eine halbwegs zufrieden stellende Rollenübernahme eine von Schülern kaum zu leistende Informationsverarbeitung voraussetzt, welche die knapp bemessene Unterrichtszeit kaum rechtfertigt. Zeitargumente lassen sich auch gegen Computerspiele ins Feld führen, deren Regeln meist so kompliziert sind, dass sie sich kaum zur Verwendung im Unterricht eignen.

Am Ende sei auf einige Desiderata verwiesen. Es wäre außerordentlich nützlich, empirische Studien zum Lernerfolg von Spielen anzustellen. Bei den hier getroffenen Aussagen zur Spielmethode handelt es sich zumeist um induktiv gewonnene Erkenntnisse, die zwar auf Beobachtungen beruhen, aber nur wenig Raum für operationalisierbare Wertungen lassen. Dabei wäre es ungemein aufschlussreich zu wissen, ob Schüler durch erfahrungsbezogene Spiele besser „historisch lernen" als auf andere Weise. Das Gleiche gilt für Lernspiele: Vermögen Schüler mithilfe von Lernspielen Wissensbestände besser zu speichern als mit anderen Methoden? Nur mit empirisch gewonnenen Ergebnissen, die womöglich auf einer großen Erhebungsgrundlage beruhen, könnte man hier zu gesicherten Erkenntnissen gelangen.

Eine weitere Forschungslücke öffnet sich bei der Berücksichtigung von internationalen Studien zur Spielforschung, sei es im Bereich der Geschichtsdidaktik oder der Sozialwissenschaften. Hier ist bislang zu wenig unternommen worden. Es wäre daher bereits viel gewonnen, wenn wenigstens die entsprechende Literatur, besonders aus dem angloamerikanischen Raum, bibliografisch erfasst würde.

Und eine letzte Bemerkung zum Bereich der Grundschule. Gerade der Bereich, der allgemein am häufigsten mit spielerischen Methoden in Verbindung gebracht wird, ist hier ausgespart worden. Das hängt zum einen damit zusammen, dass der Verfasser als Lehrer keine Erfahrungen mit dem Grundschulmilieu hat, zum anderen aber auch damit, dass zum Thema Spielen im Sachunterricht mit dem Schwerpunkt Geschichte nur verstreut einzelne Aufsätze zu finden sind, die zumeist als Unterrichtsbeispiele konzipiert sind. Das Thema ist noch nicht systematisch aufbereitet. Unter Umständen liegt das aber daran, dass spielerische Elemente im Grundschulunterricht einen so selbstverständlichen Platz einnehmen, dass noch niemand die Notwendigkeit empfunden hat, sich der Sache in systematischer Absicht zu widmen. Es bleibt zu hoffen, dass eine ähnliche Offenheit gegenüber dem Spiel auch in den Sekundarstufen entsteht.

7. Anmerkungen

1 Die pädagogische empirische Spielforschung hat etliche Untersuchungen durchgeführt, die häufig einen eher mittelbaren Zusammenhang zwischen Spielen und Lernen erbracht haben. Vgl. Kooij, Rimmert van der, Pädagogik und Spiel, in: Roth, Leo (Hrsg.), Pädagogik. Handbuch für Studium und Praxis, München 1991, S. 247 f.

2 Ein Beispiel dafür bietet Heimbrock, Cornelia, Geschichte spielen. Handlungsorientierter Geschichtsunterricht in der Sekundarstufe I, Donauwörth 1996. Die Autorin beschreibt ein Projekt zur mittelalterlichen Geschichte in der Hauptschule. Gewiss ist der Ertrag dieses Projektes in pädagogischer Hinsicht groß. Die geschichtsdidaktische Reflexion ist jedoch wenig überzeugend: „Allein die Tatsache, dass sich die Schüler/innen in historische Personen und Situationen spielerisch hineinversetzen konnten und vielleicht für lange Zeit nicht vergessen werden, welche Rolle sie in diesem Stück gespielt haben, zeigte, dass sie durch szenisches Spiel geschichtliches Wissen erworben und für sich behalten haben." (S. 35) Es sind Zweifel angebracht, ob dieses „Sich-Hinein-Versetzen" zu einer hinreichenden Identifikation führen kann, da das den Schülern gebotene Quellenmaterial recht dürftig ist. Eine Chance zum „historischen Lernen" wurde indessen verpasst, weil ein wichtiger Konflikt offenbar nicht thematisiert wurde: „Vor allem die Aussiedlermädchen wollten keine Bauersfrauen spielen. Sie bestanden darauf Hofdamen im Reich Karls des Großen zu sein und eine elegante Kleidung zu tragen." (S. 33).

3 Rohlfes, Joachim, Geschichte und ihre Didaktik, Göttingen 1986, S. 299.

4 Hug, Wolfgang, Geschichtsunterricht in der Praxis der Sekundarstufe I, Frankfurt/M. 1985, S. 242.

5 Jahn, Friedrich, Geschichte spielend lernen. Hilfe für den handlungsorientierten Geschichtsunterricht, Frankfurt/M. 1992, S. 27 f.

6 Daublebsky, Benita, Spielen in der Schule. Vorschläge und Begründungen für ein Spielecurriculum, Stuttgart ^{5}1977, S. 7-16.

7 Rüsen, Jörn, Historisches Lernen, in: Bergmann, Klaus u.a. (Hrsg.), Handbuch der Geschichtsdidaktik, Seelze-Velber ^{5}1997, S. 261-265. „Historisches Lernen kann ... als *mentaler* Prozeß der *Sinnbildung* über Zeiterfahrung durch historisches *Erzählen* begriffen werden, in dem die Kompetenzen zu diesem Erzählen entstehen und sich entwickeln." (S. 262).

8 Mayer, Ulrich, Handlungsorientierung, in: Bergmann, Klaus u.a. (Hrsg.), Handbuch der Geschichtsdidaktik, Seelze-Velber ^{5}1997, S. 411-416.

9 Scheuerl, Hans, Das Spiel. Untersuchungen über sein Wesen, seine pädagogischen Möglichkeiten und Grenzen, Weinheim, Berlin ^{12}1994, S. 65.

10 Hering, Wolfgang, Spieltheorie und pädagogische Praxis, Düsseldorf 1989, S. 71.

11 Kooij, Rimmert van der, Pädagogik und Spiel, in: Roth, Leo (Hrsg.), Pädagogik. Handbuch für Studium und Praxis, München 1991, S. 241-243.

12 Zum Beispiel: Jahn, Friedrich, Geschichte spielend lernen. Hilfe für den handlungsorientierten Geschichtsunterricht, Frankfurt/M. 1992. Der Autor geht bei seinen Spielbeschreibungen von eigenen unterrichtspraktischen Erfahrungen und Beobachtungen aus. Der einführende Text seiner Spielesammlung ist jedoch theoretisch nicht unterfüttert und deshalb kaum einem wissenschaftlichen Diskurs zugänglich.

13 Zum Beispiel: Schulz-Hageleit, Peter, Spielen im Geschichtsunterricht? Überlegungen zu einer umstrittenen Unterrichtsmethode, in: Geschichte lernen 4 (1991) 23, S. 11-20. Der Autor geht in seinen Ausführungen von psychoanalytischen Gesichtspunkten aus, kritisiert dann die phänomenologische Darstellung Huizingas als zu umfänglich, spricht über Formen der Spielsucht (psychiatrisches oder psychologisches Problem), geht auf geschichtsdidaktische Einwände gegen Dramatisierungen von Vergangenheit ein, um gegen Ende des Artikels auf seine Argumentationsbasis zu verweisen: „Die bisherigen Ausführungen basieren auf der bislang nicht ausdrücklich ausgesprochenen These, daß Geschichtsunterricht nicht allein auf ‚die' Geschichtswissenschaft verwiesen ist, wenn er seine inhaltlichen Grundlagen und sein Lernpotential (früher ‚Bildungswert' genannt) definieren will. Ich persönlich vermag nicht einzusehen, warum die musisch-ästhetischen Möglichkeiten einer Aneignung von Geschichte in unserem Unterricht so wenig Platz haben sollen." Der eigentliche theoretische Bezugspunkt, von dem aus die zahlreichen Wertungen zum Spiel abgegeben werden, bleibt gleichwohl im Dunkeln.

14 Diese Momente sind häufig beschrieben worden. Unsere Darstellung folgt im Wesentlichen den Ausführungen von Scheuerl, Das Spiel, S. 67-97; Pöschko, Hans H., „...dann treibt es nicht zu weit". Spielen im Geschichtsunterricht, in: Praxis Geschichte 9 (1996) H. 2, S. 3-9.

15 Scheuerl, Das Spiel, S. 66.

16 Pöschko, Spielen, S. 5.

17 Scheuerl, Das Spiel, S. 88.

18 Eigen, Manfred; Winkler, Ruthild, Das Spiel. Naturgesetze steuern den Zufall, München, Zürich 1985, S. 11.

19 Schwanitz, Dietrich, Bildung. Alles, was man wissen muss, Frankfurt/M. 1999, S. 396.

20 Huizinga, Johan, Homo ludens. Vom Ursprung der Kultur im Spiel, Reinbek 1987 (Originalausgabe 1938).

21 Huizinga, Homo ludens, S. 16 f.

22 Huizinga, Homo ludens, S. 19.

23 Huizinga, Homo ludens, S. 21.

24 Huizinga, Homo ludens, S. 37.

25 Die Qualifikationsspiele zur Weltmeisterschaft von 1970 zwischen El Salvador und Honduras am 8. und am 16. Juni 1969 führten zu schweren Ausschreitungen, die erst durch das Eingreifen des salvadorianischen Militärs beendet wurden. Nach dem Abbruch der diplomatischen Beziehungen zu Honduras sah sich El Salvador kurz darauf einem militärischen Angriff durch das Nachbarland ausgesetzt. Nur durch Vermittlung der UNO kam es zu einem Waffenstillstand. Dieser Konflikt ist als „Fußballkrieg" in die Geschichte eingegangen (Dingemann, Rüdiger, Westermann-Lexikon Krisenherde der Welt, Braunschweig 1996, S. 231).

26 Art. Spiel, in: Brockhaus-Enzyklopädie, Mannheim [19]1993, Bd. 20, S. 653.

27 Brockhaus-Enzyklopädie, Bd. 20, S. 654.

28 Kooij, Rimmert van der, Pädagogik und Spiel, in: Roth, Leo (Hrsg.), Pädagogik. Handbuch für Studium und Praxis, München 1991, S. 248. Der Autor hebt hervor, dass das „So-tun-als-ob" einer der stärksten Wesenszüge des Spiels ist.

29 Hering, Wolfgang, Spieltheorie und pädagogische Praxis, Düsseldorf 1979, S. 71.

30 Hering, Spieltheorie, S. 72.

31 Brockhaus Enzyklopädie, Bd. 20, S. 653.

32 Kluge, Norbert, Spielen und Erfahren. Der Zusammenhang von Spielerlebnis und Lernprozess, Bad Heilbrunn 1981, S. 20.

33 Rauh, Hellgard, Entwicklung des Denkens, in: Weinert, Franz E. u.a. (Hrsg.), Funk-Kolleg Pädagogische Psychologie, Bd. 1, Frankfurt/M. [2]1986, S. 232-237.

34 Heitzer, Horst, Geschichte spielen, in: Schreiber, Waltraud (Hrsg.), Erste Begegnungen mit Geschichte. Grundlagen historischen Lernens, Bd. 1. Neuried 1999 (= Bayerische Studien zur Geschichtsdidaktik), S. 638.

35 Scheuerl, Hans, Das Spiel. Untersuchungen über sein Wesen, seine pädagogischen Möglichkeiten und Grenzen, Bd. 1, Weinheim und Basel [12]1994.

36 Scheuerl, Das Spiel, S. 19.

37 Scheuerl, Das Spiel, S. 37.

38 Scheuerl, Das Spiel, S. 60-64.

39 Kuhn, Anette; Schneider, Gerhard, Geschichtsunterricht 5-10, München, Wien, Baltimore 1981, S. 10-19.

40 Dehne, Brigitte, Schülerfragen als konstitutives Element des Geschichtsunterrichts, in: GWU 51(2000), S. 661-680.

41 Henke-Bockschatz, Gerhard, Entdeckendes Lernen, in: Bergmann, Klaus u.a. (Hrsg.), Handbuch der Geschichtsdidaktik, Seelze-Velber [5]1997, S. 406-411.

42 Zahlreiche Kopiervorlagen, die sich bei Geschichtslehrern großer Beliebtheit erfreuen, gehören in dieses Umfeld. Beispiele: Potente, Dieter, Mitmach-Geschichte I-III, Lichtenau 1997; Jackwerth, Christa; Rüger, Eckhard, I love Geschichte, Bd. 1-3, Lichtenau 1997.

43 Hermann Bühnemann, zit. nach Scheuerl, Das Spiel, S. 58.

44 Kluge, Spielen und Erfahren, S. 24 ff.

45 Hering, Spieltheorie, S. 53-64.

46 Kluge, Spielen und Erfahren, S. 25 f.

47 Behauptungen dieser Art findet man bei Schulz-Hageleit, Peter, Geschichte: erfahren – gespielt – begriffen, Braunschweig 1982, S. 13, in Bezug auf ein Rollenspiel: „Die Schüler wiederholen geschichtliche Erfahrungen durch eigenes Handeln." Das ist nicht möglich, Erfahrungen sind immer einmalig.

48 Zu kritisch: Rohlfes, Joachim, Geschichte und ihre Didaktik, Göttingen 1986, S. 300 f., zum Simulationsspiel: „Der Abstand zwischen ihm [dem Schüler] und dem historischen Original, zwischen Spiel und historischer Wirklichkeit wird in der Regel recht groß sein. Er bleibt der Mensch der Gegenwart, der er ist, und seine historische Rolle ein Kostüm, das seinen Träger mehr äußerlich als innerlich verändert." Gerade beim Simulationsspiel steht nicht die isolierte historische Person im Vordergrund, sondern es werden Verhaltensspielräume oder Machtstrukturen sichtbar gemacht. Das ist mit reiner Quellenarbeit kaum zu leisten.

49 Z.B. Baer, Ulrich, Spielpraxis. Eine Einführung in die Spielpädagogik, Seelze-Velber 1995; Heimlich, Ulrich, Einführung in die Spielpädagogik, Bad Heilbrunn 1993; Kreuzer, Karl J. (Hrsg.), Handbuch der Spielpädagogik, 4 Bde., Düsseldorf 1983.

50 Daublebsky, Benita, Spielen in der Schule. Vorschläge und Begründungen für ein Spielecurriculum, Stuttgart ^{5}1977, S. 9 u. 13.

51 Calliess, Elke, Spielen in der Schule - motivationale Aspekte, in: Daublebsky, Spielen in der Schule, S. 229-231.

52 Der Begriff wurde von der Motivationspsychologie in die theoretische Diskussion eingeführt (vgl. Kluge, Spielen und Erfahren, S. 20-22).

53 Calliess, Spielen in der Schule, S. 237-241.

54 Zum Beispiel die Monkey-Island-Serie von Lucas-Arts.

55 In einigen Materialsammlungen befinden sich Puzzlebögen, die man zum Bild zusammenlegen muss, oder Textschnipsel, die in der richtigen Reihenfolge ein berühmtes Zitat ergeben.

56 Benita Daublebsky hat die spontane Änderung der Regeln durch die Spieler häufig beobachtet und beschrieben (in: Spielen in der Schule. Kap. Planung von Spielstunden, S. 150 ff.).

57 Fels, Gerhard, Der verwaltete Schüler. Ein Bericht aus dem Schulalltag, München 1994, S. 94 und passim.

58 Meyer, Hilbert, Unterrichtsmethoden I: Theorieband, Frankfurt/M. ^{6}1994, S. 59 ff.

59 Meyer, Hilbert, Unterrichtsmethoden II: Praxisband, Frankfurt/M. 1987, S. 346.

60 Knoch, Peter; Stöckle, Frieder, Spiele und Projekte, in: Knoch, Peter; Pöschko, Hans H. (Hrsg.), Lernfeld Geschichte, Weinheim und Basel 1983, S. 235.

61 Kube, Klaus, Spieldidaktik, Düsseldorf 1977, S. 34 f.

62 Baer, Ulrich, „Und nun sollen wir auch noch spielen!“, in: ders. u.a. (Hrsg.): Spielzeit. Spielräume in der Schulwirklichkeit, Friedrich Jahresheft 13 (1995), S. 6.

63 Meyer, Hilbert, Leitfaden zur Unterrichtsvorbereitung, Königstein/Ts. [4]1981, S. 247-264. Es gibt inzwischen neuere Auflagen.

64 Baer, „Und nun sollen wir auch noch spielen!“, S. 6 f.

65 Jahn, Friedrich, Geschichte spielend lernen. Hilfe für den handlungsorientierten Geschichtsunterricht, Frankfurt/M. 1992, S. 7-16.

66 Zum Beispiel: Lück, Eckhard, Theater aus der Hosentasche, Lichtenau [9]2000; Broich, Josef, Anwärmspiele. Über einhundertdreißig Gruppenspiele, Köln 1999.

67 Meier-Schreiber, Klaus, Das „Eindoppeln“ als Vorbereitung historischer Rollenspiele im Geschichtsunterricht der Hauptschule, in: Geschichtsdidaktik 12 (1987) H. 3, S. 287-290.

68 Rohlfes, Joachim, Geschichte und ihre Didaktik, Göttingen 1986, S. 12.

69 Birkenfeld, Wolfgang, Hans Ebeling (1906-1967), in: Quandt, Siegfried (Hrsg.), Deutsche Geschichtsdidaktiker des 19. und 20. Jahrhunderts, Paderborn 1978, S. 365-380.

70 Ebeling, Hans, Zur Didaktik und Methodik eines kind-, sach- und zeitgemäßen Geschichtsunterrichts, Hannover [4]1965, S. 241.

71 Ebeling, Didaktik und Methodik, S. 246; vgl. Hank, Elisabeth, Spielen im Geschichtsunterricht, in: GWU 44 (1993), S. 102.

72 Birkenfeld, Hans Ebeling, S. 371.

73 Süssmuth, Hans (Hrsg.), Geschichtsdidaktische Positionen, Paderborn u.a. 1980, S. 8.

74 Mayer, Ulrich, Spiele im Geschichtsunterricht, in: Bergmann, Klaus u.a. (Hrsg.), Handbuch der Geschichtsdidaktik, Seelze-Velber [5]1997, S. 448.

75 Verschiedene Sozialwissenschaftler legten in den siebziger Jahren Ergebnisse aus der Spielforschung vor. Zum Beispiel: Daublebsky, Benita, Spielen in der Schule, Vorschläge und Begründungen für ein Spielecurriculum, Stuttgart [5]1977; Kube, Klaus, Spieldidaktik, Düsseldorf 1977.

76 Callies, Elke, Spielendes Lernen, in: Deutscher Bildungsrat. Gutachten und Studien der Bildungskommission: Die Eingangsstufe des Primarbereichs, Bd. 2,1: Spielen und Gestalten, Stuttgart 1975.

77 Hug, Wolfgang, Geschichtsunterricht in der Praxis der Sekundarstufe I. Befragung, Analysen und Perspektiven, Kapitel: Im Geschichtsunterricht spielen?, Frankfurt/M. u.a. [3]1985, S. 162-169.

78 Shaftel, Fanny R. und George, Rollenspiel als soziales Entscheidungstraining, München, Basel 1973.

79 Zum Beispiel: Herkommer, Lotte; Lissek, Manfred, Das Rollenspiel im

Geschichtsunterricht, in: Süssmuth, Hans (Hrsg.), Historisch-politischer Unterricht, Bd. 1, Stuttgart [3]1979, S. 194-209.

80 Schulz-Hageleit, Peter, Geschichte: erfahren – gespielt – begriffen, Braunschweig 1982.

81 Schulz-Hageleit, Geschichte: erfahren – gespielt – begriffen, S. 108-112.

82 Schulz-Hageleit, Geschichte: erfahren – gespielt – begriffen, S. 224-237.

83 Schulz-Hageleit, Geschichte: erfahren – gespielt – begriffen, S. 316.

84 Bauer-Gantner, Martha, Spiel im Geschichtsunterricht. Ziele – Möglichkeiten – Erfahrungen, München 1984.

85 Steinberg, Monika, Das Simulationsspiel als Unterrichtsmethode in Geschichte und Sozialkunde an amerikanischen Schulen, in: GWU 26 (1975), S. 687-695; Taylor, John L.; Walford, Rex, Simulationsspiele im Unterricht, Ravensburg 1974; Lehmann, Jürgen (Hrsg.), Simulations- und Planspiele in der Schule, Bad Heilbrunn 1977.

86 Bauer-Gantner, Spiel im Geschichtsunterricht, S. 9 Anm. 17.

87 Bauer-Gantner, Spiel im Geschichtsunterricht, S. 11: „Die Simulation von Vergangenem soll aber nicht nur Ersatzbefriedigung sein, sondern kann im Sinne des emanzipatorischen Erziehungsanspruches als Training für zukünftige Beteiligung des Schülers an Entscheidungsprozessen betrachtet werden."

88 Knoch, Peter, Spielerisches Lernen und Lernspiele im Geschichtsunterricht, in: GEP 1 (1990) H. 5, S. 432. Knoch bemängelt bei den Spielvorschlägen die Zugrundelegung von fiktiven Texten als „historische Quasi-Wirklichkeit".

89 Knoch, Peter; Stöckle, Frieder, Spiele und Projekte, in: Knoch, Peter; Pöschko, Hans H. (Hrsg.): Lernfeld Geschichte, Weinheim und Basel 1983, S. 230-279.

90 Rohlfes, Geschichte und ihre Didaktik, S. 299-302.

91 Rohlfes, Geschichte und ihre Didaktik, S. 302.

92 Jahn, Friedrich, Geschichte spielend lernen. Hilfe für den handlungsorientierten Geschichtsunterricht, Frankfurt/M. 1992; Heimbrock, Cornelia, Geschichte spielen. Handlungsorientierter Geschichtsunterricht in der Sekundarstufe I, Donauwörth 1996; Köpfelsberger, Rosmarie, Geschichte spielen. Geschichte lernen in der Schule, München 1980.

93 Nur summarisch: Heitmann, Friedhelm, Historix & Co. 30 Geschichtsspiele für die Klasse 6-13, Lichtenau 1991, S. II: „Um den Lernstoff im Geschichtsunterricht zu wiederholen, bieten sich verschiedene Möglichkeiten an." Fiederle, Xaver (Hrsg.), Workshop Geschichte/Politik. Erinnern: Quiz, Test, Memory, Paderborn 1992, S. 5: „Drei Dinge scheinen im modernen Bildungswesen in Vergessenheit geraten zu sein, die für die alte Schule fast zum Markenzeichen wurden: ÜBEN – ERINNERN – BEHALTEN."

94 Hank, Elisabeth, Spiel im Geschichtsunterricht. Verführung zum Genuß oder problembewußte Anschaulichkeit?, in: GWU 42 (1991), S. 355-368.

95 Hank, Elisabeth, Spielen im Geschichtsunterricht, in: Rohlfes, Joachim; Schulze, Winfried, Geschichtsunterricht heute. Grundlagen, Probleme, Mög-

lichkeiten. Sammelbang: GWU-Beiträge der neunziger Jahre, Seelze-Velber 1999, S. 102-104. Die Herausgeber beabsichtigten mit der Aufsatzsammlung, ein „Spektrum“ der didaktischen Diskussion der neunziger Jahre aufzuzeigen.

96 Hank, Spielen im Geschichtsunterricht, S. 104.

97 Kluge, Norbert, Spielen und Erfahren. Der Zusammenhang von Spielerlebnis und Lernprozess, Bad Heilbrunn 1981, S. 37.

98 Schörken, Rolf, Historische Imagination – Wort, in: Bergmann, Klaus u.a. (Hrsg.), Handbuch der Geschichtsdidaktik, Seelze-Velber [5]1997, S. 65.

99 Kluge, Spielen und Erfahren, S. 39-48.

100 Die folgende Darstellung orientiert sich an: Mayer, Spiele im Geschichtsunterricht, S. 448 f.

101 Knoch, Spielerisches Lernen, S. 428.

102 Heitzer, Horst, Geschichte spielen, in: Schreiber, Waltraud (Hrsg.), Erste Begegnungen mit Geschichte. Grundlagen historischen Lernens, Bd. 1. Neuried 1999 (= Bayerische Studien zur Geschichtsdidaktik), S. 639.

103 Kluge, Spielen und Erfahren, S. 54.

104 Die Liste stammt von Elke Calliess (zit. nach: Kluge, Spielen und Erfahren, S. 57).

105 Keller, Monika, Spiel und kognitives Lernen – ein Widerspruch?, in: Daublebsky, Spielen in der Schule, S. 253.

106 Keller, Spiel und kognitives Lernen, S. 260.

107 Keller, Spiel und kognitives Lernen, S. 261-264.

108 Rüsen, Jörn, Historisches Lernen, in: Bergmann, Klaus u.a. (Hrsg.), Handbuch der Geschichtsdidaktik, Seelze-Velber [5]1997, S. 261-265. „Historisches Lernen kann ... als *mentaler* Prozeß der *Sinnbildung* über Zeiterfahrung durch historisches *Erzählen* begriffen werden, in dem die Kompetenzen zu diesem Erzählen entstehen und sich entwickeln.“ (S. 262).

109 Rüsen, Jörn, Historisches Erzählen, in: Bergmann, Klaus u.a. (Hrsg.), Handbuch der Geschichtsdidaktik, Seelze-Velber [5]1997, S. 57-63. S. 62: „Die Einheit des Geschichtsbewußtseins läßt sich als innere Kohärenz der mentalen Operationen des historischen Erzählens begreifen, und historisches Lernen läßt sich als Bildung von Geschichtsbewußtsein durch Erzählen thematisieren.“ Auf die Schule übertragen heißt also historisches Lernen, dass Erzählprozesse bei den Schülern in Gang zu setzen sind, die über die gängigen Ein-Satz-Antworten im sogenannten Unterrichtsgespräch hinausgehen sollten.

110 Seiffert, Helmut, Einführung in die Wissenschaftstheorie 2. Phänomenologie, Hermeneutik und historische Methode, Dialektik, München [10]1996, S. 132 f.

111 Kube, Klaus, Spieldidaktik, Düsseldorf 1977, S. 41.

112 Kluge, Norbert, Spielen und Erfahren. Der Zusammenhang von Spielerlebnis und Lernprozess, Bad Heilbrunn 1981, S. 59 ff.

113 Knoch, Peter, Spielerisches Lernen und Lernspiele im Geschichtsunterricht, in: GEP 1 (1990) H. 5, S. 428.

114 Viereck, Holger, Aus Fehlern lernen. Original und Fälschung im Geschichtsunterricht, in: GEP 8 (1997) H. 3, S. 157-160.

115 Baier, Eberhard; Frei, Georg Alfred, Geschichte spielen. Ein Handbuch für historische Stadtspiele, Pfaffenweiler 1990.

116 Stöckle, Frieder, Spiele mit alten Redensarten, Namen, Berufen und Gegenständen, in: Geschichte lernen 4 (1991) H. 23, S. 36-39. Bei den Vorschlägen soll es sich um explorative Spiele handeln. Tatsächlich erschließen die Schüler eigenständig neues Wissen, aber es handelt sich hier per definitionem kaum um Spiele, sondern eher um handlungsorientierten Unterricht.

117 Zum Beispiel: Tatsch, Claudia, Euro-Trans. Handel und Verkehr in den römischen Provinzen, in: Praxis Geschichte 8 (1989) H. 4, S. 32-36. Das Spiel ist als solches zwar relativ reizvoll, hat aber lediglich die Funktion eines Motivationsimpulses.

118 Dehn, Mechthild, Lernspiele, in: Lenze, Dieter (Hrsg.), Enzyklopädie Erziehungswissenschaft, Bd. 4, Stuttgart 1985, S. 518-520.

119 Kube, Spieldidaktik, S. 44.

120 Rohlfes, Joachim, Geschichte und ihre Didaktik, Göttingen 1986, S. 121. Zu kritisch: Borries, Bodo von, Inhalte oder Kategorien? Überlegungen zur kind-, sach-, zeit- und schulgerechten Themenauswahl für den Geschichtsunterricht, in: GWU 46 (1995), S. 421-435.

121 Bergmann, Klaus, Versuch über die Fragwürdigkeit des chronologischen Geschichtsunterrichts, in: Pandel, Hans-Jürgen; Schneider, Gerhard (Hrsg.), Wie weiter? Zur Zukunft des Geschichtsunterrichts, Schwalbach/Ts. 2001, S. 33-55.

122 Schneider, Gerhard, Gelungene Einstiege. Voraussetzungen für erfolgreiche Geschichtsstunden, Schwalbach/Ts. [2]1999, S. 28-35.

123 Befürchtungen dieser Art finden sich bei Dörr, Margarete, Historisches Wissen, in: Klaus Bergmann u.a. (Hrsg.), Handbuch der Geschichtsdidaktik, Seelze-Velber [5]1997, S. 287-289; Jeismann, Karl-Ernst; Schönemann, Bernd, Geschichte amtlich. Lehrpläne und Richtlinien der Bundesländer. Analyse, Vergleich, Kritik, Frankfurt/M. 1989, S. 61-64.

124 Besonders im gymnasialen Geschichtsunterricht ist zu beobachten, dass Schüler vor lauter Strukturorientierung, die gewissermaßen im modernen Gewand des alten Belehrungsunterrichts erscheint, oft nicht einmal wissen, in welchem Jahrhundert sie sich gedanklich bewegen. Als Beleg sei der – zugegebenermaßen empirisch wenig aussagekräftige – Beitrag einer Schülerin in einem Internetforum zum Thema „Vernichtungskrieg gegen die Sowjetunion" zitiert, der sich mit meinen eigenen Beobachtungen in verschiedenen Schulen deckt: „Die Bekannten in meinem Alter aus anderen Schulen, mit denen ich über ihre Erfahrungen im Geschichtsunterricht gesprochen habe, haben auch keine bis wenige Quellen zum Vernichtungskrieg erörtert. Eine Freundin (Leistungskurs) hat stattdessen monatelang den Unterschied von

„Intentionalisten" (z. B. Jäckel) und Strukturalisten/Funktionalisten (z. B. Mommsen) erörtert." Fichter, Corinna, Erfahrungen einer Schuelerin. (30.1.02). Im Internet: URL: http://www.nfhdata.de/premium/newsboard/DCForumID21/18.html#1 [Stand: 5.6.2002].

125 Kube, Spieldidaktik, S. 39.

126 Das Handbuch der Geschichtsdidaktik widmet diesem Komplex knapp drei Seiten von 788! Vgl. auch Kuss, Horst, Geschichtsunterricht und Lehrplan, in: GWU 48 (1997) H. 9, S. 546: „Alle diese Bedenken haben zweifellos ihre Berechtigung, aber sie geben keine Antwort auf die Frage, wie der Kenntniserwerb im Geschichtsunterricht gesichert werden kann."

127 Das Prinzip des Spiels ist in der einen oder anderen Variation bereits in anderen fachdidaktischen Beiträgen beschrieben (z.B. Praxis Geographie, H. 3/1993, S. 38 f.; Geschichte lernen, H. 23/1991, S. 22 ff.). Vgl. auch Bernhardt, Markus, „Wie hieß der Vater der Dampfmaschine?". Ein Wissensquiz fürs Klassenzimmer, in: Praxis Schule 5-10 (1996) H. 4, S. 42-45.

128 Bergkemper, A. [a.bergkemper@cityweb.de], Wer wird unser Millionär? (5.5.02). Im Internet: URL: http://www.blume-programm.de/ab/boerse/b_177.htm#HEADING177-0 [Stand: 5.6.2002].

129 Das Spiel ist in anderer Form erschienen bei Heitmann, Historix, S. 89 f.

130 Zuerst erschienen in: Praxis Geschichte 9 (1996) H. 5, S. 32 f.

131 Zum Beispiel: Schneider, Hagen, Arbeitsheft: Entdecken und Verstehen, Teil 1: Von der Altsteinzeit bis zum Frühen Mittelalter, Berlin ^{2}1997, S. 52 u. S. 71.

132 Zum Beispiel: Potente, Dieter, Mitmach-Geschichte II: Von den Erfindern und Entdeckern bis zum Imperialismus, Lichtenau 1997, S. 18.

133 Zum Beispiel: WinLernen Geschichte 1, bhv-Verlag, 2001.

134 Zum Beispiel: Tauschbörse-Unterricht (www.tb-u.de); Der Lehrerfreund (www.lehrerfreund.de).

135 Zum Beispiel: Durchblick. GSW Geschichte/Politik/Erdkunde 7/8. Hauptschule Niedersachsen, Braunschweig 1997, S. 53.

136 Das Kreuzworträtsel stammt von Schädel, Tanja, Ludwig XIV. (19.5.02). Im Internet: URL: http://www.blume-programm.de/ab/boerse/material/cw/geschcht/louixiv.pdf [Stand: 6.6.2002]. Die Autorin bietet an, dem Einsender per E-Mail Kreuzworträtsel mit selbst gewählten Begriffen zu erstellen.

137 Uvic Humanities Computing and Media Centre, Hot Potatoes. Halfbaked Software. (19.4.02). Im Internet: URL: http://web.uvic.ca/hrd/halfbaked/ [Stand: 6.6.2002].

138 Klampfl, Rüdiger [klampfl@hotpotatoes.de], Hot Potatoes. Halfbaked Software. Tutorial. (16.2.02). Im Internet: URL: http://www.klampfl.de/HotPotatoes/ [Stand: 6.6.2002].

139 Hartwig, Uta [hartwig@lehrer-online.de], Wortschatzarbeit mit Hot Potatoes. (12.3.01). Im Internet: URL: http://www.lehrer-online.de/dyn/210171.asp?url=%2E%2E%2Fdyn%2F242954%2E.htm [Stand: 6.6.2002].

140 Heitmann, Historix, S. 61 f.

141 Die Spielidee stammt von Brian Hersch, das Spiel ist im MB-Verlag erschienen.

142 Die Idee stammt von Streller, Monika, Geschichte in Rätseln: Ergänzungsrätsel: Persönlichkeiten des 20. Jahrhunderts, in: GEP 7 (1996) 9, S. 483.

143 Zum Beispiel: Heitmann, Historix. In den methodischen Zeitschriften Praxis Geschichte und Geschichte lernen sind immer wieder Brettspiele zu zahlreichen Themen zu finden.

144 Kneisel, Volker u.a., Wir machen Geschichte. Schülerarbeitsheft 1. Von der Urzeit bis zum Ende des Römischen Reiches, hrsg. v. Jutta Stehling, Frankfurt/M. 1996, S. 41-43.

145 Ein Quartett zum Thema „Erfindungen, Entdeckungen und Eroberungen" bietet als Kopiervorlage Gramatzki, Hildegard, Unterrichtsideen. Spiele im Geschichtsunterricht der Sekundarstufe I. Spielformen, methodische Anregungen und Materialien zu ausgewählten Themen aus Antike, Mittelalter und Neuzeit, 2 Bde., Stuttgart, Dresden 1994, Materialband, S. 27-38.

146 Wirth, Werner (Hrsg.), Aulis Kartenspiele Geschichte. Mit Freude spielend lernen, o. J.

147 Bilder im Internet unter: http://www.kiekeberg-museum.de/landtech.htm.

148 Viereck, Holger, Spiele im Geschichtsunterricht – Lernen mit Spannung und Spaß, in: GEP 7 (1996) H. 6, S. 483-489.

149 Bücken, Hajo, Kimspiele. Spiele zum Sehen, Schmecken, Riechen, Tasten, Hören und Denken, München 1984.

150 Heitmann, Historix, S. 39.

151 Vor etwa fünfzig Jahren erschien in der psychologischen Fachzeitschrift „MIND" ein Artikel von Alan M. Turing unter dem Titel „Computing Machinery and Intelligence" („Rechenapparate und Intelligenz"). Alan Turing, der als einer der Väter der modernen Informatik gilt, stellte dort einen Test vor, der erlauben sollte zu entscheiden, ob eine Maschine Intelligenz aufweist. Der Test ist eine Art Fragespiel, bei dem die Maschine versuchen soll, Antworten zu geben, wie man sie von einem intelligenten Menschen erwartet; Turing nannte seinen Test daher das „Imitationsspiel". Wenn der Fragesteller außerstande ist zu entscheiden, ob er mit einem Menschen oder einer Maschine spricht (oder vielmehr per Tastatur schreibt), sollte das als Zeichen für Intelligenz gewertet werden.

152 Meyer, Hilbert, Unterrichtsmethoden, II: Praxisband, Frankfurt/M. ^{4}1991, S. 349.

153 Kluge, Norbert, Spielen und Erfahren. Der Zusammenhang von Spielerlebnis und Lernprozess, Bad Heilbrunn 1981, S. 88-102.

154 Rohlfes, Joachim, Geschichte und ihre Didaktik, Göttingen 1986, S. 299.

155 Kluge, Spielen und Erfahren, S. 89.

156 Rohlfes, Geschichte und ihre Didaktik, S. 299.

157 Sydow, Wulfhild, Das Hörspiel, in: Pandel, Hans-Jürgen; Schneider, Gerhard

u.a. (Hrsg.), Handbuch Medien im Geschichtsunterricht, Schwalbach/Ts. 1999, S. 689-720.

158 Kluge, Spielen und Erfahren, S. 90.

159 Krüger, Horst, Das Grunewald-Gymnasium, in: Reich-Ranicki, Marcel (Hrsg.), Meine Schulzeit im Dritten Reich. Erinnerungen deutscher Schriftsteller, München [5]1993, S. 40-49.

160 Vgl. dazu das „Prinzip der unerledigten Hoffnung" bei Fina, Kurt, Geschichtsmethodik: die Praxis des Lehrens und Lernens, München 1973.

161 Hinck, Walter, Geschichte im Theater, in: Bergmann, Klaus u.a. (Hrsg.), Handbuch der Geschichtsdidaktik, Seelze-Velber [5]1997, S. 620-625.

162 Meyer, Unterrichtsmethoden II, S. 352-357.

163 Meyer, Unterrichtsmethoden II, S. 352.

164 Rohlfes, Geschichte und ihre Didaktik, S. 332.

165 Hier soll nicht in ganzer Breite auf das Thema „Bilder" eingegangen werden. Geschichtsdidaktisch aufbereitet bei Sauer, Michael, Bilder im Geschichtsunterricht. Typen – Interpretationsmethoden – Unterrichtsverfahren, Seelze-Velber 2000.

166 Vgl. zum Thema Schule die Quellensammlung von Rutschky, Katharina, Deutsche Schul-Chronik. Lernen und Erziehen in vier Jahrhunderten, Köln 1987.

167 Bollmann, Hans, Rollenspiel, in: Lenze, Dieter (Hrsg.), Enzyklopädie Erziehungswissenschaft, Bd. 4, S. 565.

168 Kluge, Norbert, Spielen und Erfahren. Der Zusammenhang von Spielerlebnis und Lernprozess, Bad Heilbrunn 1981, S. 75 f.

169 Herkommer, Lotte; Lissek, Manfred, Das Rollenspiel im Geschichtsunterricht, in: Süssmuth, Hans (Hrsg.), Historisch-politischer Unterricht. Planung und Organisation, Stuttgart [3]1979, S. 194-209.

170 Herkommer; Lissek, Das Rollenspiel, S. 199.

171 Mehr Beachtung schenkt diesem Aspekt Dehne, Brigitte, „Wie komme ich zum Rollenspiel?" Ein Bericht aus der zweiten Ausbildungsphase, in: Geschichte lernen 4 (1991) H. 23, S. 62-65. Die konkrete methodische Umsetzung der Informationsaufnahme bleibt aber auch hier im Dunkeln.

172 Hier und im Folgenden: Muhlack, Ulrich, Verstehen, in: Goertz, Hans-Jürgen (Hrsg.), Geschichte. Ein Grundkurs, Reinbek bei Hamburg 1998, S. 122.

173 Meier-Schreiber, Klaus-Ulrich, Rollenspiel im Geschichtsunterricht der Hauptschule, in: Geschichtsdidaktik 3 (1986), S. 257-264.

174 Meier-Schreiber, Rollenspiel, S. 263.

175 Schulz-Hageleit, Peter, Erfahrungsunterricht, in: GWU 48 (1997), S. 161-168; ders., Geschichte erfahren, in: GWU 51 (2000), S. 640-659.

176 Jeisman, Karl-Ernst, Geschichtsbewusstsein oder Geschichtsgefühl. Thesen zu einer überflüssigen Kontroverse, in: ders., Geschichte und Bildung. Beiträge zur

Geschichtsdidaktik und zur Historischen Bildungsforschung, hrsg. u. eingel. v. Wolfgang Jacobmeyer und Bernd Schönemann, Paderborn u.a 2000, S. 96.

177 Schulz-Hageleit, Peter, Geschichte: erfahren – gespielt – begriffen, Braunschweig 1982, S. 16.

178 Grebing, Helga, Arbeiterbewegung. Sozialer Protest und kollektive Interessenvertretung bis 1914, München [2]1987, S. 26.

179 Shaftel, Fanny R. und George, Rollenspiel als soziales Entscheidungstraining, München, Basel 1973, S. 93-95.

180 Jeisman, Geschichtsbewusstsein oder Geschichtsgefühl?, S. 89.

181 Dehne, Brigitte, Auf dem Marktplatz in Athen. Spielen mit Rollen im Geschichtsunterricht, in: Friedrich-Jahresheft (1995) 13: Spielzeit, S. 92-96.

182 Als besonders komplex gelten die sogenannten „KonSims", Konfliktsimulationsspiele (Urspr. *Conflict Simulation* = „*CoSims*"). Die klassische Art dieser Spiele sind Kriegsspiele, in denen historische oder zukünftige Schlachten oder Kriege nachgespielt werden können. Die Spielregeln umfassen häufig mehrere hundert Seiten und das Studium dieser Regeln kann wochenlang dauern. Heute werden solche Spiele mit wirtschaftlichem Hintergrund zum Beispiel in der Managerschulung eingesetzt. (http://www.tu-darmstadt.de/hjd/spielpae/glossar.htm#KonSim-Spiele). Rollfing, Hubertus, Pax Britannica – ein Konfliktsimulationsspiel im Unterricht?, in: Geschichte lernen 6 (1993) H. 31, S. 6 f.

183 Buddensiek, Wilfried, Simulationsspiel, in: Lenze, Dieter (Hrsg.), Enzyklopädie Erziehungswissenschaft, Bd. 4, S. 604.

184 Buddensiek, Simulationsspiel, S. 606.

185 Portele, Gerhard, Zur Theorie des Simulationsspiels, in: Lehmann, Jürgen (Hrsg.), Simulations- und Planspiele in der Schule, Bad Heilbrunn 1977, S. 17 f.

186 Grimm, Wolfgang, Simulationsgebundene Unterrichtsformen, in: Lehmann, Jürgen (Hrsg.), Simulations- und Planspiele in der Schule, Bad Heilbrunn 1977, S. 22.

187 Gies, Horst, Emotionalität versus Rationalität?, in Mütter, Bernd; Uffelmann, Uwe (Hrsg.), Emotionen und historisches Lernen. Forschung, Vermittlung, Rezeption, Hannover [3]1996, S. 27-40.

188 Bleicken, Jochen, Die Verfassung der römischen Republik, Paderborn [7]1995, S. 51-65.

189 Buddensiek, Simulationsspiel, S. 605 f.

190 Gramatzki, Hildegard, Unterrichtsideen. Spiele im Geschichtsunterricht der Sekundarstufe I. Spielformen, methodische Anregungen und Materialien zu ausgewählten Themen aus Antike, Mittelalter und Neuzeit, 2 Bde., Stuttgart, Dresden 1994. In einer Simulation zur Münchner Konferenz von 1938 ist die Rolle Adolf Hitlers von einem Schüler zu besetzen. Abgesehen davon, dass Schüler mit solchen Rollen völlig überfordert sein dürften, mag die Sache selbst noch angehen. Problematisch ist allerdings die „pädagogische" Begrün-

dung für die bedenkenlose Rollenbesetzung (S. 55): „Für die Pädagogin, den Pädagogen kann es geradezu aufschlussreich sein, wo die versteckten Potenziale eines pubertätsbedingten faschistophilen Verhaltens bei den eigenen Schüler/inne/n liegen." Obwohl die Autorin von anschließender Reflexion spricht, stellt sich die Frage, auf welche Weise ein solches aufgedecktes Verhalten in einer Klasse einer rationalen Klärung zugänglich gemacht werden sollte, ohne dass die Sache in eine Art Tribunal ausartet.

191 Milgram, Stanley, Das Milgram Experiment, Reinbek bei Hamburg 1982.

192 Rhue, Morton, Die Welle. Bericht über einen Unterrichtsversuch, der zu weit ging, Ravensburg 1984 (Orig.: The Wave, New York 1981).

193 Baiguini, Gabriel; Gugelmann, Marc, Geschichte im Spiel erleben. Situationsspiele vom Altertum bis zur Gegenwart, Braunschweig 2000, S. 73-78.

194 „Faschismus" dürfte kaum hinreichend damit erklärt werden können, dass Menschen unter bestimmten Umstände bereit sind, sich „Autoritäten" unterzuordnen.

195 Fischer, Max W., Simulationen zur Weltgeschichte, Mülheim/R. 1994, S. 74-76 (Orig.: World History Simulations, Huntington Beach 1993). Das Buch ist eine Übersetzung aus dem Amerikanischen und ein gutes Beispiel dafür, dass zwei unterschiedliche Arten pädagogischer und didaktischer Tradition nicht bedenkenlos zur Deckung zu bringen sind.

196 Im Internet: URL: http://www.tu-darmstadt.de/hjd/spielpae/glossar.htm #Planspiele [Stand: 6.6.2002].

197 Grimm, Simulationsgebundene Unterrichtsformen, S. 33 f.

198 Edel, Andreas, Planspiele im Geschichtsunterricht. Ein Arbeitsbericht, in: GWU 50 (1999), S. 322. Der Autor hat mit einer Seminargruppe ein Planspiel für die Schule entwickelt: Edel, Andreas (Hrsg.), Krieg oder Frieden? Ein Planspiel zur Außenpolitik in der Epoche Friedrichs des Großen, Stuttgart u.a. 1999. Beifällige Kritik des Planspiels bei Turk, Margareta, Der schlesische Krieg fand nicht statt... Schüler machen „Große Politik" im Planspiel, in: Geschichte lernen 13 (2000) H. 78, S. 7 f.

199 Edel, Planspiele, S. 325.

200 Zum Beispiel: Mayer, Ulrich, Ursachen und Beginn des Ersten Weltkriegs – Ist ein Krieg unabwendbar? Unterrichtsentwurf zur Verwendung von Elementen des Planspiels im historisch-politischen Unterricht, in: Geschichtsdidaktik 3 (1978), S. 208-216; Rückert, Horst, „Machtergreifung". Ein Spiel in fünf Schritten, in: Praxis Geschichte 5 (1989), S. 54-57.

201 Edel, Planspiele, S. 326.

202 Man fragt sich, warum hier nicht „offene" Epochen wie das Spätmittelalter berücksichtigt werden. Die vorhandene Planspiele gehen zumeist nicht vor das 18. Jahrhundert zurück.

203 Heitmann, Historix, S. 68-73.

204 Koring, Brigitte, Wer kann das bezahlen? Währung, Einkommen und Preise

im alten Rom, in: Geschichte lernen 21 (1991), S. 27-30. Zur Durchführung des Spiels müssten Unmassen an „Münzen" aus vervielfältigten Kopiervorlagen ausgeschnitten werden. Hier steht der zeitliche Aufwand in keinem Verhältnis zum Ertrag des Spiels.

205 Tabelle erstellt nach: Klippert, Heinz, Planspiele in der politischen Bildung, in: Bundeszentrale für politische Bildung (Hrsg.), Erfahrungsorientierte Methoden der politischen Bildung, Bonn 1988, S. 135-138.

206 Die Idee stammt von Miller, Reinhold (Hrsg.), 99 Vertretungsstunden ohne Vorbereitung. „Schwellendidaktik pur" für die Sek I, Weinheim und Basel 1999, S. 141.

207 Mayer, Ursachen und Beginn des Ersten Weltkriegs, S. 208-216.

208 Uppendahl, Herbert, Julikrise und Kriegsausbruch 1914 im Planspiel, in: Gegenwartskunde 26 (1977), S. 423-440. Der Autor hat ein unfangreiches Planspiel für die Julikrise entwickelt, für dessen Durchführung er zwölf Unterrichtsstunden veranschlagt.

209 Fiederle, Xaver (Hrsg.): Workshop Geschichte/Politik. Erinnern: Quiz, Test, Memory, Paderborn 1992, S. 32 f.

210 Das Spiel beruht auf einer Idee von Heitmann, Historix, S. 68-73. Ein Planspiel zum Kriegsende mit etwas anderen Intentionen: Lienert, Eva Maria und Wilhelm, Ein Ende mit Schrecken. Planspiel zum Kriegsende in Nordwürttemberg, in: Praxis Geschichte 5 (1990), S. 47-51.

211 Der historische Hintergrund diente Stefan Heym für den Roman Schwarzenberg, Frankfurt/M. 1988. Informationen können beschafft werden auf der Internetseite: http://www.freie-republik-schwarzenberg.de.

212 Zum Beispiel: Grube, Frank; Gerhard Richter, Die Schwarzmarktzeit – Deutschland zwischen 1945 und 1948, Hamburg 1989.

213 Zum Beispiel: Kleßmann, Christoph, Die doppelte Staatsgründung. Deutsche Geschichte 1945-1955, Bonn [4]1986, S. 37-65.

214 Zum Beispiel: Plato, Alexander von; Leh, Almut, „Ein unglaublicher Frühling". Erfahrene Geschichte im Nachkriegsdeutschland 1945-1948, Bonn 1997.

215 Zum Beispiel: Wolf, Werner (Hrsg.), Trümmer, Tränen, Zuversicht. Alltag in Hessen 1945-1949, Frankfurt/M. 1986.

216 Konetzke, Richard, Süd- und Mittelamerika 1. Die Indianerkulturen Altamerikas und die spanisch-portugiesische Kolonialherrschaft, Frankfurt/M. 1965, S. 28 f.

217 Konetzke, Süd- und Mittelamerika, S. 29.

218 Maier, Friedrich, Grundtexte Europas. Epochale Ereignisse und Existenzprobleme der Menschheit. Projekte zum fächerübergreifenden Unterricht. Lehrerkommentar, Bamberg 1995, S. 164.

219 Motive nach Schmid, Heinz-Dieter, Fragen an die Geschichte, Band 2: Die europäische Christenheit. Lehrerbegleitband, Frankfurt/M. [5]1991, S. 193 f.

220 Der Begriff Wissenschaft orientiert sich an dem damaligen Verständnis, die Sache aus der Exegese der Schriften zu begründen. Neben der Bibel kamen dabei auch die Werke von Aristoteles, Cicero, Augustinus oder Laktanz in Frage.

221 Aus dem Kronvertrag von Santa Fé vom 17.4.1492, zitiert nach Schmitt, Eberhard (Hrsg.), Dokumente zur Geschichte der europäischen Expansion, Bd. 2: Die großen Entdeckungen, hrsg. v. Matthias Meyn u.a., München 1984, S. 106.

222 Scheuerl, Hans, Das Spiel. Untersuchungen über sein Wesen, seine pädagogischen Möglichkeiten und Grenzen, Weinheim, Berlin [12]1994, S. 79.

223 Heimlich, Ulrich, Einführung in die Spielpädagogik, Bad Heilbrunn 1993, S. 20 u. S. 44.

224 Henke-Bockschatz, Gerhard, Überlegungen zur Rolle der Imagination im Prozess des historischen Lernens, in: GWU 51 (2000), S. 418-429.

225 Vgl. dazu Fried, Johannes, Wissenschaft und Phantasie. Das Beispiel der Geschichte, in: HZ 263 (1996), S. 291-316. Zur Rolle der Phantasie s. auch Henke-Bockschatz, Gerhard, Überlegungen zur Rolle der Imagination im Prozess des historiographischen Lernens, in: GWU 51 (2000), S. 418-429.

226 Zuerst erschienen in: Bernhardt, Markus, Die Festung des Königs fällt! Top-News vom 14. Juli 1789. Eine fiktive Nachrichtensendung zum Sturm auf die Bastille, in: Praxis Geschichte 9 (1996) H. 2, S. 32-35.

227 Maier, Friedrich, Rezeptionsdokumente im Lektüreunterricht, in: ders., Lateinunterricht zwischen Tradition und Fortschritt, Bd. 3, Bamberg [3]1995, S. 217-267.

228 Die Idee des Spiels stammt von Friedemann Neuhaus (Osnabrück), der das Spiel am 13.1.1998 anlässlich eines Unterrichtsbesuchs in einem Grundkurs des Autors am Gymnasium im Schloss in Wolfenbüttel durchgeführt hat.

229 Zum Thema s. zum Beispiel: Wehler, Hans-Ulrich, Deutsche Gesellschaftsgeschichte. 3. Band: Von der „Deutschen Doppelrevolution“ bis zum Beginn des Ersten Weltkrieges 1849-1914, München 1995, Kap. IV. B. 6.: Die Julikrise 1914: Die Flucht nach vorn, S. 1152-1168.

230 Zusammenfassung der Ereignisse: Elze, Reinhard;Repgen, Konrad (Hrsg.), Studienbuch Geschichte, Bd. 2: Frühe Neuzeit, 19. und 20. Jh., Stuttgart [5]1999, S. 490-492.

231 Das Handlungsmuster des Unterrichts heißt bei Hilbert Meyer „Streitgespräch“ (Vgl. ders., Unterrichtsmethoden 2: Praxisband, Frankfurt/M. 1987, S. 293-295).

232 Borries, Bodo von, Geschichtsunterricht in der gymnasialen Oberstufe. Realisierung, Systematik, Exemplarik, Ergebnissicherung, in: Zeitschrift für Pädagogik 42 (1996) H. 4, S. 19-539.

233 Zuerst erschienen in: Praxis Geschichte 11 (1997) H. 2, S. 16-19.

234 Geschichtliche Weltkunde, Bd. 2: Vom Zeitalter der Entdeckungen bis zum Ende des 19. Jh., Frankfurt/M. 1977, S. 191 f.

235 Ein ähnlicher Unterrichtsvorschlag zum Rollenschreiben ist insofern problematisch, als der Autor keine Quellen als Grundlage der Auseinandersetzung bietet, sondern Bezug zum Drama „Dantons Tod" von Georg Büchner herstellt. Alle angegebenen Materialien sind bereits interpretierte und erzählte Geschichte (Scheller, Ingo, Die Französische Revolution als Revolution bürgerlicher Männer, in: Praxis Geschichte 11 (1997) H. 2, S. 20-25).

236 Gall, Lothar, Bürgertum in Deutschland, Berlin 1989, S. 258.

237 Vgl. hierzu Blank, Wiebke, Berufsvorbereitung in der Schule – über ein Computerspiel wie „Myst", in: Fritz, Jürgen; Fehr, Wolfgang, Handbuch Medien: Computerspiele, Bonn 1997, S. 325-326.

238 Amsbeck, Stefanie, „Wir dürfen an den Computer? – Klasse!", in: Praxis Geschichte 10 (1996) H. 2, S. 56-57.

239 Einige Echtzeitspiele sind beschrieben bei Grosch, Waldemar, Computerspiele im Geschichtsunterricht. Geschichte am Computer, Bd. 2, Schwalbach/Ts. 2002.

240 Rave, Josef, Computer im Geschichtsunterricht, in: Bergmann, Klaus u.a. (Hrsg.), Handbuch der Geschichtsdidaktik, Seelze-Velber [5]1997, S. 454.

241 Wolf, Peter, Historismus auf dem Bildschirm? Überlegungen zu Computerspielen mit historischer Thematik, Beitrag in: EDV-Tage Theuern 1997, S. 70. Im Internet: URL: http://www.bayern.de/HDBG/wolf.pdf [Stand: 6.6.2002].

242 Wolf, Historismus, S. 73.

243 Zur Problematik des „Sich-Hineinversetzens" s. Kap. 5.3.

244 Rave, Computer, S. 455.

245 Eder, Franz Xaver, Computer im Geschichtsunterricht. Britische Entwicklungen und ein österreichisches Beispiel, in: Bericht über den 18. Österreichischen Historikertag in Linz, Wien 1991, S. 389.

246 Wolf, Peter, Der Traum von der Zeitreise. Spielerische Simulationen mit Hilfe des Computers (Geschichtsunterricht), in: GWU 47 (1996) H. 9, S. 547.

247 Wolf, Peter, Freibeuter der Chronologie. Geschichtsbilder des Historismus im Computerspiel „Der Patrizier", in: GWU 44 (1993), S. 670.

248 In der Datenbank SODIS (Software-Dokumentations- und Informations-System), die vom Institut für Film und Bild in Wissenschaft und Unterricht (FWU) betreut wird, kann man Rezensionen der gängigen kommerziellen Computerspiele recherchieren. SODIS [sodis@fwu.de]. (2000). Im Internet: URL: http://www.sodis.de/ [Stand: 6.6.2002].

249 Civilization I-III [Strategiespiel]. Micro Prose Software Inc., 1991-2001.

250 Colonization [Strategiespiel]. Micro Prose Software Inc., 1994.

251 Siedler I-IV [Aufbausimulation]. Blue Byte, Mühlheim/R. 1994-2001.

252 Vgl. dazu die Ausführungen von Gerharz, Günter, Unterrichtsbeispiel „Die Siedler". (1997). Im Internet: URL: http://www.learn-line.nrw.de [Stand: 6.6.2002].

253 Hanse – Die Expedition [Handelssimulation]. Ascon Software, 1994.

254 Die Fugger II [Handelssimulation]. Sunflowers Interactive Entertainment Software GmbH, 1996.

255 Der Patrizier [Handelssimulation]. Ascon Software, 1992.

256 Diplomacy [Strategiespiel]. Hasbro Interactive Ltd., 1999.

257 Kaiser deluxe [Handelssimulation]. Softgold Computerspiele GmbH, 1995.

258 Age of Empires I und II [Aufbausimulation]. Microsoft Corp., 1995-1999.

259 Oswalt, Vadim, Multimediale Programme im Geschichtsunterricht, Bd. 1, Schwalbach/Ts. 2002. Einen guten Überblick über die vorhandenen Produkte bieten Gudrun Gehrken und Philipp Portscheller im Internet unter: http://www.learn-line.nrw.de/angebote/neuemedien/medio/softuebl/geschichte/ggesch.htm.

260 Ritter Arthaud ist die überarbeitete Version der Lernsoftware „Die Kreuzzüge". Ritter Arthaud CD-ROM, Kreuzritter im Heiligen Land, Cornelsen, 2001.

261 Rave, Computer, S. 454 hat bereits vor Jahren darauf hingewiesen, dass „schulgerechte Simulationsspiele für den Geschichtsunterricht ... im Grunde so aufgebaut sein [müssen], dass sie auf eine Stunde beschränkt sind."

262 Die Stadt im Mittelalter – Alltagsleben hinter Turm und Mauern, hrsg. von Freies Historiker Büro Bergisch Gladbach (fhb) und MulitMediaArts Köln, Verlag Sauerländer Aarau 1995.

263 1944 – Operation Teddybär, United Soft Media.

264 Hahn, Manfred, Rezension der CD-ROM „1944 – Operation Teddybär", in: Nachrichtendienst für Historiker, im Internet unter: http://www. nfhdata.de/extra/cdrom-rezensionen/cdrom-rezensionen_06_ teddybaer. shtml.

8. Literaturverzeichnis

Das Verzeichnis enthält nur eine Auswahl der behandelten Literatur. Aufgenommen wurden in der Regel Arbeiten, die mindestens zweimal zitiert wurden.

A. Allgemeines

Baer, Ulrich, Spielpraxis. Eine Einführung in die Spielpädagogik, Seelze-Velber 1995

Baer, Ulrich, „Und nun sollen wir auch noch spielen!", in: ders. u.a. (Hrsg.): Spielzeit. Spielräume in der Schulwirklichkeit, Friedrich Jahresheft 13 (1995), S. 6-7

Callies, Elke, Spielendes Lernen, in: Deutscher Bildungsrat. Gutachten und Studien der Bildungskommission: Die Eingangsstufe des Primarbereichs, Bd. 2, 1: Spielen und Gestalten, Stuttgart 1975

Calliess, Elke, Spielen in der Schule – motivationale Aspekte, in: Daublebsky, Benita, Spielen in der Schule, Stuttgart 1973

Daublebsky, Benita, Spielen in der Schule. Vorschläge und Begründungen für ein Spielecurriculum, Stuttgart [5]1977

Heimlich, Ulrich, Einführung in die Spielpädagogik, Bad Heilbrunn 1993

Hering, Wolfgang, Spieltheorie und pädagogische Praxis, Düsseldorf 1989

Huizinga, Johan, Homo ludens. Vom Ursprung der Kultur im Spiel, Reinbek 1987 (Originalausgabe 1938)

Keller, Monika, Spiel und kognitives Lernen – ein Widerspruch?, in: Daublebsky, Spielen in der Schule, S. 253

Kluge, Norbert, Spielen und Erfahren. Der Zusammenhang von Spielerlebnis und Lernprozess, Bad Heilbrunn 1981

Kooij, Rimmert van der, Pädagogik und Spiel, in: Roth, Leo (Hrsg.), Pädagogik. Handbuch für Studium und Praxis, München 1991

Kube, Klaus, Spieldidaktik, Düsseldorf 1977

Meyer, Hilbert, Unterrichtsmethoden II: Praxisband, Frankfurt/M. [4]1994

Meyer, Hilbert, Unterrichtsmethoden I: Theorieband, Frankfurt/M. [6]1994

Scheuerl, Hans, Das Spiel. Untersuchungen über sein Wesen, seine pädagogischen Möglichkeiten und Grenzen, Weinheim, Berlin [12]1994

B. Geschichtsdidaktik

Bauer-Gantner, Martha, Spiel im Geschichtsunterricht. Ziele – Möglichkeiten – Erfahrungen, München 1984

Ebeling, Hans, Zur Didaktik und Methodik eines kind-, sach- und zeitgemäßen Geschichtsunterrichts, Hannover [4]1965

Gramatzki, Hildegard, Unterrichtsideen. Spiele im Geschichtsunterricht der Sekundarstufe I. Spielformen, methodische Anregungen und Materialien zu ausgewählten Themen aus Antike, Mittelalter und Neuzeit, 2 Bde., Stuttgart, Dresden 1994

Hank, Elisabeth, Spiel im Geschichtsunterricht. Verführung zum Genuß oder problembewußte Anschaulichkeit?, in: GWU 42 (1991), S. 355-368

Hank, Elisabeth, Spielen im Geschichtsunterricht, in: Rohlfes, Joachim; Schulze, Winfried, Geschichtsunterricht heute. Grundlagen, Probleme, Möglichkeiten. Sammelband: GWU-Beiträge der neunziger Jahre, Seelze-Velber 1999, S. 102-104

Heitzer, Horst, Geschichte spielen, in: Schreiber, Waltraud (Hrsg.), Erste Begegnungen mit Geschichte. Grundlagen historischen Lernens, Bd. 1, Neuried 1999 (= Bayerische Studien zur Geschichtsdidaktik), S. 635-660.

Hug, Wolfgang, Geschichtsunterricht in der Praxis der Sekundarstufe I. Befragung, Analysen und Perspektiven, Frankfurt/M. u.a. [3]1985

Jahn, Friedrich, Geschichte spielend lernen, Frankfurt/M. 1992

Knoch, Peter, Spielerisches Lernen und Lernspiele im Geschichtsunterricht, in: GEP 1 (1990) H. 5, S. 432-437

Knoch, Peter; Stöckle, Frieder, Spiele und Projekte, in: Knoch, Peter; Pöschko, Hans H. (Hrsg.), Lernfeld Geschichte, Weinheim und Basel 1983

Mayer, Ulrich, Spiele im Geschichtsunterricht, in: Bergmann, Klaus u.a. (Hrsg.), Handbuch der Geschichtsdidaktik, Seelze-Velber [5]1997, S. 447-451

Pöschko, Hans H., „... dann treibt es nicht zu weit“. Spielen im Geschichtsunterricht, in: Praxis Geschichte 9 (1996) H. 2, S. 3-9

Rohlfes, Joachim, Geschichte und ihre Didaktik, Göttingen 1986

Schulz-Hageleit, Peter, Spielen im Geschichtsunterricht? Überlegungen zu einer umstrittenen Unterrichtsmethode, in: Geschichte lernen 4 (1991) H. 23, S. 11-20

C. Spielformen und Spielvorschläge

1. Lernspiele

Bein, Reinhard; Bernhardt, Markus, Reisen in die Vergangenheit, in: Praxis Geschichte 9 (1996) H. 5, S. 32-36

Bernhardt, Markus, „Wie hieß der Vater der Dampfmaschine?“. Ein Wissensquiz fürs Klassenzimmer, in: Praxis Schule 5-10 (1996) H. 4, S. 42-45

Böcher, Klaus, Chancen deines Lebens. Kommentar zum Geschichtsspiel, in: Geschichte lernen 2 (1989) H. 9, S. 34-37

Dehn, Mechthild, Lernspiele, in: Enzyklopädie Erziehungswissenschaft, Bd. 4, Stuttgart 1985, S. 518-520

Fiederle, Xaver (Hrsg.): Workshop Geschichte/Politik. Erinnern: Quiz, Test, Memory, Paderborn 1992

Heitmann, Friedhelm, Historix & Co. 30 Geschichtsspiele für die Klasse 6-13, Lichtenau 1991
Jackwerth, Christa; Rüger, Eckhard, I love Geschichte, Bd. 1-3, Lichtenau 1997
Lüchtemeier, Brigitte, Die IGL-Reise durch Ägypten, Stuttgart o.J.
Potente, Dieter, Mitmach-Geschichte I-III, Lichtenau 1997
Stöckle, Frieder, Spiele mit alten Redensarten, Namen, Berufen und Gegenständen, in: Geschichte lernen 4 (1991) H. 23, S. 36-39
Streller, Monika, Geschichte in Rätseln: Ergänzungsrätsel: Persönlichkeiten des 20. Jahrhunderts, in: GEP 7 (1996) H. 9, S. 483
Viereck, Holger, Aus Fehlern lernen. Original und Fälschung im Geschichtsunterricht, in: GEP 8 (1997) H. 3, S. 157-160
Viereck, Holger, Spiele im Geschichtsunterricht – Lernen mit Spannung und Spaß, in: GEP 7 (1996) H. 6, S. 483-489
Wenzel, Birgit, „Das große Spiel des Wissens". Spiele zur Stoffsicherung und -wiederholung, in: Geschichte lernen 4 (1991) H. 23, S. 22-27

2. Imitationsspiele

Hinck, Walter, Geschichte im Theater, in: Bergmann, Klaus u.a. (Hrsg.), Handbuch der Geschichtsdidaktik, Seelze-Velber [5]1997
Sydow, Wulfhild, Das Hörspiel, in: Pandel, Hans-Jürgen; Schneider, Gerhard u.a. (Hrsg.), Handbuch Medien im Geschichtsunterricht, Schwalbach/Ts. 1999

3. Rollenspiele

Bollmann, Hans, Rollenspiel, in: Lenze, Dieter (Hrsg.), Enzyklopädie Erziehungswissenschaft, Bd. 4, Stuttgart 1985
Dehne, Brigitte, Auf dem Marktplatz in Athen. Spielen mit Rollen im Geschichtsunterricht, in: Friedrich-Jahresheft (1995) 13: Spielzeit, S. 92-98
Dehne, Brigitte, „Wie komme ich zum Rollenspiel?" Ein Bericht aus der zweiten Ausbildungsphase, in: Geschichte lernen 4 (1991) H. 23, S. 62-65
Herkommer, Lotte; Lissek, Manfred, Das Rollenspiel im Geschichtsunterricht, in: Süssmuth, Hans (Hrsg.), Historisch-politischer Unterricht, Bd. 1, Stuttgart [3]1979
Meier-Schreiber, Klaus-Ulrich, Das „Eindoppeln" als Vorbereitung historischer Rollenspiele im Geschichtsunterricht der Hauptschule, in: Geschichtsdidaktik 12 (1987) H. 3, S. 287-290
Meier-Schreiber, Klaus-Ulrich, Rollenspiel im Geschichtsunterricht der Hauptschule, in: Geschichtsdidaktik 3 (1986), S. 257-264
Schulz-Hageleit, Peter, Geschichte: erfahren – gespielt – begriffen, Braunschweig 1982
Shaftel, Fanny R. und George, Rollenspiel als soziales Entscheidungstraining, München, Basel 1973

4. Simulations- und Planspiele
Buddensiek, Wilfried, Simulationsspiel, in: Lenze, Dieter (Hrsg.), Enzyklopädie Erziehungswissenschaft, Bd. 4, Stuttgart 1985
Edel, Andreas, Planspiele im Geschichtsunterricht. Ein Arbeitsbericht, in: GWU 50 (1999), S. 321-339
Grimm, Wolfgang, Simulationsgebundene Unterrichtsformen, in: Lehmann, Jürgen (Hrsg.), Simulations- und Planspiele in der Schule, Bad Heilbrunn 1977
Lehmann, Jürgen (Hrsg.), Simulations- und Planspiele in der Schule, Bad Heilbrunn 1977
Portele, Gerhard, Zur Theorie des Simulationsspiels, in: Lehmann, Jürgen (Hrsg.), Simulations- und Planspiele in der Schule, Bad Heilbrunn 1977
Steinberg, Monika, Das Simulationsspiel als Unterrichtsmethode in Geschichte und Sozialkunde an amerikanischen Schulen, in: GWU 26 (1975), S. 687-695
Taylor, John L.; Walford, Rex, Simulationsspiele im Unterricht, Ravensburg 1974

a. Brettspiele
Menke, Bernd, Das Mittelalterspiel, in Geschichte lernen 4 (1991) H. 23, S. 28-34
Menzel, Monika, Auf alten Schmuggelpfaden, in: GEP 9 (1998) H. 4, S. 200-203
Rollfing, Hubertus, Pax Britannica – ein Konfliktsimulationsspiel im Unterricht?, in: Geschichte lernen 6 (1993) H. 31, S. 6-7
Tatsch, Claudia, Euro-Trans. Handel und Verkehr in den römischen Provinzen, in: Praxis Geschichte 8 (1989) H. 4, S. 32-36

b. Interaktionsspiele
Baiguini, Gabriel; Gugelmann, Marc, Geschichte im Spiel erleben. Situationsspiele vom Altertum bis zur Gegenwart, Braunschweig 2000
Edel, Andreas (Hrsg.), Krieg oder Frieden? Ein Planspiel zur Außenpolitik in der Epoche Friedrichs des Großen, Stuttgart u.a. 1999
Fischer, Max W., Simulationen zur Weltgeschichte, Mülheim/R. 1994 (Orig.: World History Simulations, Huntington Beach 1993)
Jung-Paarmann, Helga, Die Kongo-Konferenz 1884/85. Informationen und Materialien für ein Rollenspiel, in: Geschichte lernen 6 (1993) H. 31, S. 46-52
Koesterke, Lars, „Kampf um Hanseburg“. Ein Simulationsspiel, in: Geschichte lernen 10 (1997) H. 58, S. 51-57
Lienert, Eva Maria und Wilhelm, Ein Ende mit Schrecken. Planspiel zum Kriegsende in Nordwürttemberg, in: Praxis Geschichte 5 (1990), S. 47-51
Mayer, Ulrich, Ursachen und Beginn des Ersten Weltkriegs – Ist ein Krieg unabwendbar? Unterrichtsentwurf zur Verwendung von Elementen des Planspiels im historisch-politischen Unterricht, in: Geschichtsdidaktik 3 (1978), S. 208-216

Peter, Veronique; Sieberns, Jens, Seine Majestät wünscht: „Beschwert Euch!“ Die Cahiers de doléances – ein Simulationsspiel, in: Geschichte lernen 10 (1997) H. 60, S. 19-22
Stelling, Rüdiger, Von der Februarrevolution zur Oktoberrevolution. Ein Simulationsspiel, in: Geschichte lernen 4 (1991) H. 23, S. 51-56
Uppendahl, Herbert, Julikrise und Kriegsausbruch 1914 im Planspiel, in: Gegenwartskunde 26 (1977), S. 423-440

5. Historiographische Rezeption mit Spielelementen

Baier, Eberhard; Frei, Georg Alfred, Geschichte spielen. Ein Handbuch für historische Stadtspiele, Pfaffenweiler 1990
Bernhardt, Markus, Die Festung des Königs fällt! Top-News zum 14. Juli 1789. Eine fiktive Nachrichtensendung zum Sturm auf die Bastille, in: Praxis Geschichte 9 (1996) H. 2, S. 32-35
Bernhardt, Markus, Schreibt mal einen Lebenslauf! Kreatives Schreiben zu sozialer Erfahrung und politischer Identität von Abgeordneten der Frankfurter Paulskirche, in: Praxis Geschichte 11 (1997) H. 2, S. 16-19
Heimbrock, Cornelia, Geschichte spielen. Handlungsorientierter Geschichtsunterricht in der Sekundarstufe I, Donauwörth 1996
Köpfelsberger, Rosmarie, Geschichte spielen. Geschichte lernen in der Schule, München 1980
Prasse, Willm, Die Forscherreise ins Mittelalter, in: Geschichte lernen 3 (1990) H. 14, S. 30-35
Scheller, Ingo, Die Französische Revolution als Revolution bürgerlicher Männer, in: Praxis Geschichte 11 (1997) H. 2, S. 20-25

6. Computerspiele

Amsbeck, Stefanie, „Wir dürfen an den Computer? – Klasse!“, in: Praxis Geschichte 10 (1996) H. 2, S. 56-57
Blank, Wiebke, Berufsvorbereitung in der Schule – über ein Computerspiel wie „Myst“, in: Fritz, Jürgen; Fehr, Wolfgang, Handbuch Medien: Computerspiele, Bonn 1997, S. 325-326
Grosch, Waldemar, Computerspiele im Geschichtsunterricht. Geschichte am Computer, Bd. 2, Schwalbach/Ts. 2002.
Oswalt, Vadim, Multimediale Programme im Geschichtsunterricht. Geschichte am Computer, Bd. 1, Schwalbach/Ts. 2002
Rave, Josef: Computer im Geschichtsunterricht, in: Bergmann, Klaus u.a. (Hrsg.), Handbuch der Geschichtsdidaktik, Seelze-Velber [5]1997
Wolf, Peter, Der Traum von der Zeitreise. Spielerische Simulationen von Vergangenheit mit Hilfe des Computers, in: GWU 47 (1996) H. 9, S. 535-547

9. Spieleregister

Allgemeines

Computerspiele (kommerziell)